和聲嗇嗇：商周銅器銘文研究文叢

東周銅器銘文軍事名詞研究

陳 琴◎著

清華大學出版社
北京

内 容 簡 介

　　東周銅器銘文中有不少篇幅涉及軍事内容，近年來此類銘文還在不斷地被發現。這些銘文記載了東周的軍事狀況，是研究東周軍事歷史的重要材料，具有很高的研究價值。本書逐篇梳理了東周青銅器銘文，全面收集銘文中的軍事名詞共 138 例，從以下兩個方面進行了系統研究：① 對收集到的軍事名詞按照詞義進行整理，分爲 5 大類別。其中軍事建制類名詞 6 例、軍事職官類名詞 36 例、軍事物資類名詞 68 例、軍事賞賜類名詞 22 例、戰爭對象類名詞 6 例。結合字形、銘文文例和傳世文獻，考釋疑難字詞，逐一考察每個軍事名詞的字詞關係，梳理承載的義項。② 在字詞考察的基礎上，研究了銅器銘文記載的軍事歷史問題，對銘文中記載的東周軍事狀況進行了描寫。

圖書在版編目（CIP）數據

東周銅器銘文軍事名詞研究 / 陳琴著. -- 北京 ： 清華大學出版社，2025. 8.
（和聲謦謦 ： 商周銅器銘文研究文叢）. -- ISBN 978-7-302-69706-0
　Ⅰ. K877. 34
中國國家版本館 CIP 數據核字第 2025XF4123 號

責任編輯：張維嘉
封面設計：何鳳霞
責任校對：薄軍霞
責任印製：劉　菲

出版發行：清華大學出版社
　　　　網　　　址：https://www.tup.com.cn, https://www.wqxuetang.com
　　　　地　　　址：北京清華大學學研大廈 A 座　　　　郵　　編：100084
　　　　社 總 機：010-83470000　　　　　　　　　　郵　　購：010-62786544
　　　　投稿與讀者服務：010-62776969, c-service@tup.tsinghua.edu.cn
　　　　質量反饋：010-62772015, zhiliang@tup.tsinghua.edu.cn
印 裝 者：三河市東方印刷有限公司
經　　銷：全國新華書店
開　　本：170mm×240mm　　　印　張：15　　　字　　數：266 千字
版　　次：2025 年 10 月第 1 版　　　　　　　印　次：2025 年 10 月第 1 次印刷
定　　價：99.00 元

產品編號：106866-01

本書爲暨南大學國家級一流本科專業建設點漢語言專業建設成果、暨南大學廣東省基礎學科“長基計劃”漢語言專業建設成果。

"和聲簪簪：商周銅器銘文研究文叢"
序言

青銅器是人類文明的重要標志，商周時期是中國歷史進程中的重要階段。《左傳‧成公二年》記載："名以出信，信以守器，器以藏禮。"器物是禮制的體現方式之一。鑄刻在商周銅器上的銘文，不僅記錄了漢字演變歷史，也承載了中國古代歷史、文化等資訊，具有重要的研究價值。

"和聲簪簪：商周銅器銘文研究文叢"第一輯匯集了四本著作。陳琴博士《東周銅器銘文軍事名詞研究》在集釋基礎上，討論東周銅器銘文中與軍事建制、軍事職官、軍事物資、軍事賞賜、戰爭對象有關的詞語，韓宇嬌博士《曾國銅器銘文整理研究》，編年匯釋曾國銅器銘文，研究曾國及相關歷史問題，依據新材料、新成果，探討"曾隨之謎"等重要問題。趙諺麗博士《商周青銅酒器自名、定名整理與研究》、夏宸溥博士《商周青銅食器自名、定名整理與研究》都研究商周銅器命名，兩位作者在梳理現有數千件商周有銘青銅酒器、食器以後，逐一分析其自名字形、意義，參照已有文獻定名，討論銅器定名。

商周青銅器自名、定名是學者們關注的難題，"自名"是青銅器"自載其名"，自宋代金石學家開始大規模著錄銅器圖像、銘文以後，前賢時彥從考古學、博物館學、古器物類型學、古文字學及古文獻學等角度，研究青銅器物自名，爲其定名，碩果累累。我在學習、研究銅器銘文時，也留意銅器自名、定名現象。2008 年，《古文字研究》第二十七輯刊登我撰寫的《釋新刊布應公鼎銘" "》，小文考釋該器物自名"鼎"前的修飾語爲"簠"。此後，我撰寫了多篇探討青銅器名實問題的文章，《單叔鬲" "字及相關問題考釋》（2012 年）分析了 2003 年出土于陝西省楊家村一件西周晚期窖藏青銅鬲的自名" "，結合字形、音讀、辭例等，釋爲"彝"。《談談"鄀仲盨鑑"器名問題》（2018 年）討論 2006 年陝西鳳翔小沙凹村出土的一件青銅器物名稱。學者們曾先後將該器物定名爲"甒""瓶""鑑"等。通過對器名形體以及器物形制的分析，我們認爲這件器物名稱宜定名爲"鄀仲盨鑑"。《燕國兵器自名"鈦"字考釋》（2018 年）討論戰國時期燕國兵器自名"鈦"字，有的學者認爲"鈦"是"劍"的方言詞，有的學者認爲"鈦"讀爲"鍛"，或讀爲"銛"，或讀爲"錟"。我們梳理燕國兵器實物圖片，依據傳世文獻中"柲—柁""駄—駝"等異文及古音關係，分析"鈦"讀爲"鉈"。戰國時期燕國的矛以及由矛演變而成的鈹，都自名爲“鈦”。《燕國兵器自名“鉘”字考釋》（2021 年）聯繫与“鉘”同源的“拂”“梻”“砩”等詞，分析“鉘”的得名之由與其使用方法、方向相關，“鉘”有横擊之義。上列文章都從器物自名出發，探討“名從主人”“物從中國”等定名原則。

2016—2022 年，我們以吴鎮烽先生《商周金文資料通鑒》爲材料範圍，系統整理商周青銅器六大類的自名、定名。2015 級碩士生吴沙沙首先撰寫《商周青銅簠自名、定名研究》，此後碩士生李森、王文文、王爽、趙江寒、范佩瑜等，共同完成了商周青銅水器、樂器等的自名的整理與研究。三位博士生完成了商周青銅兵器、酒器、食器的整理與研究。

感謝、感恩學界前輩、同道的大力支持、指導，在本課題以及碩博士生們論文開題、答辯時，提供了寶貴的建設性意見，“示我周行”，讓我們少走很多彎路。2019 年 6 月 3 日、2020 年 9 月 19 日，我們兩次主辦“商周金文研究”會議，師友們也積極參與，共同研討。

2018 年，我們獲批北京語言大學校級重大基礎研究項目“商周青銅器自名、定名整理與研究”；2019 年，又獲批北京市社會科學基金專案“北京地區三大博物館收藏青銅器自名、定名整理與研究”。項目所劃撥的前期經費，主要用來支持課題組碩博士生的研究，穩定的科研投入，保證了同學們順利完成學業。

2022 年，因爲達到北京語言大學校級重大專案自動結項要求，學校劃撥了後期科研經費。我們决定將此經費用于出版“和聲訔訔：商周銅器銘文研究文叢”。因爲宫肇南博士的論文由江蘇省教育廳資助先行出版，所以没有列入該叢書。陳琴博士的著作在獲批暨南大學科研資助經費後，加入本叢書。韓宇嬌博士在清華大學完成的學位論文《曾國銅器銘文整理研究》，推進了曾國銅器銘文研究，也納入本叢書。

春秋時期徐王子旃鐘有銘：“其音訔訔（悠悠），𦖞（聞）于四方。”馬王堆出土帛書《老子》甲本《道篇》記載：“有無（無）之相生也，難易之相成也，長短之相刑（形）也，高下之相盈也，意〈音〉、聲之相和也，先、後之相隋（隨），恒也。”音聲與有無、難易、長短、高下等對立統一的概念，都是永恒存在的。因此，我們用“和聲訔訔”命名本叢書，意指四位作者的研究，如同單音與和聲的融合，和諧、悠遠、恒常。

我們非常感謝北京語言大學科研處羅墨懿、曹曉冰兩位老師，她們作爲專案主管，認真負責，關注、推動項目完成。我和清華大學是有緣的，1997 年博士畢業時，我曾聯繫清華大學人文學院，因爲那一年北京語言文化大學計劃成立漢字研究所，所以到了該校。對兩位時任清華人文學院和學科負責人的善意，本人至今猶記，仍心存感激。這套叢書能在清華大學出版社出版，真可謂再續前緣。非常感謝清華大學出版社張維嘉編輯，她細緻、專業的編輯工作，使"和聲簪簪：商周銅器銘文研究文叢"得以順利出版。

　　長路漫漫，關山重重。商周銅器銘文研究任重道遠，我們期待和大家一起潛心耕耘，盡志無悔。

　　是爲序。

羅衛東

2024 年 12 月

凡　例

1．書中所引用銘文若無其他説明，均出自吴鎮烽《商周青銅器銘文暨圖像集成》《商周青銅器銘文暨圖像集成續編》《商周青銅器銘文暨圖像集成三編》，書中簡稱爲《銘圖》《銘圖續》《銘圖三》，如"叔夷鎛，15829"，指銘文在《銘圖》中的編號爲 15829。

2．書中所引用銅器所屬時期主要參考《銘圖》之分期，分爲春秋早期、春秋中期、春秋晚期、戰國早期、戰國中期、戰國晚期六個時期。

3．書中銘文釋文采用嚴式隸定，釋文"（）"里的字表示隸定字形所代表的後世通用字形，如"女（汝）"，"女"爲隸定字形，"汝"爲"女"所代表的後世通用字形。"□"代表一個缺字，"……"代表缺文字數不定。書中其餘部分使用通用字體。

4．爲行文方便，在正文中引用各學者意見時，統一不加"先生"等尊稱，敬請諒解。

目　　録

緒　　論

《左傳·成公十三年》記載“國之大事，在祀與戎”[①]，東周諸侯争霸，戰争頻發，東周軍事是先秦歷史的重要組成部分。“時代久遠，今人所能見到的史料，十分有限”[②]，這制約着對周代軍事歷史的研究。現存東周銅器銘文有不少篇幅詳細記載了東周軍事狀况，近年來此類銅器銘文還在不斷地被發現。這些銘文内容涵蓋軍事活動的諸多方面，是研究東周軍事歷史的重要史料，具有較大的研究價值。

第一節　研究現狀

一、系統性研究

目前對記録有軍事内容的東周銅器銘文進行系統性研究的成果不多見。

專著方面：孫剛《東周齊系題銘研究》[③]通釋了庚壺、陳璋方壺、陳璋圓壺銘文。認爲庚壺記載庚參加的三次戰争，分別是“圍萊”“入莒”“庚戌陸□要”。除第三次戰争因銘文多有漫漶，未作詳論，前兩次戰争都根據銘文考證了行軍路綫、戰争經過和相關戰術。認爲陳璋方壺和陳璋圓壺的銘文記載了齊伐燕，而“唯王五年”指齊宣王五年，正是齊軍入燕的時間，修正了《史記》關于齊伐燕時間的記載。文章認爲基于銘文和《管子》記載，齊國在春秋中期已經設立了“三軍”，每軍一萬人，分別由齊公、高子、國子指揮。三萬人來自齊國的“士鄉”，性質爲常備軍。該書還以銘文爲材料，考察了齊國的軍事制度，重點討論了“兵器鑄造地點及監造制度”“武庫設置”“戰略防禦布局”“兵種”等問題。根據偏將軍虎節、辟大夫虎節、乘邑虎符討論了齊國的兵符制度。根據鮑子鎛、庚壺、叔夷鎛銘文討論了春秋戰國時期齊國軍功賞賜的内容及發生的變化。該書收集材料完整，以銘文考釋做基礎，輔以傳世文獻，論證詳實，結論較爲可信。

---

① 阮元校刻：《十三經注疏》，中華書局，1980 年，第 1911 頁。
② 羅琨、張永山：《中國軍事通史》，軍事科學出版社，1998 年，第一卷第 2 頁。
③ 孫剛：《東周齊系題銘研究》，上海古籍出版社，2019 年。

　　論文方面：李學勤《戰國題銘概述》①最先對三晉兵器銘文進行研究，認爲銘文中的"令"是"督造者"，釋"工師"前一字爲"軍"。黄盛璋《試論三晉兵器的國别和年代及其相關問題》②《三晉銅器的國别、年代與相關制度問題》③研究了三晉兵器的分國問題，還提出了"庫府倉廩鑄器"説。王澤文《春秋時期的紀年銅器銘文與〈左傳〉的對照研究》一文討論了子犯編鐘、庚壺、叔夷鐘 3 篇軍事銘文的紀年，認爲子犯編鐘"五月初吉丁未"是《左傳》僖公二十八年城濮之戰後晉文公向周襄王獻俘的日子，庚壺"正月初吉丁亥"是指齊景公二年正月，叔夷鐘"惟王五月、辰在戊寅"應該晚至齊靈公季年。提出庚壺和叔夷鐘都與齊侯伐萊有關，對西之六師、子犯生平、城濮之戰、齊滅萊、萊國的地望和遺民流散、齊伐莒、莒國地望以及銘文涉及的獻俘禮、賞賜禮、册命制度一一進行探討。王恩田《三晉兵器入庫試器驗收制度——庫府倉廩鑄器説商榷》④把三晉兵器銘文與銀雀山竹書《庫法》作對照研究，討論了三晉兵器入庫試器驗收制度，并定義了銘文中庫工師、冶、冶尹等職官的職責。

二、歷史信息研究

　　對周代銅器銘文中的軍事歷史信息進行研究一直是學界的熱點，其中討論較多的有軍事建制、軍事職官、軍事賞賜、戰爭對象等問題。軍事建制方面，于省吾⑤、楊寬⑥、常征⑦、李學勤⑧、李道明⑨、王恩田⑩、于凱⑪對西周銘文中的"六師"和"八師"做過論述，在"𠂤"字的釋讀，"六師"和"八師"所指、建立時間、組成、性質、職能、駐地等問題上得出了不少有益的結論。馮秀環⑫研

　　① 李學勤：《戰國題銘概述》下，《文物》1959 年第 9 期，第 58—61 頁。

　　② 黄盛璋：《試論三晉兵器的國别和年代及其相關問題》，《考古學報》1974 年第 1 期，第 13—44 頁。

　　③ 王澤文：《春秋時期的紀年銅器銘文與〈左傳〉的對照研究》，中國社會科學院研究生院博士學位論文，2002 年。

　　④ 王恩田：《三晉兵器入庫試器驗收制度——庫府倉廩鑄器説商榷》，復旦大學出土文獻與古文字研究中心，http://www.fdgwz.org.cn/Web/Show/2964。

　　⑤ 于省吾：《略論西周金文中的"六師"和"八師"及其屯田制》，《考古》1964 年第 3 期，第 152—155 頁。

　　⑥ 楊寬：《論西周金文中"六師""八師"和鄉遂制度的關係》，《考古》1964 第 8 期，第 414—441 頁；《再論西周金文中"六師"和"八師"的性質》，《考古》1965 第 10 期，第 525—528 頁。

　　⑦ 常征：《釋"六師"兼述西周王朝武裝部隊》，《河北大學學報（哲學社會科學版）》1981 年第 2 期，第 35—38 頁。

　　⑧ 李學勤：《論西周金文的六師、八師》，《李學勤集》，黑龍江教育出版社，1989 年，第 208—209 頁。

　　⑨ 李道明：《六師、八師新探》，《四川師範大學學報（社會科學版）》1992 年第 5 期，第 64—70 頁。

　　⑩ 王恩田：《釋 𠂤（𠂤）、𠂤（官）、帀（師）》，《于省吾教授百年誕辰紀念文集》，吉林大學出版社，1996 年，第 246—252 頁。

　　⑪ 于凱：《西周金文中的"𠂤"和西周的軍事功能區》，《史學集刊》2004 年第 3 期，第 23—28 頁。

　　⑫ 馮秀環：《試論戰國中山國的軍事制度》，河北師範大學碩士學位論文，2004 年。

究了戰國中山國的軍事領導機制、兵種和編制。林沄[①]、商艷濤[②]考釋了"族"的造字本義，研究了"族軍"的構成和性質。羅衛東師[③]重新考釋舊釋爲"副車"的"萃"字，指出"萃"爲步兵，"某萃"是步兵組成的軍事組織。馮勝君、温皓月[④]認爲屬羌鐘銘文中的"戈"應釋爲"徒"，意思是私人武裝。"徒"義項較多，從戈毛聲的"戈"字專表"徒"的私卒、部屬義。軍事職官方面，董珊[⑤]探討了戰國趙、燕、中山、兩周、齊、秦的題銘和工官，對司馬、宮司馬、大良造、大良造庶長、相邦等軍事職官進行了考證。譚黎明[⑥]將春秋戰國時期楚國中央和地方官制與中原官制作對比，對軍事職官做了詳細討論。吳曉懿[⑦]分域整理了戰國出土文獻官名（包括軍事職官名），按照職掌作分類研究。探討了官名稱謂得名、用字及職掌，并與西周、春秋金文官名官制比對。許懋慧[⑧]分類研究戰國秦系、齊系、楚系、燕系、晉系的職官，討論了銘文中出現的偏將軍、大將、將軍、車大夫、大夫、莫敖、連敖、大司馬、御司馬、宮司馬等軍事職官的具體職掌。軍事賞賜方面，黃然偉[⑨]考察了周代軍事賞賜兵器的種類、形制和用途。凌宇[⑩]將關涉賜物的軍事活動歸納爲獻功、閱功、賞功、飲至4類，并分析含義。吳紅松[⑪]對西周兵器類賞賜弓、矢、戈、殳、鉞、甲、胄、盾等進行了名物考證。景紅艷[⑫]研究了西周銅器銘文中軍功賞賜的原因、內容和特征，以及西周的獻捷賞賜制度。林美娟[⑬]詮釋了西周銘文中的軍功賞賜物品——鬯酒、瓚、車的名物意義，研究多依據文獻注解，未結合字形本身分析。戰爭對象方面，學界關注點集中在東夷、淮夷、南淮夷、獫狁和戎，丁山[⑭]認爲卜辭所見"戠方"即金文"戠夷"，戠夷的地望在今河南永城縣境內，地近淮水，又稱淮夷，亡于宗周末葉。劉翔[⑮]考

① 林沄：《商代兵制管窺》，《吉林大學社會科學學報》1990年第1期，第11–17頁。

② 商艷濤：《西周金文中的族軍》，《考古與文物》2009年第3期，第97–101頁。

③ 羅衛東師：《金文"萃"及"某萃"補論》，《勵耕語言學刊》2015年第2期，第109–115頁。

④ 馮勝君、温皓月：《釋屬羌鐘銘文中的"戈"》，《古文字研究》第三十三輯，中華書局，2020年，第191–195頁。

⑤ 董珊：《戰國題銘與工官制度》，北京大學博士學位論文，2002年。

⑥ 譚黎明：《春秋戰國時期楚國官制研究評述》，《吉林師範大學學報（人文社會科學版）》2006年第1期，第89–92頁。

⑦ 吳曉懿：《戰國官名新探》，安徽師範大學出版社，2013年。

⑧ 許懋慧：《古文字資料中的戰國職官研究》，復旦大學博士學位論文，2014年。

⑨ 黃然偉：《殷周青銅器賞賜銘文研究》，《殷周史料論集》，香港三聯書店，1984年，第184頁。

⑩ 凌宇：《金文所見西周賜物制度及用幣制度初探》，武漢大學碩士學位論文，2004年。

⑪ 吳紅松：《西周金文賞賜物品及其相關問題研究》，安徽大學博士學位論文，2006年。

⑫ 景紅艷：《西周賞賜制度研究》，陝西師範大學博士學位論文，2006年。

⑬ 林美娟：《西周冊命金文研究》，臺灣中正大學中國文學研究所博士學位論文，2011年。

⑭ 丁山：《戠夷考》，《"中央研究院"歷史語言研究所集刊》第3卷第4期，商務印書館，1932年，第419頁。

⑮ 劉翔：《周夷王經營南淮夷及其與鄂之關係》，《江漢考古》1983年第3期，第40–46頁。

察了㝬生盨、鄂侯馭方鼎、禹鼎、兮甲盤、師袁簋、駒父盨銘文中記載的周夷王、宣王征南淮夷的相關史實，認爲周朝對南淮夷的征服對于確保伐玁狁的勝利至關重要。顧孟武[①]梳理了東夷、九夷與淮夷，西周、徐、舒與淮夷的關係。認爲東夷就是九夷，淮夷爲東夷之一，徐國也是淮夷的一支。顧頡剛[②]考證了奄和蒲姑地望的遷徙。張懋鎔[③]認爲西周早期淮夷包含在東夷之中，金文所記的南夷指江漢流域的蠻夷。李學勤[④]認爲淮夷不同于玁狁，淮夷是定居的、生産力較發達的民族且與周朝有貿易往來。宣王對南淮夷征取的苛重和限制的嚴格，是兩者關係緊張以致戰爭發生的主要原因。徐中舒[⑤]提出"蒲姑南遷，中國稱之曰淮夷""群舒爲徐之支子餘胤之別封"的結論。童書業[⑥]考證了夷蠻戎狄的活動範圍，糾正舊東夷、南蠻、西戎、北狄之説。朱鳳瀚[⑦]則提出東周以後"戎""夷"才以方位作明顯劃分，西周"夷"者偶亦可稱"戎"。鄂國盛[⑧]認爲淮夷最早出現于西周中期，金文中習見的"南淮夷""淮夷""南夷"名异實同。姚磊[⑨]對甲骨卜辭、金文中的"戎"進行考證，認爲"戎"出現于商代且在殷的東方有分布，羌即後來的戎，鬼戎屬鬼方的一種，犬戎即後來的犬戎。歐波[⑩]認爲東夷本指山東地區的部族，淮夷指淮水流域的部族，南夷指活動在周王朝南部疆土之外的部族，伴隨着戰爭淮夷活動範圍也在不斷變化，文化也逐漸華化。葛亮[⑪]將復丰壺銘文中的"諸剢（割）"改釋爲"諸葛"，認爲其地望在齊魯之間。

除此之外，學者們還研究了戰爭區域、戰爭原因、戰爭過程、軍事地圖等問題。王暉[⑫]考證俎侯夨鼎銘文中"圖"意爲地圖，"武王、成王伐商圖"的性質是軍事地圖，其中"武王伐商圖"是周武王牧野之戰之前的進軍圖，"成王伐商圖"是爲成王"臨衛征殷"以及征東夷熊盈族做的戰前准備，"東國圖"是周初

① 顧孟武：《有關淮夷的幾個問題》，《中國史研究》1986年第3期，第85–98頁。

② 顧頡剛：《奄和蒲姑的南遷——周公東征史事考證四之四》，《文史》第三十一輯，中華書局，1988年，第1–16頁。

③ 張懋鎔：《西周南淮夷稱名與軍事考》，《人文雜志》1990年第4期，第81–86頁。

④ 李學勤：《兮甲盤與駒父盨——論西周末年周朝與淮夷的關係》，《新出青銅器研究》，人民美術出版社，2016年，第122頁。

⑤ 徐中舒：《蒲姑、徐奄、淮夷、群舒考》，《四川大學學報（哲學社會科學版）》1998年第3期，第12頁。

⑥ 童書業：《夷蠻戎狄與東南西北》，《童書業著作集》第二卷，中華書局，2008年，第514–522頁。

⑦ 朱鳳瀚：《柞伯鼎與周公南征》，《文物》2006年第5期。

⑧ 鄂國盛：《西周淮夷綜考》，南開大學碩士學位論文，2009年，第21–22頁。

⑨ 姚磊：《先秦戎族研究》，蘭州大學碩士學位論文，2014年。

⑩ 歐波：《金文所見淮夷資料整理與研究》，安徽大學博士學位論文，2015年，第11–13頁。

⑪ 葛亮：《復丰壺探研》，復旦大學出文文獻與古文字研究中心網，http://fdgwz.org.cn/Web/Show/4530。

⑫ 王暉：《從西周金文看西周宗廟"圖室"與早期軍事地圖及方國疆域圖》，《陝西師範大學學報（哲學社會科學版）》2012年第1期，第31–38頁。

東方的疆域圖。從而得出商末周初已有用于戰争的軍事地圖的結論。南衡山[①]根據西周中期記載周與東南諸夷戰争的 10 篇銘文，對穆王時期和恭懿孝夷時期對東、南諸夷戰争中參戰將領、軍隊組成、戰争對象、作戰區域、戰争結果一一進行考證。

三、軍事詞語研究

從詞匯的角度對周代銘文中的軍事詞語進行系統研究的成果主要有：鄧飛[②]系統地研究兩周金文的軍事動詞，從銘文中整理出 121 個軍事動詞，將其分爲組織、行軍、攻擊、防禦、班師、戰果、其他、音義不明等 8 類。依據字形和用例逐一説解詞義，并辨析了幾組同義詞。結合斷代研究，分析了西周金文軍事動詞來源。描述西周金文到東周金文、《左傳》軍事詞語，産生、傳承、詞義變化、消失等問題。武振玉[③]統計出殷周金文中的征戰類動詞 64 個，依征戰進程分爲"興兵、備戰""攻擊、追擊""守衛、防禦""戰果"四類。逐一分析動詞的詞義和用例，歸納各類詞語在使用頻率、出現時間、句法功能、詞義來源等方面的特點。莊惠茹[④]收集兩周金文軍事動詞共 123 例。依據軍事活動進程分爲先備工作、發動戰事、戰果、班返、安協五大類。逐一考辨形義源流，明晰字義發展變化。對金文軍事動詞出現的 660 條文例，細列其分期分布，總計出現頻度。從句法、語義、語用三個角度分析軍事動詞的語法面貌，將結果與同一歷史階段的其他文獻和不同歷史階段的文獻中軍事動詞的分布和使用狀況進行比較，繪制兩周金文、甲文、楚簡以及先秦典籍中軍事動詞出現頻度表、使用分期表和語法結構表，觀察得出兩周金文軍事動詞的語法特色。該研究不但運用金文材料，還收集了甲骨、簡帛等其他出土材料，材料豐富、論證詳實。

還有部分研究雖不是以軍事詞語爲專題，但是也涉及軍事詞語。如：朱明來[⑤]將金文分爲 16 個語義場，在表示動作關係的義場中討論了軍事動詞；諶于藍[⑥]對部分軍事類同義詞作了辨析；陳美蘭[⑦]辨析了敦伐、各伐、翦伐的詞義；洪莉[⑧]對部分軍事類名物詞的詞義和用途進行了研究。

---

① 南衡山：《金文所見西周中期周與東南諸夷的戰争之研究》，華東師範大學碩士學位論文，2013 年。
② 鄧飛：《兩周金文軍事動詞研究》，西南師範大學碩士學位論文，2003 年。
③ 武振玉：《殷周金文中的征戰類動詞》，《北方論叢》2009 年第 4 期，第 1-4 頁。
④ 莊惠茹：《兩周金文軍事動詞研究》，臺灣成功大學博士學位論文，2010 年。
⑤ 朱明來：《金文的詞義系統研究》，山東大學碩士學位論文，2001 年。
⑥ 諶于藍：《金文同義詞研究》，華南師範大學碩士學位論文，2002 年。
⑦ 陳美蘭：《兩周金文複詞研究》，臺灣師範大學博士學位論文，2003 年。
⑧ 洪莉：《殷周金文名物詞研究》，華東師範大學碩士學位論文，2007 年。

前輩時賢對銅器銘文的軍事内容作過許多有益的探討，其中對西周銅器銘文的研究更系統，成果更多。東周軍事類銅器銘文在字詞考釋、銘文通釋、史實考證等方面有不少研究，但成果比較零散，尚無系統性研究成果，對于專門研究東周軍事歷史的人來説，搜集資料、了解目前的研究現狀都比較困難。本書將以此爲方向，對東周青銅器銘文的軍事名詞做進一步研究。

第二節　材料來源和研究内容

一、材料來源

本書收集銘文材料主要參考吴鎮烽主編《商周青銅器銘文暨圖像集成》《商周青銅器銘文暨圖像集成續編》《商周青銅器銘文暨圖像集成三編》，同時參考劉雨、盧岩編《近出殷周金文集録》，鐘柏生、陳昭容、黄銘崇、袁國華編《新收殷周青銅器銘文暨器影匯編》，中國社科院考古研究所編《殷周金文集成》（修訂版），劉雨、嚴志斌編《近出殷周金文集録二編》等著作和各類考古報告。

二、研究内容

1. 相關術語的界定

歷史上西周晚期被西方犬戎入侵，周幽王被殺，周平王遷都洛邑，始爲東周。東遷之後周王室衰微，諸侯爭霸戰爭頻發。魯國史書《春秋》記載了這段歷史，故這一時期又稱“春秋”，而戰國則指春秋結束之後直至秦統一六國之間的一段時期。春秋戰國的起止時間歷史學家頗多爭議，爲便于研究，“現在的學者們多借用《史記·六國年表》”[1]定春秋和戰國的起止年代爲：春秋——公元前770年至公元前477年；戰國——公元前476年至公元前221年。[2]

“軍事”，《漢語大詞典》的解釋是“有關軍旅或戰争之事”[3]。本書軍事銘文是指鑄刻在青銅器上的記載了軍事或戰争内容的銘文。東周軍事類青銅器銘文大體可分爲兩類：一類是記載了戰争事件的銘文；一類是未記載戰争但包含了軍事内容的銘文。

---

① 李學勤：《東周與秦代文明》，上海人民出版社，2007年，第4頁。
② 李學勤：《東周與秦代文明》，上海人民出版社，2007年，第4頁。
③ 羅竹風主編：《漢語大詞典》，漢語大詞典出版社，1992年，第九册第1206頁。

"名詞"，《漢語大詞典》的解釋是"語法學稱表示人或事物名稱的詞"[①]。本書軍事名詞是指與軍事或戰爭内容有關的名詞，包含表軍事建制、軍事職官、軍事物資、軍事賞賜、戰爭對象等内容的名詞。

2. 研究内容

以東周銅器銘文軍事名詞爲研究對象，通過逐篇梳理銘文字詞，共收集軍事名詞 138 例，研究内容包括以下幾個方面。首先，結合字形、銘文文例和傳世文獻，逐一考察軍事名詞的字詞關係、記載的義項。其次，根據考察結果，將 138 例軍事名詞按照詞義分爲軍事建制、軍事職官、軍事物資、軍事賞賜、戰爭對象五大類。最後，在此基礎上，我們對銅器銘文記載的部分尚存争議的軍事歷史問題進行討論。

---

① 羅竹風主編：《漢語大詞典》，漢語大詞典出版社，1992 年，第三册第 174 頁。

第一章　銘文中的軍事建制類名詞研究

東周銅器銘文中出現的軍事建制類名詞有軍、師、徒、族、辟、卒 6 個。我們從字形、詞義、銘文等三個層面對 6 個軍事建制名詞進行研究。字形層面，窮盡性地收集記録該名詞的所有銘文字形，梳理關于字形已有研究成果討論構形理據。詞義層面，窮盡性整理東周銅器銘文中該名詞出現的辭例，討論該名詞的所有義項，分析各義項之間的關係。結合字形和詞義兩個層面，探討字形與義項的對應關係。銘文層面，對部分尚有爭議的銘文，梳理已有成果并提出自己的意見。

第一節　銘文中的"軍"

一、"軍"的字詞關係

"軍"在出土文獻中最早見于春秋晚期，寫作🀄（叔夷鎛，15829，春秋晚期），戰國金文寫作🀄（鄆侯載戈，16985，戰國早期）、🀄（中山侯𢦏鉞，18249，戰國中期）。《説文解字》："軍，圜圍也，四千人爲軍。從車從包省，軍，兵車也。"① 段注："唐釋玄應引字林四千人爲軍，是吕忱之誤也，許書當作萬有二千五百人爲軍。……若萬二千五百人以爲圜圍，乃此篆之所由制。"②

"軍"的形義關係，主要觀點有：（1）從包省從車，本義是軍隊，萬有二千五百人爲軍③。（2）非從包省，而是從勹車會意，本義是軍隊④。（3）從車勹省

---

① 許慎：《説文解字》，岳麓書社，2006 年，第 302 頁。
② 段玉裁：《説文解字注》，上海古籍出版社，1981 年，第 727 頁。
③ 此觀點由許慎提出，《説文》"四千人爲軍"，段玉裁以爲"萬有二千五百人爲軍"，鈕樹玉從之，曰"《韵匯》作從包省從車"。鈕樹玉之觀點參見馬叙倫：《説文解字六書疏證》第二十七卷，轉引自李圃：《古文字詁林》，上海教育出版社，2004 年，第十册第 735 頁。
④ 高田忠周："從勹會意，非從包省者也。……包車爲軍，帀自爲師，"參見《古籀篇》，轉引自李圃：《古文字詁林》，上海教育出版社，2004 年，第十册第 735 頁；朱芳圃："字從車，從勹，會意。古者車戰，止則以車自圍。《周禮·地官》：'大軍旅會同，正治其徒役與其輂輦'，鄭注：'輂，駕馬，輦，人挽行，所以載任器也。止以爲蕃營，蕃與藩通。'左傳昭公十三年'乃藩爲軍'，杜注：'藩，籬也。'《國語·晉語》'以藩爲軍，攀輦即利而舍'，韋注：'藩，籬落也。'謂止舍時以輂輦環列爲藩籬營壘。……凡此皆古者軍戰止則以車自圍之證。"參見《殷周文字釋叢》卷中，轉引自李圃：《古文字詁林》，上海教育出版社，2004 年，第十册第 736 頁。

聲，本義是軍隊①。（4）從車勻聲，本義是軍隊建制單位②。（5）從車雲聲，六國文字則從勻聲③。（6）從車從人，人亦聲，本義爲營衛④。

按：第（4）種觀點可從，“軍”從“車”諸説并無爭議。車戰是先秦戰爭重要組織形式，早在商代甲骨文中就有關于車戰的記載，“癸丑卜，貞自今至于丁巳我𢦏宙，王𡆥曰：丁巳我毋其𢦏，于來甲子𢦏，旬㞢一日癸亥車弗𢦏。之夕𡆥，甲子允𢦏”（《合集》，6834 正），這條驗辭記載了商王在甲子的前一日派車兵討伐，未能取勝，次日再伐，獲得勝利。此外在大司空村墓葬和白家墳北地墓葬中發現的馬車附近都有兵器⑤。西周時期車戰規模進一步擴大，西周早期小盂鼎銘文記載：“執𩰫（酋）一人，只（獲）𢦏（馘）二百卅七𢦏（馘），孚（俘）人□□人，孚（俘）馬百三（四）匹，孚（俘）車百□兩（輛）。”一場戰爭中就俘獲了百輛戰車。《尚書·牧誓》：“武王戎車三百輛，虎賁三百人，與受戰于牧野。”⑥武王伐商動用了三百輛戰車之多。春秋時期車戰發展到了頂峰，一些重大戰役中戰車的數量往往以千計，《左傳·昭公十三年》：“七月，丙寅，治兵于邾南，甲車四千乘，羊舌鮒攝司馬，遂合諸侯于平丘。”⑦平丘一戰晉國動用了四千

---

① 苗夔：“從包省非，當從車，勻省亦聲”；馬叙倫從之曰：“苗謂從車勻省聲皆是也。但不從勻得義。僅取其聲。苗謂勻省亦聲。以爲勻兼義與聲則非也。營爲宮之轉注字。今謂軍營者借營爲軍耳。本書趜。讀若熒。旬亦從勻得聲。《詩正月》哀此惸獨，《孟子·梁惠王》作煢獨。是營軍通假之例證，亦軍從勻聲之證。……環圍也者當讀爲營衛。《本書》嬛下引春秋傳曰，嬛嬛在疚，今左哀傳曰煢煢余在疚，此煢嫛𤞤聲相通之證。煢音匣紐，𤞤音群紐，同爲舌根音也。環圍皆從睘得聲。《史記·五帝紀年》以師兵爲營衛。正義，環繞軍兵爲營以自衛，可相證也。然非本訓，四千人爲軍者，當如王紹蘭説，然此是字林文。玄應一切經音義引字林文，軍四千人爲軍五百人爲旅，勻車爲軍字義也。”參見《説文解字六書疏證》第二十七卷，轉引自李圃：《古文字詁林》，上海教育出版社，2004年，第十册第735頁。戴家祥：“軍應是形聲字，從車，勻爲勻聲，軍當由勻得聲。軍，文部見母，勻，真部喻母，文真韵通，古音深淺喉不分，軍勻古音相通。故軍當爲從車從勻省聲。”《金文大字典》（下），學林出版社，1999年，第4512頁。

② 張世超：“金文從‘車’、‘𠣜’聲，‘𠣜’，古‘旬’字，中山王𤭯鼎字從‘勻’聲。篆文訛所從之‘𠣜’爲‘勹’，此從庚壺字已見其端。軍隊編制單位，大國設上、中、下若左、中、右三軍。引《左傳》鄭注：‘軍，萬二千五百人。’”《金文形義通解》，中文出版社，1996年，第3324頁。季旭昇：“軍隊組織單位，從車𠣜（旬、雲從此）聲，𠣜有圓圈圍繞之意，因此可能‘軍’字從‘𠣜’也兼義。”《説文新證》，福建人民出版社，2010年，第978－979頁。

③ 黄德寬：“春秋金文從車，雲聲。秦國文字承襲春秋金文，六國文字則從勻聲。雲、勻一字分化，由文部轉入真部。軍從勻聲，又轉入文部。”《古文字譜系疏證》，商務印書館，2005年，第3650頁。

④ 孔廣居：“𠣜即𠆢之變，軍從車從人，人亦聲。亦抑由于語原同也。蓋戰時即以車爲營衛也。”參見馬叙倫：《説文解字六書疏證》，第二十七卷，轉引自李圃：《古文字詁林》，上海教育出版社，2004年，第十册第735頁。

⑤ 楊寶成：《殷墟車子的發現與復原》，《考古》1984年第6期，第546－555頁；中國社會科學院考古研究所安陽工作隊：《1969－1977年殷墟西區墓葬發掘報告》，《考古學報》1979年第1期，第27－157頁。

⑥ 阮元校刻：《十三經注疏》，中華書局，1980年，第182頁。

⑦ 阮元校刻：《十三經注疏》，中華書局，1980年，第2071頁。

戰車。《論語·公冶長》："子曰：由也，千乘之國，可使治其賦也，不知其仁也。"①戰車的數量多寡成爲衡量諸侯國實力的重要指標。"軍"從"車"，反映出當時人們對於軍隊的認知。

"軍"的另一構件，《說文》認爲從"包"省。詳審《說文》從"勹"諸字的古文字寫法："匌"寫作■（虞簋，05173，西周中期）、■（筍伯大父盨，05606，西周晚期）；"匍"寫作■（大盂鼎，02514，西周早期）、■（秦公鎛，15824，春秋早期）；"匎"寫作■（乃子克鼎，02322，西周早期）；"復"寫作■（《合集》31759）、■（多友鼎，02500，西周晚期）；"匐"寫作■（瘨鐘甲，15597，西周中期）、■（禹鼎，02498，西周晚期）；"旬"寫作■（《合集》12715）、■（《合集》06834）、■（新邑鼎，02268，西周早期）、■（王孫遺者鐘，15632，春秋晚期）。其中"匌""匍""匎""復"等字的外部構件與"匐""旬"二字的外部構件有明顯差異。前者從"勹"，甲骨文作■（《合集》14294）、■（《合集》14295），戰國文字作■（《陶匯》3.616）、■（《璽匯》5562）；後者爲"勺"，即古"旬"字，甲骨文"旬"寫作此形，"日"爲後增義符②，考東周銅器銘文"軍"字，絕大部分的構件寫法與"匐""旬"同，從"勺"。有1例寫作■（中山王��鼎，02517，戰國中期），不從"勺"，從"勻"，《方言》"馬蚿"，錢繹箋疏："古旬、勻多通用。"此種寫法應爲改換聲符。"勺""勹"形似易混，疑小篆"從包省"即由此而來。由此"軍"本義爲軍隊，從車勺（旬）聲，戰國時期或勻聲。

我們查檢《銘圖》《銘圖續》《銘圖三》，找到與軍事相關的名詞"軍"共13例，用"軍"（從車勺聲）、"■"（從車勻聲）兩種字形表示。通過分析銘文內容發現13例"軍"皆表示"軍隊建制單位"。

例1—例2：

> 余命女（汝）政于朕（朕）三軍，箾（肅）成朕（朕）師（師）旟之政遚（德），諫罰朕（朕）庶民，左右母（毋）諱，尸（夷）不叙（敢）弗懲戒，虜（虔）卹（恤）乃死（尸）事，敷（勉）穌三匐（軍）徒遚，雩（與）乓（厥）行師（師），旮（慎）�（中）乓（厥）罰。（叔夷鐘，15552—15553，春秋晚期）

① 阮元校刻：《十三經注疏》，中華書局，1980年，第2473頁。
② 商承祚："由甲至癸爲一旬也，後隨意書寫，形義俱晦，世人不識，又讀爲包，而增日以會意"，《說文中之古文考》，上海古籍出版社，1983年。

例 3—例 4：

> 余命女（汝）政于朕（朕）三甸（軍），簡（肅）成朕（朕）師旟之政遷（德），諫罰朕（朕）庶民，左右母（毋）諱，尸（夷）不畞（敢）弗懋戒，虔卹（恤）乃死（尸）事，敯（勠）龢三甸（軍）徒遀，雩（與）乎（厥）行師，夽（慎）串（中）乎（厥）罰。（叔夷鎛，15829，春秋晚期）

叔夷鐘共 13 件，叔夷鎛 1 件，傳北宋宣和五年出土于青州臨淄縣齊故城[①]。第一至七鐘爲一套，銘文完整，共 494 字，第八至十三鐘爲一套，銘文有所缺漏，鐘、鎛銘文同。銘文"余命女（汝）政于朕（朕）三軍"，"三軍"一詞傳世文獻常見，《周禮·夏官》："凡制軍，萬有二千五百人爲軍，王六軍，大國三軍、次國二軍、小國一軍，軍將皆命卿。"[②]據《國語·齊語》記載齊桓公時管子推行軍事改革便建立了"三軍"："五鄉一帥，故萬人爲一軍，五鄉之帥帥之，三軍，故有中軍之鼓，有國子之鼓，有高子之鼓。"[③]銘文"軍"與《周禮》《國語》"軍"義同，是古代最高軍隊編制單位。銘文"政"用作表動詞"正、治理"，《周禮·夏官》"使帥其屬而掌邦政"，鄭玄注："政，正也；政，所以正不正者也。"[④]西周晚期逆鐘銘文"乃且（祖）考許政于公室"與"政于朕三軍"例同。此句義爲齊侯命叔夷統領三軍。銘文"敯（勠）龢三甸（軍）徒遀"，"龢"前一字銘文作𢿛，此字形諸家説解不一，但多認爲字義與龢相近[⑤]。《國語·周語》"言惠必及龢"，韋昭注："龢，睦也。"[⑥]"遀"義與徒、旟同[⑦]，《説文》："錯革畫鳥其上，所以進士衆，旟旟，衆也。"[⑧]"徒遀"義爲徒衆。此句義爲使我三軍徒衆和睦。齊侯任命叔夷統領三軍，叔夷謹慎行事，使三軍將士和睦。

例 5：

> 郜（荊）伐邻（徐），余斦（親）逆，攻之。敗（敗）三軍，隻（獲）[車]馬，攴七邦君。（攻致王姑䋣雒劍，18077，春秋晚期）

---

① 吳鎮烽：《商周青銅器銘文暨圖像集成》，上海古籍出版社，2012 年，第二十九卷第 395 頁。

② 阮元校刻：《十三經注疏》，中華書局，1980 年，第 830 頁。

③ 徐元誥：《國語集解》，中華書局，2002 年，第 224 頁。

④ 阮元校刻：《十三經注疏》，中華書局，1980 年，第 830 頁。

⑤ 孫詒讓："尋文究義，當爲勠之異文，《説文》：'勠，并力也。'，與龢義相近"，《古籀拾遺》（上），掃葉山房，1918 年，第 9 頁。楊樹達："敯與睦同，睦與龢皆和也。"《積微居金文説》，科學出版社，1952 年，第 46 頁。

⑥ 徐元誥：《國語集解》，中華書局，2002 年，第 88 頁。

⑦ 郭沫若："遀從𥝩迴聲，殆猶師旅、師旟之謂也"，《兩周金文辭大系圖錄考釋》，中國社會科學院考古研究所，1957 年，第三册第 413 頁。

⑧ 許慎：《説文解字》，岳麓書社，2006 年，第 140 頁。

"伐"前一字銘文寫作█，此字亦見于𤉲篙鐘、黿大宰欉子𤉲簠。郭沫若、曹錦炎以爲是"型"之異構，通爲"荆"①，可從。銅器銘文從土之字或從田，例如"封"，六年琱生簋寫作█，中山王𰉾鼎寫作█。《説文》："型……，從土，刑聲"，"荆，……從艸，刑聲"②，二字聲符相同，可通。《詩經·魯頌》"荆舒是懲"，正義："楚，一名荆。"③楚國攻打徐國，吳王壽夢之子叡𫚉郘親自率領軍隊攻打楚國，大敗了楚國的三軍，銘文"三軍"的"軍"是軍隊建制單位。

例6：

> 隹（唯）王正月初吉丁亥，殷王之孫，右帀（師）之子，武弔（叔）曰庚，羃（擇）其吉金，台（以）盥（鑄）其濺（盥）壺。齊三軍圍釐（萊），衰（崔）子𫢶（執）鼓，庚大門之，虢（介）者獻（獻）于霝（靈）公之所。（庚壺，12453，春秋晚期）

此壺器主武庚爲殷王之後，"圍"後一字銘文寫作█，張光遠釋爲"萊"，"萊"，國名，可從④。"虢（介）者獻于靈公之所"，《毛詩·鄭風·叔于田》"獻于公所"，箋云："獻于公所，進于君也。"⑤此句義爲將士將俘獲之物進獻于齊靈公。銘文記載齊國用三軍的兵力攻打萊國，"軍"爲軍隊編制單位。

例7：

> 含（今）𧆜（吾）老賈，斳（親）迻（率）叁（三）匐（軍）之眾，呂（以）征不宜（義）之邦，敓（奮）桴晨（振）鐸，闢（闢）啟𠱾（封）彊（疆），方𨟻（數）百里，剌（列）城𨟻（數）十，皮（克）啻（敵）大邦。（中山王𰉾鼎，02517，戰國中期）

李學勤、李零認爲中山三器銘文中"相邦賈"和"司馬賈"爲一人，即文獻裏的司馬喜，喜和賈可能是一名一字⑥，可從。《史記》："昔者，司馬喜髕脚于宋，卒相中山。"⑦《戰國策》："司馬憙使趙爲己求相中山。"鮑彪注："司馬憙，中山臣。"⑧銘文"老賈"即司馬賈，時任中山國相邦一職，親自率領三軍，征討不義之邦，獲得勝利，開拓了疆域，"三軍"的"軍"是軍隊編制單位。

---

① 郭沫若：《兩周金文辭大系圖錄考釋》，中國社會科學院考古研究所，1957年，第三册第193頁；曹錦炎：《吳王壽夢之子劍銘文考釋》，《文物》2005年第2期，第61–74頁。

② 許慎：《説文解字》，岳麓書社，2006年，第140頁。

③ 阮元校刻：《十三經注疏》，中華書局，1980年，第617頁。

④ 張光遠：《春秋晚期齊莊公時庚壺考》，《故宫季刊》第十六卷第3期，1982年。

⑤ 阮元校刻：《十三經注疏》，中華書局，1980年，第337頁。

⑥ 李學勤、李零：《平山三器與中山國史的若干問題》，《考古學報》1979年第2期，第147–170頁。

⑦ 司馬遷：《史記》，岳麓書社，1988年，第492頁。

⑧ 諸祖耿：《戰國策集注匯考》，江蘇古籍出版社，1985年，第1724頁。

例 8：

> 左軍。（左軍戈，16466，戰國時期）

例 9：

> 公孯（孴）里脽之大夫敤（披）之卒，左軍之玫僕介巨，杕里瘟之
> 玫戈。（公孯里脽戈，17359，戰國晚期）

例 10：

> 右軍。（右軍矛，17577，戰國時期）

例 11：

> 郾（燕）右軍。（燕右軍矛，17598，戰國時期）

例 12：

> 郾（燕）矦（侯）軗（載）乍（作）右軍鈢。（郾侯載戈，16985，
> 戰國早期）

例 13：

> 不降棘，余（餘）子之𧴥金，右軍。（不降戈，17098，戰國時期）

例 8—例 13 皆爲戰國兵器銘文。"左軍""右軍"見于先秦傳世文獻，《左
傳·桓公五年》："秋，王以諸侯伐鄭，鄭伯禦之。王爲中軍；虢公林父將右軍，
蔡人、衛人屬焉；周公黑肩將左軍，陳人屬焉。"[①]可知"左軍""中軍""右軍"
爲"三軍"之組成。《左傳·哀公十一年》："中軍從王，胥門巢將上軍，王子姑
曹將下軍，展如將右軍。"杜注："吳中軍"，"三將，吳大夫。"[②]"右軍"是吳國
派遣的四軍之一。銘文"左軍""右軍"之"軍"，皆是軍隊建制單位。

東周銅器銘文中表軍事建制的名詞"軍"有一個義項——"古代最高軍隊建
制單位"，記錄該義項的字形爲"軍"。

二、關于"軍"的幾個問題

1. "軍"的人數

關于"軍"的具體人數有幾種不同的説法：《説文》《玄應音義》皆以"四千

---

① 阮元校刻：《十三經注疏》，中華書局，1980 年，第 1748 頁。
② 阮元校刻：《十三經注疏》，中華書局，1980 年，第 2166 頁。

人爲軍";《司馬法》《周禮》皆以"萬有二千五百人爲軍";《國語·齊語》"故萬人爲一軍",韋昭注:"萬人爲軍,齊制也,周則萬二千五百人爲軍。"①《周禮·地官·小司徒》:"五人爲伍,五伍爲兩,四兩爲卒,五卒爲旅,五旅爲師,五師爲軍。"②"軍"作爲師的上級編制在人數上必定遠大于師的人數。師的具體人數各類文獻皆記爲"二千五百人爲師",若"四千人爲軍",則"軍"不太可能是師的上級建制,而類似于"加强師"了。桂馥認爲,"四千人爲軍與周官漢法皆不合"③,馬叙倫指出《字林》"四千人爲軍,是吕忱之誤"④,觀點可從。我們認爲"軍"的具體人數在萬人左右,東周諸國可能并没有一個統一的標准,各國根據軍力、人力、物力等實際情况進行建制,故"萬有二千五百人爲軍""萬人爲軍""萬二千人爲軍"都有可能。關于"軍"的組成,傳世文獻有"六軍""五軍""四軍""三軍",又分爲上軍、中軍、下軍、左軍、中軍、右軍等。銅器銘文只見"三軍",其組成有左軍、右軍,未見上軍、下軍。部分銘文對"軍"參與的征伐活動進行了詳細描述,或與傳世文獻互證,或補充了傳世文獻未記載的内容。

2. "軍"出現的時間

關于"軍"出現的時間,歷史學家或認爲發生在西周中葉⑤,或認爲始建于西周晚期宣王世⑥;或認爲西周時期并無軍的建制,是春秋時期新出現的⑦。我們統計東周銅器銘文共 7 例"三軍",其中 6 例見于春秋晚期,1 例見于戰國中期。傳世文獻"三軍"的記載最早見于《左傳·隱公五年》:"衛人以燕師伐鄭,鄭祭足、原繁、泄駕以三軍軍其前,使曼伯與子元潛軍軍其後。燕人畏鄭三軍,而不虞制人。"⑧雖然不能明確"軍"最早出現于何時,但結合兩類文獻,我們將"軍"出現的時間下限劃定爲春秋時期,應該是可靠的。

3. "齊三軍"與"齊國滅萊"

春秋時期各諸侯國爭圖霸業,紛紛擴張軍備。齊國自西周一直是東方大國,

---

① 阮元校刻:《十三經注疏》,中華書局,1980 年,第 224 頁。
② 阮元校刻:《十三經注疏》,中華書局,1980 年,第 711 頁。
③ 桂馥:《説文解字義證》,上海古籍出版社,1987 年,第 1260 頁。
④ 李圃:《古文字詁林》,上海教育出版社,2004 年,第十卷第 735 頁。
⑤ 谷霽光:《有關軍事的若干古文字釋例(二)》,《南昌大學學報》1989 年第 2 期,第 26—35 頁。
⑥ 陳恩林:"由'師'制向'軍'制的轉變,在宣王時期當已經完成。"《先秦軍事制度研究》,吉林文史出版社,1991 年,第 81 頁。
⑦ 羅琨、張永山:《中國軍事通史》,軍事科學出版社,1998 年,第二卷第 76 頁。
⑧ 阮元校刻:《十三經注疏》,中華書局,1980 年,第 1727 頁。

春秋時期更是實力大增。齊建立"三軍"在桓公之時，《國語·齊語》記載齊桓公進行軍事變革"以爲軍令：五家爲軌，故五人爲伍，軌長帥之；十軌爲里，故五十人爲小卒，里有司帥之；四里爲連，故二百人爲卒，連長帥之；十連爲鄉，故兩千人爲旅，鄉良人帥之；五鄉一帥，故萬人爲一軍，五鄉之帥帥之，三軍故有中軍之鼓，有國子之鼓，有高子之鼓"①，齊國雖已有三軍，但傳世文獻中齊三軍參戰的記載并不多。春秋晚期庚壺、叔夷鐘、叔夷鎛銘文的內容可爲補充。庚壺銘文記載了靈公時期齊國伐萊的過程，齊國派遣三軍攻打萊國，命武庚爲軍中大將，獲得勝利，將戰爭所獲獻于靈公，并因軍功得到靈公的賞賜。叔夷鐘、鎛記載靈公命叔夷"余命女（汝）政于朕（朕）三匋（軍）"，叔夷受命治軍，"虔卹（卹）乃死（尸）事，數（勁）龢三匋（軍）徒遄，雺（與）乒（厥）行師"，大獲全勝，戰功赫赫，靈公賞賜他萊邑和萊僕，命他治萊。齊國滅萊之役，《左傳·襄公六年》記載："十一月，齊侯滅萊，萊恃謀也。……及杞桓公卒之月，乙未，王湫帥師及正輿子、棠人軍齊師，齊師大敗之。丁未，入萊，萊共公浮柔奔棠。正輿子、王湫奔莒，莒人殺之。四月，陳無宇獻萊宗器于襄宮。晏弱圍棠，十一月丙辰，而滅之。遷萊于郳。高厚、崔杼定其田。"②其間未有關于武庚和叔夷參戰的記載，亦未説明此役齊國派遣了三軍之衆出征。銘文説明齊國自春秋初期建立的三軍強大，是對外征伐的中堅力量，在爭霸過程中起着關鍵作用。

4. "楚三軍"與徐、楚、吳之戰

楚國在春秋早期就建立了三軍，《左傳·桓公六年》楚武王侵隨，鬥伯比説"我張吾三軍而被吾甲兵"③。銅器銘文楚三軍參戰的記載見于攻敔王姑鱶雅劍銘文，楚國派遣三軍攻打徐國，吳王壽夢之子姑鱶雅率軍援助徐國，最後大敗楚國三軍，并俘獲了車馬等物資。攻敔王姑鱶雅劍爲春秋晚期器物，楚國三軍自春秋早期建立到春秋晚期，歷經近兩百年的發展壯大，實力不容小覷，徐國難以抗衡，所以才向吳國求助。

5. "中山三軍"與"齊國伐燕"

公元前 316 年燕王噲將王位禪讓給相邦子之，《史記·燕召公世家》："子之南面行王事，而噲老不聽政，顧爲臣，國事皆决于子之。三年，國大亂，百姓恟恐。"④孟軻乘機勸説齊王攻打燕國，"王因令章子將五都之兵，以因北地之衆以

---

① 徐元誥：《國語集解》，中華書局，2002 年，第 224 頁。

② 阮元校刻：《十三經注疏》，中華書局，1980 年，第 1937 頁。

③ 阮元校刻：《十三經注疏》，中華書局，1980 年，第 1749 頁。

④ 司馬遷：《史記》，岳麓書社，2002 年，第 214 頁。

伐燕。士卒不戰，城門不閉，燕君噲死，齊大勝"。①此役發生在燕噲王六年，即公元前 314 年。《孟子》《戰國策》《史記》等傳世文獻中都未記載中山國參與伐燕這段歷史。中山王豐鼎銘：中山國君豐派遣相邦賈"斯（親）迷（率）嫠（三）匐（軍）之众，㠯（以）征不嬠（義）之邦"，借機占領了燕國或靠近燕國的少數民族的土地方圓數百里，并在新占領的土地上築十餘座城池。中山建國時間較晚，《史記·趙世家》："十年，中山武公初立。十三年，城平邑。"②據此中山建國時間約爲公元前 414 年，伐燕之時距離建國不過 100 年左右，便已經具備了三軍的實力。

第二節　銘文中的"師"

"師"在周代記載軍事和戰爭活動的銅器銘文中多次出現，有"𠂤""帀""師"三種字形表示"師"。

一、記録軍事建制名詞"師"的相關諸字——"𠂤""帀""師"

《説文》："𠂤，小𨸏也，象形。凡𠂤之屬皆從𠂤。"③甲骨文寫作𠂤（《合集》21386）、𠂤（《合集》36518），銅器銘文寫作𠂤（召尊，11802，西周早期）、𠂤（多友鼎，02500，西周晚期）。段注："小𨸏，𨸏之小者也。……象小于𨸏，故𨸏三成，𠂤兩成"，并引賈逵注見海賦："其字俗作堆，堆行而𠂤廢矣。"④《廣韵·灰韵》亦云："𠂤，小阜也。"《玉篇·𠂤部》："𠂤，小塊也。"⑤

考"𠂤"之形義關係，學界説解不一，對許説也多有質疑。主要觀點有：①爲假借字，借表"小阜"的"𠂤"表"軍旅"義⑥。②本義爲"小阜"，"師旅"是引申義，古代都邑必定建于丘陵，周邊有軍隊守衛，所以𠂤有師旅之義，更在此基礎上引申出衆多之義⑦。③許慎所釋爲非，實爲師字古文⑧。④"堆"的古字，

---

① 司馬遷：《史記》，岳麓書社，2002 年，第 214 頁。

② 司馬遷：《史記》，岳麓書社，2002 年，第 286 頁。

③ 許慎：《説文解字》，岳麓書社，2006 年，第 303 頁。

④ 段玉裁：《説文解字注》，上海古籍出版社，1981 年，第 730 頁。

⑤ 宗福邦：《故訓匯纂》，商務印書館，2003 年，第 40 頁。

⑥ 李孝定：《甲骨文字集釋》，臺灣"中央研究院"歷史語言研究所，1970 年，第 2069 頁。柯昌濟：《殷墟卜辭綜類例證考釋》，《古文字研究》第十六輯，中華書局，1989 年，第 150 頁。

⑦ 孫海波：《甲骨文録》，河南通志館，1938 年，第 36 頁。

⑧ 羅振玉：《增訂殷虚書契考釋》，臺灣藝文印書館，1969 年，卷中第 20 頁。商承祚：《殷契佚存考釋》，金陵大學中國文化研究所，1933 年，第 15 頁。

多用爲屯聚之屯①。以上諸種觀點爭議較大，未有定説，皆因"𠂤"的傳統説解和出土材料實際用例出入較大。

王恩田結合甲骨文，提出表"堆"的"𠂤"和表"師旅"的"𠂤"并非一字。甲骨文 𠂤 釋爲"𠂤"，字形特點是竪畫作直筆，折筆夾角的角度相同，各夾角邊相互平行，而且相等，折筆或寫作近似方塊，如 𠂤（《庫》1306），或省寫成斜畫，如 𠂤（《庫》1108），"𠂤"是古堆字，并不表示"師"。𠂤 釋爲"官"，與兩周金文的 𠂤 （競卣，13336，西周中期）为同一字。字形特點是竪畫作彎筆，折筆各夾角邊既不平行，也不等長，與"𠂤"字迥然有别，不宜混淆，𠂤 實爲"官"字初文，隸定作 𠂤。𠂤 字象兩間并列的房屋形，可用作祭祀場所，可作爲客館，而客館除接待賓客之外，還是屯駐戍卒的地方，因此可表示"師"②。

李學勤認爲：殷墟甲骨"𠂤"字作 𠂤，另有 𠂤 字，可釋爲"𠂤堆"。而與"師"字有關的"𠂤"則作"𠂤"，并不是一個字。許慎將兩者混爲一談，實際上是湮没了後一種"𠂤"的音讀，後一種"𠂤"應是"師"的本字，而"師"是在"𠂤"旁加上"帀"作爲聲符。"可能原來有兩個'𠂤'字，一爲古'堆'字，一爲古'師'字。後來在文字演變中逐漸混淆，許慎也未能分清，《説文》訓小𠂤的字，篆文與'𠂤'字近似，均屬象形，故段注云：'象小于𠂤，故"𠂤"三成，"𠂤"二成'，孫詒讓在《名原》中説明這兩個字是竪過來寫的'山''丘'二字是很對的。至于'追''師''官'等字所從，則是古'師'字的這個字，字形和'𠂤'字以及竪過來的'山''丘'有所不同。試比較甲骨文、金文的'𠂤'和這個字，便可看出其間差别。"③

按：對"𠂤"形義關係的解説，李學勤之觀點可從，認爲"𠂤"爲"師"字古文的觀點確有可商。"𠂤"甲骨卜辭即有表示"師旅"的用例。我們查檢《銘圖》《銘圖續》《銘圖三》中"師"的用例，多表示職官名，表示"師旅"的用例直到春秋晚期才出現。西周銅器銘文"𠂤""師"同銘的情況并不少見，且意義有别。如彧簋銘文："隹（唯）六月初吉乙酉，才（在）𡎚（堂）𠂤（師），戎伐䐑，彧遂（率）有嗣（司）、師氏偊（奔）追鄭（襲）戎于臧（棫）林，搏（搏）戎獣"，"𠂤"義爲軍隊，"師氏"爲職官名。因此我們認爲"𠂤""師"并非一字，不是古今字的關係。詳審甲骨文字形，與"小𠂤"義相關的"𠂤"（下文稱𠂤1）和表"師旅"的"𠂤"（下文稱𠂤2）確有差異。"𠂤1"一般寫作 𠂤

①　郭沫若：《殷契萃編》，科學出版社，1965年，第84頁。

②　王恩田：《釋 𠂤（𠂤）、𠂤（官）、帀（師）》，《于省吾教授百年誕辰紀念文集》，吉林大學出版社，1996年，第246-252頁。

③　李學勤：《論多友鼎的時代及意義》，《人文雜志》1981年第6期，第87-92頁。《論西周金文的六師、八師》，《李學勤集》，黑龍江教育出版社，1989年，第208-209頁。

（《合集》10405 正）、Ё（《合集》50284）、Ｂ（《合集》27988），寫作三部分和寫作兩部分意義相同，并無區別。"自2"一般寫作Ｂ（《合集》33006）、Ｂ（《合集》36440）、Ｂ（《合集》37410），一律寫作兩部分。前者筆畫多折筆，後者更圓轉，甲骨文多用刻劃的方法寫成，不易刻劃出圓轉的筆畫，"自2"筆畫圓轉很可能是寫手爲示區分，刻意爲之。西周銅器銘文"自"與甲骨文"自2"寫法相同，如：Ｅ（召尊，11802，西周早期）、Ｂ（多友鼎，02500，西周晚期）、Ｂ（小克鼎，02458，西周晚期）。

"帀"，甲骨文寫作Ｔ（《合集》26845）、Ｔ（《合集》27736），銅器銘文寫作Ｔ（師袁簋，05366，西周晚期）、Ｔ（蔡大師腆鼎，02372，春秋晚期）。《説文》："帀，剜也，從反之而帀也。凡帀之屬皆從帀。周盛説。"段注："剜，各本作周，誤，今正。勹部剜、帀徧也，是爲轉注。按古多假裞爲帀。反屮謂倒之也，凡物順屮往復，則周徧矣。子答切。七八部。周盛者，亦博采通人之一也。"①皆釋"帀"爲"周遍"之義。甲金文"帀"的意義與許説、段注差異較大。雖然部分學者曾將出土文獻"帀"與《説文》之釋義進行過係聯②，但大多數學者對《説文》的釋義存疑，主要觀點有：（1）象群集之形，釋爲集中、衆多③；（2）"師"的省文④；（3）"師"的初文，本義爲動物尾巴，作爲指揮軍隊的用具⑤；（4）構形不明，存疑⑥。

"帀"字最早見于甲骨文，但卜辭用例多殘泐不清，無法明確其造字本義和用法⑦。銅器銘文"帀"多用以表示"軍隊"，戰國文字常出現"攻帀""工帀"，表示職官。

"師"，銅器銘文寫作ЯＴ（令鼎，02451，西周早期）、Ｔ（庚壺，12453，春秋晚期）。《説文》："二千五百人爲師，從帀從自。"段注："小司徒曰：五人爲

---

① 段玉裁：《説文解字注》，上海古籍出版社，1988 年，第 273 頁。

② 戴家祥："帀訓周，周即四邊，故四帀與自同意，帀和自皆含衆意，爲近義字，故表示衆人之義的師字，既可省帀作自，也可省自作帀。"《金文大字典》卷中，轉引自李圃：《古文字詁林》，上海教育出版社，2004 年，第六册第 70 頁。

③ 林義光："帀者集也，象群集之形。Ａ三面各集于一也。"孫海波："往而反之，意爲回帀，自四帀，衆意也。故師從帀從自。"《文源》第三卷，轉引自李圃《古文字詁林》，上海教育出版社，2004 年，第六册第 69 頁。

④ 李孝定："帀訓剜，其形不可解。金文皆以爲'師'字，實乃簡符。帀、師聲韵懸隔，不能謂之借字也。……以帀爲師者，大抵較晚之器，六國文字多簡率也。"《金文詁林讀後記》第六卷，轉引自李圃：《古文字詁林》，上海教育出版社，2004 年，第六册第 70 頁。

⑤ 王恩田：《釋Ｂ（自）、Ｅ（官）、帀（師）》，《于省吾教授百年誕辰紀念文集》，吉林大學出版社，1996 年，第 249 頁。

⑥ 季旭昇：《説文新證》，福建人民出版社，2010 年，第 514 頁。黄德寬：《古文字譜系疏證》，商務印書館，2007 年，第 3138 頁。

⑦ 黄德寬：《古文字譜系疏證》，商務印書館，2007 年，第 3141 頁。

伍，五伍爲兩，五兩爲卒，五卒爲旅，五旅爲師，師，衆也。"①皆釋本義爲軍隊，可從。《詩經·秦風》："豈曰無衣，與子同袍。王于興師，脩我戈矛，與子同仇。"②即用其本義。

綜上所述，軍隊之義本作"𠂤"，後增"帀"孳乳爲"師"。西周時期多用"𠂤"，東周銅器銘文"𠂤""帀""師"三個字形都用來記録"軍隊"。

二、"師"的字詞關係

我們查檢《銘圖》《銘圖續》和《銘圖三》，找到與軍事相關的名詞"師"共38例，通過分析銘文内容發現38例"師"有三個義項：

A. 泛指軍隊

東周銅器銘文中表示該義項的"師"共31例，用"𠂤""帀""師"三種字形記録。其中"𠂤"字4例，見于春秋中期；"帀"字16例，見于春秋早期和戰國晚期；"師"字11例，見于春秋晚期到戰國中期。

例1—例4：

> 隹（唯）王五月初吉丁未，子軏（犯）宖（佑）晉（晉）公左右，來復其邦。者（諸）楚荊（荊）不聖（聽）令（命）于王所，子軏（犯）及晉（晉）公遂（率）西之六𠂤（師），博（搏）伐楚荊（荊），孔休，大工（攻）楚荊（荊）喪㡭（厥）𠂤（師），滅㡭（厥）年。（子犯鐘，春秋中期）③

銘文"晉公"爲晉文公，子犯之"犯"銘文從車從卩，《左傳》寫作子犯，名狐偃，是晉文公舅舅，又作咎犯、舅犯。銘文記載子犯和晉公率領"西之六𠂤"搏擊"楚荊"，《説文》："楚，叢木，一名荊也。"④"楚荊"指楚國。楚國大敗，"喪厥𠂤"，是指消滅了楚國的軍隊。《左傳·僖公二十八年》："夏四月己巳，晉侯、齊師、宋師、秦師及楚人戰于城濮，楚師敗績。楚殺其大夫得臣。衛侯出奔楚。五月癸丑，公會晉侯、齊侯、宋公、蔡侯、鄭伯、衛子、莒子，盟于踐土。陳侯如會。公朝于王所。"⑤銘文"西之六𠂤""喪厥𠂤"之"𠂤"與《左傳》"齊師""楚師"意義相同，指"軍隊"。

---

① 段玉裁：《説文解字注》，上海古籍出版社，1988年，第273頁。
② 阮元校刻：《十三經注疏》，中華書局，1980年，第373頁。
③ 釋文參考羅衛東師：《子範編鐘補釋》，《古漢語研究》2000年第2期，第7—9頁。
④ 許慎：《説文解字》，岳麓書社，2006年，第126頁。
⑤ 阮元校刻：《十三經注疏》，中華書局，1980年，第1823頁。

例 5—例 7：

大司馬邵（昭）鄅（陽）敗（敗）晉（晉）帀（師）於塦（襄）陵之戠（歲），顊（夏）昃之月，乙亥之日，王尻（処）於蔵郢之遊宮，大攻（工）尹脽（睢）台（以）王命，命集尹悤（悼）糙（糙），戠（箴）尹逆，戠（箴）敚（令）阢，旅（為）鄅（鄂）君啟之賁（府）䞉（就）盌（鑄）金節、（鄂君啟車節，19178—19180，戰國晚期）

例 8—例 9：

大司馬邵（昭）鄅（陽）敗（敗）晉（晉）帀（師）於塦（襄）陵之戠（歲），顊（夏）昃之月，乙亥之日，王尻（処）於蔵郢之遊宮，大攻（工）尹脽（睢）台（以）王命，命集尹悤（悼）糙（糙），戠（箴）尹逆，戠（箴）敚（令）阢，旅（為）鄅（鄂）君啟之賁（府）䞉（就）盌（鑄）金節，（鄂君啟舟節，19181—19182，戰國晚期）

車節和舟節都以"大司馬邵（昭）鄅（陽）敗（敗）晉（晉）帀（師）於塦（襄）陵之戠（歲），顊（夏）昃之月，乙亥之日"爲銘文首句，用于紀年。一般認爲"大司馬昭陽敗晉師于襄陵"一事所指正是《史記·楚世家》楚懷王六年（公元前 323 年）"楚使柱國昭陽將兵而攻魏，破之于襄陵，得八邑"。[①]楚國派遣昭陽攻打魏國，楚國獲勝，魏國兵敗于襄陵。楚魏之役發生于公元前 323 年，距韓、趙、魏三家分晉已過五十三年。《孟子·梁惠王》載："晉國，天下莫强焉"[②]，梁惠王即魏惠王，自稱爲"晉國"，可知銘文"晉"實爲"魏"，"晉師"即魏國軍隊。

例 10：

燚（秦）子乍（作）窖（造），卓（中）辟元用，左右帀鮭，用糏（逸）宜。（秦子戈，17211，春秋早期）

例 11：

燚（秦）子乍（作）造（造），左辟元用，左右帀鮭，用逸宜。（秦子戈，17212，春秋早期）

例 12：

燚（秦）子乍（作），左辟元用，左右帀鮭，用逸宜。（秦子矛，21285，春秋早期）

---

① 郭沫若：《關于鄂君啓節的研究》，《文物參考資料》1958 年第 4 期，第 6—7 頁。殷滌非、羅長銘：《壽縣出土的"鄂君啓金節"》，《文物參考資料》1958 年第 4 期，第 8—11 頁。商承祚：《鄂君啓節考》，《文物精華》1963 年第二輯。

② 阮元校刻：《十三經注疏》，中華書局，1980 年，第 2667 頁。

例 13—例 15：

> 霥（秦）子乍（作）迠（造），公族元用，左右帀鮏，用逸宜。（秦子戈，17208—17210，春秋早期）

例 16：

> 霥（秦）子乍（作）迠（造），公族元用，左右帀鮏，用逸宜。（秦子矛，17670，春秋早期）

例 17：

> 霥（秦）子乍（作）迠（造），子族元用，左右帀鮏，用逸宜。（秦子戈甲，21242，春秋早期）

例 18：

> 霥（秦）子乍（作）迠（造），公族元用，左右帀鮏，用逸宜。（秦子戈乙，21243，春秋早期）

例 19—例 20：

> 霥（秦）政白（伯）喪，戜政西旁（方），乍（作）迠（造）元戈喬黃，竈（肇）尃（撫）東方，帀鈺用僣(逸)宜。（秦政伯喪戈，17356—17357，春秋早期）

"帀鮏"一詞見於春秋早期秦國兵器秦子戈、秦子矛，秦政伯喪戈作"帀鈺"。以往學者們有"帀旟（貫旅）"[1]"帀觬（師旅）"[2]"帀鮏（師旅）"[3]"帀鮏（匭夾，訓匭輔）"[4]"帀鮏"（被甲衛士）[5]"萉鮏"[6]"帀鮏（拔去）"[7]等不同

---

[1] 陳平："這兩個字中的第一個字，三代之戈銘作帀，而矛銘作帀，故宮陳列之戈銘與三代矛銘相同，亦作帀，愚意以爲，該字應以三代矛銘余故宮戈銘爲准，隸定爲帀。這個帀，當即《説文》作馞鞞講的帀。其第二個字，三代著錄之戈、矛銘皆殘泐不清。其戈銘僅殘存'⺇'，其矛銘則作'⺇'，其左邊偏旁似以爲魚字之殘，其右旁不清，其右偏當繫形符，而其左篇之魚當繫聲符，故其字音近魚。魚與旅上古韵皆屬魚部，例可相通。故其第二字可讀作旅。'帀旅'，于文獻無考。竊疑銘中之帀，應讀作貫。……'帀旅'即可讀爲貫旅。"《秦子戈、矛考》，《考古與文物》1986 年第 2 期。

[2] 王輝：《關于秦子戈矛的幾個問題》，《考古與文物》1986 年第 6 期。

[3] 王輝："'帀'字豎畫向上出頭，此戈及《三代》矛很明顯。……秦文字帀字上部出頭者只是少數，但也不是絕無僅有。陝西歷史博物館收藏的秦昭王三十四年工師文罍'工帀'之'帀'字豎亦出頭。'鮏'字《三代》戈、矛不太清楚，故宮戈則從魚去戈，甚爲清楚，原先£隸作'旟'，是不准確的。……'帀鮏'釋爲師旅。"《秦兵三戈考》，《陝西歷史博物館館刊》第四輯，第 18-19 頁，西北大學出版社，1997 年。

[4] 李學勤：《"秦子"新釋》，《文博》2003 年第 5 期，第 37-40 頁。

[5] 董珊：《珍秦齋藏秦伯喪戈、矛考釋》，《故宮博物院院刊》2006 年第六輯，第 105-116 頁。

[6] 中國社會科學院考古研究所：《殷周金文集成》（修訂版），中華書局，2007 年，第七册第 6116 頁。

[7] 黃錫全：《介紹新見秦政嗣白喪戈矛》，《社會科學戰綫》2005 年第 3 期，第 153-157 頁。

釋法。第一個字銘文寫作▇、▇、▇，陳平認爲此字即"市"，讀作"黹"[①]。僅從字形看確與"市"（即典籍之"韍"）字寫法相似，但考其用法，銅器銘文"市"并沒有用作"黹"的例證，且由"黹旅"再釋爲"旅黹"頗爲迂曲。王輝認爲此字釋作"帀"，銅器銘文"帀"作爲單字和構件一般豎筆不出頭，實際上戰國文字亦有豎筆出頭的寫法，除王輝所舉秦昭王三十四年工師文罍之例外，還有▇（《璽匯》0149）、▇（《璽匯》0152）、▇（《璽匯》5478）等。尤其後一例"師"之構件"帀"與銘文寫法相同，王輝之說可從，此字應隸定爲"帀"，即"師"。銘文第二個字幾件秦子戈、矛多殘泐不清，故以往學者多闕疑。故宮博物院藏秦子戈清晰作▇，從魚、去，方知此字爲"鮭"。秦政伯喪戈有"鈺"字，從金、去，黃錫全認爲此爲一字[②]。按：此字或以"去"爲聲符，"去""旅"皆爲魚部字，"帀鮭""帀鈺"從王輝說讀爲"師旅"，銘文"師旅"是戈、矛的使用者。

例21—例23：

> 公曰：女（汝）尸（夷），余經乃先祖，余既專乃心，女（汝）少（小）心愄（畏）忌，女（汝）不彖（惰）殂（夙）夜，宦鞥（執）而（爾）政事，余引猒（厭）乃心，余命女（汝）政于朕（朕）三軍，簫（蕭）成朕（朕）師旂之政遞（德），諫罰朕（朕）庶民，左右母（毋）諱，尸（夷）不敔（敢）弗憋戒，虖（虐）卹（恤）乃死（尸）事，勠（勠）穌三甸（軍）徒遞，雩（與）乒（厥）行師，眘（慎）卑（中）乒（厥）罰。公曰：尸（夷），女（汝）敬共（龏）辥（台）命，女（汝）雁（應）鬲（歷）公家，女（汝）嬰（鞏）袋（勞）朕（朕）行師，女（汝）肇勄（敏）于戎攻（功）。（叔夷鐘，15552—15553，春秋晚期）

例24：

> 尃（溥）受天命，剗伐顥（夏）后，敆（貫）乒（厥）靁（靈）師。（叔夷鐘，15555—15556，春秋晚期）

例25—例27：

> 余命女（汝）政于朕（朕）三甸（軍），簫（蕭）成朕（朕）師旂之政遞（德），諫罰朕（朕）庶民，左右母（毋）諱，尸（夷）不敔

---

① 陳平：《秦子戈、矛考》，《考古與文物》1986年第2期。

② 黃錫全："鈺，以前所見戈銘、矛銘從魚從去，此從金從去"，《介紹新見秦政嗣白喪戈矛》，《社會科學戰綫》2005年第3期，第153–157頁。

（敢）弗懋戒，虔卹（恤）乃死（尸）事，勦（勤）穌三匋（軍）徒
遹，雩（與）氒（厥）行師，𢟪（慎）巿（中）氒（厥）罰。公曰：
尸，女（汝）敬共（龔）辝（台）命，女（汝）雁（應）鬲（歷）公
家，女（汝）嬰（勞）袋（勞）朕（朕）行師，女（汝）肇勆（敏）于
戎攻（功），（叔夷鎛，15829，春秋晚期）

例 28：

専（溥）受天命，剗伐頙（夏）后，㪔（貫）氒（厥）𩅦（靈）
師，（叔夷鎛，15829，春秋晚期）

叔夷鐘、叔夷鎛同銘，器主即銘文的"夷"，郭沫若考證："夷乃宋出，其父
爲宋穆公之孫，己則出仕于齊，當齊靈公之世。"[1]銘文"肅成朕師旂之政德"，
《説文》："旂，錯革畫鳥其上，所以進士衆，旂旂，衆也。"[2]上文言齊靈公命夷
爲三軍之長，此處"師旂"指師衆，即上文之"三軍"。銘文"與氒行師""汝
勞勞朕行師"，"行師"一詞見于《左傳·僖公十五年》："爲嬴敗姬，車説其輹，火
焚其旗，不利行師，敗于宗丘。"孔穎達疏："師行必乘車而建旗，車敗旗焚，故
不利行師也。"[3]與銘文義同，皆指發動軍隊作戰。"汝勞勞朕行師，汝肇敏于戎
功"是對夷在伐萊一戰中功績的誇獎。銘文"剗伐夏后，貫厥靈師"乃夷追叙其
先祖參與征伐夏桀，大敗其"靈師"。孫詒讓："《廣韵·釋詁》：'靈，善也。'靈
訓善，亦訓大。靈師言大師也"[4]，其説可從。

例 29：

庚衒（率）百乘舟，入簬（莒）從洄（河），台（以）亟（殛）伐
巆晁丘，敓（殺）其毀（鬭）者，孚（俘）其士女。□旳（旬）𠂆
（矢）舟羿縣（陶）丘，□□于梨（梁），歸獻（獻）于霝（靈）公之
所，賷（賞）之台（以）兵轍（介）車馬。庚伐陸寅（渾），其王駟轐
（介）方綾，騰（朕）相乘駃㦰創不也。其王乘駃（牡），興台（以）□
巆師，庚戠（捷）其兵轍（介）車馬，獻（獻）之于戥（莊）公之所。
（庚壺，12453，春秋晚期）

銘文記載庚率領百乘舟從水道入莒，目的是要快速地攻打"巆"。"巆"在銘

---

[1] 郭沫若：《兩周金文辭大系圖録考釋》，中國社會科學院考古研究所，1957 年，第 204 頁。

[2] 許慎：《説文解字》，岳麓書社，2006 年，第 140 頁。

[3] 阮元校刻：《十三經注疏》，中華書局，1980 年，第 1807 頁。

[4] 孫詒讓：《古籀拾遺》（上），掃葉山房，1918 年，第 14 頁。

文中出現兩次，寫作畾，一般認爲是國名或城邑名，地望不確①。庚獲得勝利并俘虜了畾的士女。後文的"興以□畾師"，"畾師"當指畾的軍隊。

例 30：

> 余㠯（以）行㱃師，余㠯（以）政（征）㱃徒，余㠯（以）伐郾，余㠯（以）伐郤（徐）。（冉鉦，15989，戰國時期）

"余以行㱃師，余以征㱃徒"，"師"前一字寫作█，春秋金文常用作表示"台"，又假借爲"予"，用作第一人稱代詞②，如𨛬氏鐘銘文："用享以孝于㱃皇祖。"《左傳·隱公九年》"彼徒我車"，杜預注"徒，步兵也"③，"予師""予徒"前後對舉，分別指"軍隊"和"兵卒"。

例 31：

> 佳（唯）司馬賈訴詻戰（僤）忞（怒），不能盜（寧）處，遂（率）師征郾（燕），大啟邦沴（污、宇），枋（方）豐（數）百里，（奵鋚壺，12454，戰國中期）

《史記·燕召公世家》記載戰國中期燕王噲禪位相國子之，引起內亂，齊王乘機"令章子將五都之兵，以因北地之衆以伐燕。"④據奵鋚壺銘，中山國司馬賈也率軍參與了伐燕的戰爭。銘文"率師征郾"義爲率領軍隊征伐燕國。

B. 低于"軍"的軍隊建制單位

東周銅器銘文中表示該義項的"師"共 5 例，用"自"字記錄，出現于春秋中期。

例 1—例 5：

> 佳（唯）王正月初吉丁亥，余茂乎（厥）于之孫童（鍾）麗（離）公柏之季子康，羃（擇）其吉金，自乍（作）穌鐘之鋘，龢＝（穆穆）逶＝（鎗鎗）。柏之季康是良，台（以）從我自（師）行，台（以）樂我甫（父）蜺（兄），（季子康鎛，15787—15791，春秋中期）

銘文中"季子康"爲器主，"季子"爲排行，"康"是名。一般認爲季子康鎛爲

---

① 張光遠：《春秋晚期齊莊公時庚壺考》，《故宮季刊》第十六卷第 3 期，1982 年。李家浩：《庚壺銘文及其年代》，《古文字研究》第十九輯，中華書局，1992 年，第 94 頁。張政烺：《庚壺釋文》，《出土文獻研究》第一輯，文物出版社，1985 年，第 126–133 頁。

② 張世超等：《金文形義通解》，京都：中文出版社，1996 年，第 176 頁。

③ 阮元校刻：《十三經注疏》，中華書局，1980 年，第 1734 頁。

④ 司馬遷：《史記》，岳麓書社，1988 年，第 214 頁。

春秋時期鐘離國器物①。"鐘離公"即鐘離國君主，晚周諸侯國君主多稱公。《左傳·宣公十六年》："公當享，卿當宴，王室之禮也。"杜預注："公，謂諸侯。"②季子康爲鐘離公柏之子，可能是繼任的鐘離公。《左傳·定公四年》："若嘉好之事，君行師從，卿行旅從"③，國君出行以"師"相跟從。《詩經·小雅》："我徒我御，我師我旅。我行既集，蓋云歸處。"鄭玄箋："五旅爲師"④，亦是記此禮儀之例。銘文"台（以）從我自（師）行"，與《詩經》《左傳》意義相同，"自行"是隨諸侯國君出行的"師"。

C. 軍隊駐地

東周銅器銘文中表示該義項的"師"共 2 例，用"自"字記録，出現于春秋時期。

例 1：

> 佳（唯）九月丁亥，晉（晉）姜曰：余佳（唯）司（嗣）朕（朕）先姑君晉（晉）邦，余不叚（暇）妄（荒）寧，至（經）雝（雍）明德，宣卹我猷，用鬻（召、詔）匹辝（台）辟，每（敏）龏（揚）氒（厥）光剌（烈），虔不彖（惰），魯覃京自（師），辥（辥）我萬民，劼遣我，易（錫）鹵賣（積）千兩，勿灋（廢）文夨（侯）覬（景）命，（晉姜鼎，02491，春秋早期）

晉姜鼎銘是晉文侯之妻晉姜表記功績的銘文，"魯覃京自（師），辥（辥）我萬民"指晉姜輔佐文侯的功績延及"京自"，使萬民得到治理。"京自"多釋爲地名，有周都城說和晉都城說⑤，但釋爲都城應無疑問。

例 2：

> 佳（唯）王正月初吉丁亥，晉（晉）公曰："我皇且（祖）鄝（唐）公[雁（膺）]受大命，左右武王，毅（殷、教）畏（畏、威）百緣（蠻），廣闊（闢）三（四）方，至于不廷，莫不□□，[王]命鄝（唐）公，建宅京自（師），□□□□邦，我剌（烈）考憲[公]，□□□□，彊（疆）□□□。（晉公盆，06274，春秋中期）

---

① 劉信芳、闞緒杭、周群：《安徽鳳陽縣卞莊一號墓出土鎛鐘銘文初探》，《考古與文物》2009 年 3 期，第 102–108 頁。徐少華：《童麗公諸器與古鐘離國歷史和文化》，《古文字研究》第二十八輯，中華書局，2010 年，第 327 頁。

② 阮元校刻：《十三經注疏》，中華書局，1980 年，第 1889 頁。

③ 阮元校刻：《十三經注疏》，中華書局，1980 年，第 2134 頁。

④ 阮元校刻：《十三經注疏》，中華書局，1980 年，第 495 頁。

⑤ 陳連慶：《〈晉姜鼎〉銘新釋》，《古文字研究》第十三輯，中華書局，1986 年，第 197–198 頁。郭沫若：《兩周金文辭大系圖録考釋》，科學出版社，1957 年，第二卷第 229–230 頁。

晉公盆是晉公嫁女所制的媵器。銘文追叙了皇祖唐公追隨武王，輔佐武王克商，建立功業。武王命唐叔宅居“京自”，“京自”多釋爲都城[①]。張平轍認爲：“周人將築有防御設施的軍事據點稱爲‘自’，周人每封一國，每建一都，就是建立一自。”[②]于省吾認爲：“凡金文中地名之稱某自者，自的上一字爲原有地名，自字則由于時常爲師旅駐扎所得名。”[③]西周銅器銘文中“某地+自”常見，如“杍（柯）自”（作册夐鼎，02023，西周早期）、“噩（鄂）自”（静鼎，02461，西周早期）、“成自”（競卣，13336，西周中期）等，商艷濤考察了西周銘文中 16 例“某自”，認爲皆是自的駐地，并確定了駐地的大致方位[④]。以上兩例“京自”既爲都城，必有軍隊守衛，亦是軍隊駐地。

三、“西之六師”的組成

“西之六師”見于春秋中期子犯鐘，銘文寫作“西之六自”。子犯鐘傳盗掘自山西省聞喜縣，共兩套 16 件，同銘。其中 12 件現藏于臺北“故宫博物院”，4 件爲收藏家陳鴻榮所藏。每鐘中央“鉦”的位置鑄有字數不等的銘文，共 132 字。鐘銘一經發布，引起古文字學界熱烈討論，學者們紛紛撰文就銘文釋讀、器物年代、器主等問題展開研究。經過前輩學者不懈努力，很多問題逐漸明朗：銘文記載了春秋時期晉文公舅父子犯輔佐晉文公，參與城濮之戰和踐土會盟等重大歷史事件，輔助周王鞏固統治，從而奠定晉國在諸侯國中的地位。銘文對城濮之戰的起因、經過和結果作了詳細描寫：“隹（唯）王五月初吉丁未，子軞（犯）宕（佑）晉（晉）公左右，來復其邦。者（諸）楚꿔（荆）不聖（聽）令（命）于王所，子軞（犯）及晉（晉）公遂（率）西之六自（師），博（搏）伐楚꿔（荆），孔休，大工（攻）楚꿔（荆）喪乓（厥）自（師），滅乓（厥）年。”“西六師”西周銅器銘文常見，東周銅器銘文僅此 1 例，“西之六師”的組成，學者們的觀點分歧很大，尚無定論。我們梳理已有的觀點，就這一問題再進行討論。

學界主要觀點如下：

A. 晉國軍隊

這一觀點最早由張光遠提出，他認爲“西之六自”是由“西方晉國調來的六

---

① 唐蘭：《晉公𦈅蓋考釋》，國立北京大學《國立季刊》第 4 卷第 1 號，1934 年。李學勤：《晉公盆的幾個問題》，《出土文獻研究》第一輯，文物出版社，1985 年，第 136 頁。童書業：《晉公盆銘“□宅京師”解》，《童書業歷史地理論集》，中華書局，2004 年，第 200–206 頁。

② 張平轍：《關于周人的自——古史新說之三》，《西北師大學報（社會科學版）》1995 年第 5 期，第 5 頁。

③ 于省吾：《略論西周金文中的“六自”和“八自”及其屯田制》，《考古》1964 年第 3 期，第 152–155 頁。

④ 商艷濤：《西周軍事銘文研究》，華南理工大學出版社，2013 年，第 38–44 頁。

師大軍"。"晉文公都于絳，是其父獻公始建，在山西省西南汾河北岸，位于東周王城之西，若進軍中原，取道黃河東下，誠謂來自西方。"他認爲："此六師即六軍"，"晉國在武公時，始以一軍受命，獻公時作二軍，到文公四年才作三軍，躋于大國之列。但文公所建的三軍，却是上軍由狐毛任主將，而由其弟狐偃充副將佐之，中軍由却穀任主將，却溱充副將佐之，下軍由欒枝任主將，先軫充副將佐之，由此六員大將組成之'三軍'，是即鐘銘之稱'六師'甚明，應非有所僭越特仿周王六軍之制而擴編。"①

趙曉龍持相同觀點，認爲"是由晉之六帥，即中軍將、中軍佐、上軍將、上軍佐、下軍將、下軍佐所率領的六支軍隊的合稱，也就是上中下三軍。中軍帥、中軍佐、上軍將、上軍佐、下軍將、下軍佐可以合稱'六卿'，故筆者以爲其所統帥的軍隊合稱'六師'，亦無不可"。②

李學勤認爲是晉國軍隊，但對于"六師"得名，他的觀點與張、趙二人不同。他認爲"三軍加三行是爲六師"，并引文獻爲證："《國語·鄭語》云晉在成周之西，《左傳》載'晉侯作三行以御狄，荀林父將中行，屠擊將右行，先蔑將左行。'事在僖公二十八年之末。《史記·晉世家》集解説：'辟天子六軍，故謂之三行。'三軍三行，就是六軍，或稱'六師'，看鐘銘，可能城濮之戰時已經有了三行的設置，後來不過加以固定罷了。"③

王澤文認爲"西"的概念在歷史上有變化，"當周滅商之後，周的控制範圍擴大，周人就不再以'周'局限于'西土'了。……'西'在春秋時期已不可能指'周'，所謂'"西"應該是表示一個可以統攝晉、秦、宋、齊四國的詞'的推測，是找不到確切根據的"。他認爲文獻中并没有"宋、秦、齊"參與戰鬥的記載，因此"晉三軍和宋、秦、齊三國軍隊"的説法不能成立。他贊同李學勤對"西"的解釋，認爲"晉在成周之西"和"傳統意義上的'西土'"兩個説法都解釋得通，"把'西之六師'解釋爲晉軍，便容易理解鐘銘'率西之六師搏伐楚荆'的爲何是'晉公'和'子犯'"。④

---

① 張光遠：《故宮新藏春秋晉文稱霸"子犯龢鐘"初釋》，《故宮文物月刊》第 145 期，1995 年 4 月；《春秋中期晉國子犯龢鐘的新證、測音與校釋》，《故宮文物月刊》第 206 期，2000 年 5 月。

② 趙曉龍：《子犯編鐘銘文"西之六師"試解》，《西南交通大學學報（社會科學版）》2009 年第 1 期，第 97—99 頁。

③ 李學勤：《補論子犯編鐘》，《中國文物報》1995 年 5 月 28 日；《子犯編鐘續談》，《中國文物報》1996 年 1 月 7 日。

④ 王澤文：《春秋時期的紀年銅器銘文與〈左傳〉的對照研究》，中國社會科學院研究生院博士學位論文，2002 年，第 13—15 頁。

B. 周王軍隊, 即 "西六師"

此觀點最早由黄錫全提出, 他首先對 "晉國軍隊" 的説法提出質疑: "如是晉國軍隊, 就勿需增一 '西' 字, 因爲站在晉國一邊次于城濮的, 除齊、宋以外, 還有真正來自西方的秦軍。如《左傳》僖公三十二年冬晉文公卒, 卜偃使大夫拜, 曰: '君命大事, 將有西師過軼我, 擊之, 必大捷焉。' '西師' 指秦軍欲經晉伐鄭。按當時制度, 只有天子有六軍, 諸侯只有三軍, 城濮之戰晉參戰者爲上中下三軍, 即便加上晉文公在城濮之戰後新增二軍, 也只有五軍。" 他認爲: "'西之六師', 如不是指部屬在陣地西面的軍隊, 就很可能是指周王的軍隊。也就是説建于西周的 '西六師' 的編制或名稱此時仍然存在, 駐扎在洛陽成周, 因楚荆們在京師不聽王命, '六師' 奉周王之命也參加了由晉文公率領的 '搏伐楚荆' 的戰鬥, 子犯爲歌頌周王, 故着意點出出師因仰仗周王的 '六師' 大軍才得以獲勝。"①

江林昌亦認爲: "'西之六師' 即 '西六師', 原是周王朝的直系軍隊編制, 因周人興于西方, 故稱 '西六師'。"②

C. "晉三軍" 和宋、秦、齊三國軍隊

何樹環認爲 "西之六自" 不可能是周王六師。"當時周王室剛經歷過王子帶之亂, 王室本身還需要諸侯國的幫助, 如《左傳·僖公十六年》'王以戎難告于齊, 齊徵諸侯而戍周', 所以, 若是此時周王仍建制有名爲 '西六師' 的軍隊, 恐怕也已經没有什么戍衛的能力, 更遑論是派遣出去作戰了。況且 '西六師' 屢見于西周金文, 從來没有稱爲 '西之六師' 的, 把東周時的 '西之六師' 認爲即是西周時的 '西六師', 無疑是很難令人信服的。" 對于 "西之六師" 指 "晉國三軍三行" 的觀點亦不贊同, 他認爲《左傳》對晉參戰三軍的將領都有詳細記載, 唯不見關于三行的記載, 因此三行并未參加戰争, 是戰後增設。

他將文獻所記城濮之戰前後的相關情形與子犯編鐘銘文相對照, 指出銘文 "西之六師", 并不全是晉國的軍隊, 應是實際參加戰鬥的晉國三軍, 以及來到城濮助陣而未參與戰鬥的秦、齊、宋三國軍隊。他舉《左傳·隱公十年》稱宋、衛、蔡三國軍隊爲 "三師" 爲例, 説明銘文的 "師" 不是指軍隊編制, 而是軍旅的泛稱。至于爲何稱 "西之六師", 他認爲: "銘文把晉國一國所屬的 '三軍' 與其他三國軍隊統合計算, 可能是要表現晉國地位較其他三國爲高, 以凸顯

---

① 黄錫全:《新出晉 "搏伐楚荆" 編鐘銘文述考》,《長江文化論集》第一輯, 湖北教育出版社, 1995 年, 第 328—329 頁。

② 江林昌:《新出子犯編鐘銘文史料價值初探》,《文獻》1997 年第 3 期, 第 96—101 頁。

城濮之戰時晉國的主導地位，也可能是因爲在文意上受到‘西’字制約的關係。”關于“西”字，“從當時子犯標舉出‘尊王’爲晉國稱霸的方針之一，與銘文文意上‘六師’必定受到‘西’字的制約，以及‘西’字應該是表示一個可以統攝晉、秦、宋、齊四國的詞，將這些情形配合起來看，‘西’可能是‘西土’的省語，事實上指的是‘周’，銘文説‘子犯及晉公率西之六師搏伐楚荆’，指的是子犯及晉文公率領周所屬諸侯國的六支軍隊與楚荆的勢力集團相搏戰”。①

按：我們贊成第三種觀點，“西之六師”指晉三軍和宋、秦、齊三國軍隊。

“西之六師”非晉國軍隊，黃錫全、何樹環分別從文獻中找到諸多證據進行了論証，在此不再贅述。“西之六師”亦非周王军队，城濮之战中周王既没有派兵的動機，也不具備派兵參戰的實力，這兩點何樹環和王澤文依據《左傳》記載進行過討論，我們再從銘文的角度做一些補充。西周銅器銘文凡涉及“六師”“八師”的軍事活動，指揮者多是周王，如果不是王，銘文也會强調指揮者是奉了王命。如禹鼎銘文：“王廼命西六自、殷八自，曰：‘撲伐鄂侯馭方，勿遺壽幼。’”是周王親自指揮之例；小臣謎簋“殷八自”的指揮者爲伯懋父，後文就專門强調“伯懋父承王命賜自率征自五齵貝”。先秦文獻中涉及“六師”的軍事活動亦是如此，如《詩經·大雅·棫樸》：“周王于邁，六師及之。”②指揮者皆爲周王，《後漢書·西羌傳》引《竹書紀年》：“夷王衰弱，荒服不朝，乃命虢公率六師伐太原之戎。”③此爲周王派遣指揮者例。按前例，“西之六師”若爲周王軍隊，在非周王親自指揮的情況下，銘文應爲“王命子犯及晉公率西之六師”。

“西之六師”應是晉軍和宋師、秦師、齊師組成的軍隊。王澤文根據錢宗範、童書業的論述并結合《史記》關于城濮之戰的記載，提出“《秦本紀》于此役僅言‘（秦穆公）二十八年，晉文公敗楚于城濮’，而于此前的王子帶之亂和此後的圍鄭一役，分別是‘……二十五年，周王使人告難于晉、秦。秦繆公將兵助晉文公入襄王，殺王子帶。’‘三十年，繆公助晉文公圍鄭’，城濮之戰不言‘助晉文公……’，説明秦確實没有參加戰鬥”，并以相同的理由斷定齊、宋也未參戰④。其説有所未安，雖然《史記》没有明確記載齊、宋、秦參戰，但《春秋·僖公二十八年》明確説：“夏四月已巳，晉侯、齊師、宋師、秦師及楚人戰于城濮，楚師敗績。”⑤《公羊傳·莊公十年》“戰不言伐”，何休注“合兵血刃

---

① 何樹環：《談“子犯編鐘”銘文中的“西之六師”》，《故宮文物月刊》第 218 期，2001 年 5 月。

② 阮元校刻：《十三經注疏》，中華書局，1980 年，第 514 頁。

③ 範曄撰，李賢等注：《後漢書》，中華書局，1965 年，第十册第 2871 頁。

④ 錢宗範：《關于城濮之戰的晉楚兵數》，《中國古代史論叢》第一輯，福建人民出版社，1982 年。童書業：《春秋左傳研究》，上海人民出版社，1980 年，第 55 頁。

⑤ 阮元校刻：《十三經注疏》，中華書局，1980 年，第 1823 頁。

曰戰”①。況且《史記》中未記載參戰，不一定確實沒有參戰。《史記·燕召公世家》載戰國中期燕王噲禪位給相國子之，引起內亂，齊王“令章子將五都之兵，以因北地之衆以伐燕”②，未言有其他國家參與戰争。中山王䜌鼎銘文王䜌派相邦賈“親率三軍之衆，以征不義之邦”，姧蚉壺銘文亦稱“唯司馬賈訢誻偃怒，不能寧處，率師征燕，大啟邦宇，方數百里”，證明除了齊國，還有與燕國鄰近的中山國也參加了伐燕的戰争。

何樹環提出“西之六師”的“師”不是《周禮·地官·小司徒》“伍、兩、卒、旅、師、軍”的“師”，而是軍旅的泛稱③，甚確。西周銅器銘文的“𠂤”相當于《周禮》之“師”，學者們已做過詳細研究，認爲“六𠂤”實指由六個師組成的軍隊，“八𠂤”是由八個師組成的軍隊④。東周銅器銘文“𠂤”“師”“帀”三字表示“師”時所指與西周有所不同，既可指《周禮》之“師”，亦可泛指軍隊。叔夷鎛銘文“余命汝政于朕三軍，肅成朕師旟之政德”，前文提到“三軍”，後文用“師”復指，泛指軍隊。子犯鐘銘文“六𠂤”中“三𠂤”應指“秦師”“宋師”“齊師”，另“三𠂤”指晉國的三支軍隊。據《左傳·僖公二十八年》記載，城濮之戰晉確有上軍、中軍、下軍參戰，此“三軍”不一定是“萬二千五百人爲軍”的“軍”，亦可能是根據戰事需要將整兵臨時分編成的三支隊伍。《國語·吴語》中就有類似的記載：“吴王起師，軍于江北，越王軍于江南。越王乃中分其師，以爲左右軍。以其私卒君子六千人爲中軍。”下文又曰：“吴師聞之，大駭，曰：‘越人分爲二師，將以夾攻我師。’乃不待旦，亦中分其師，將以禦越。”⑤越師臨時將軍隊分爲二支，執行不同的任務，而吴師根據這一情況也將軍隊分爲兩支隊伍，以對抗越師。既然“左軍”“右軍”可稱爲“二師”，則“上軍”“中軍”“下軍”亦可稱爲“三師”。《左傳·僖公二十八年》“夏四月己巳，晉侯、齊師、宋師、秦師及楚人戰于城濮，楚師敗績”，杜預注：“宋公、齊國歸父、秦小子憖，既次城濮，以師屬晉，不與戰也。”⑥説明秦、齊、宋參加城濮之戰的方式是“以師屬晉”，三國主帥并未參戰，三國軍隊由晉侯直接指揮，因此

　　① 阮元校刻：《十三經注疏》，中華書局，1980 年，第 2231 頁。
　　② 司馬遷：《史記》，岳麓書社，1988 年，第 214 頁。
　　③ 何樹環：《談“子犯編鐘”銘文中的“西之六師”》，《故宮文物月刊》第 218 期，2001 年 5 月。
　　④ 李道明：《六師、八師新探》，《四川師範大學學報（社會科學版）》1992 年第 5 期，第 64–70 頁。常征：《釋“六師”，兼述西周王朝武裝部隊》，《河北大學學報（哲學社會科學版）》1981 年第 2 期，第 35–38 頁。于省吾：《略論西周金文中的“六師”和“八師”及其屯田制》，《考古》1964 年第 3 期，第 152–155 頁。
　　⑤ 徐元誥：《國語集解》，中華書局，2002 年，第 560 頁。
　　⑥ 阮元校刻：《十三經注疏》，中華書局，1980 年，第 1823 頁。

後文只稱"晉師"，不見"齊師""宋師"和"秦師"。銘文稱"西之六師"，"西"指晉國，與《左傳》稱"晉師"義同。

第三節　銘文中的"徒""族""辟""卒"

一、"徒"的字詞關係

"徒"，甲骨文作 [∇]（《合集》3521）、[∇]（《合集》6573），由止和土構成。銅器銘文或從彳，如 [∇]（永盂，06230，西周中期）、[∇]（魯司徒仲齊匜，14451，春秋早期）；或從辵，如 [∇]（揚簋，05350，西周中期）。從止、從彳、從辵義同。《説文》："[∇]，步行也，從辵土聲。"①許慎對"徒"字構形和本義的説解甚確，學界多從之②。晁福林認爲："徒字在卜辭中除表示步行和用作語氣詞外，還同于《小雅·車攻》'徒御不驚'的徒，指挽車和從事其他事務的奴僕，卜辭中的'侯虎徒'（《合集》3297）、'子徠徒'（《合集》6），指侯虎、子徠擁有的徒。"③其説可從。《小雅·車攻》描寫周天子會同諸侯進行狩獵，先秦時期田獵活動往往帶有軍事訓練和演習的性質，對此史學家們已有詳述④。晁文釋"徒"爲"奴僕"，或可理解爲"步卒"。周代銅器銘文和傳世文獻中"徒"常表示"步卒"這一軍隊最基層的編制單位。如西周晚期盂鼎銘文"肆武公乃遣禹率公戎車百乘、斯馭二百、徒千"，《左傳·隱公九年》："北戎侵鄭，鄭伯御之。患戎師，曰：'彼徒我車，懼其侵軼我也。'"杜預注："徒，步兵也。"⑤

東周銅器銘文中表軍事建制的"徒"共 25 例，通過分析銘文發現"徒"有兩類義項。

A. 步卒

例 1—例 2：

> 隹（唯）王三（四）月餃（哉）生霸癸丑，齊大（太）王孫遽

---

① 許慎：《説文解字》，岳麓書社，2006 年，第 39 頁。

② 葉玉森："從 [∇] 即土，從 [∇] 乃 [∇] 省，即徒字，《説文》'[∇]，步行也。'"《殷契鉤沉》，富晉書社，1929 年，第 5 頁。李孝定："契文偏旁止、彳、辵、行每無別，葉釋可從。"《甲骨文集釋》，"中央研究院"歷史語言研究所，1965 年，第 505 頁。高田忠周："夫徒者，足以蹈土也。"《古籀篇》第 65 卷，臺灣大通書局，1982 年。

③ 晁福林：《評〈甲骨文合集〉》，《中國史研究》1985 年第 2 期，第 157—161 頁。

④ 楊寬認爲古時田獵和戰爭方式基本相同，因此很自然的，會借用田獵來作爲軍事訓練和演習的手段。參見《"大蒐禮"新探》，《學術月刊》1963 年第 3 期，第 48—56 頁。李亞農指出由狩獵發展而成的"大蒐禮"具有軍事演習、檢閲的性質，參見《"大蒐"解》，《學術月刊》1957 年第 1 期，第 42—46 頁。

⑤ 阮元校刻：《十三經注疏》，中華書局，1980 年，第 1734 頁。

（復）丰彖（專）嗣（司）右大徒，淤（惥）弊（恭）戏（威—畏）誋（忌），不彖（惼）歾（夙）夜，從其政事，徂＝（桓桓）乍（作）聖，公命遐（復）丰銜（率）徒伐者（諸）剌（割），武又（有）工（功）。公是用大畬（畜）之，鹵（迺）嗣（司）者（諸）剌（割—葛）。（復丰壺，12447—12448，春秋早期）

例1、例2見于同銘的兩件器物——復丰壺。銘文"復丰"爲器主，此人不見于文獻記載。"王孫"金文和傳世文獻習見，但"太王孫"之語則未見于文獻，不知爲何種王孫。《漢書·成帝紀》："元帝在太子宫生甲觀畫堂，爲世嫡皇孫，宣帝愛之，字曰太孫，常置左右。"①銘文"太王孫"或與此義同。"復丰率徒伐諸剌"，《禮記·檀弓》："諸達官之長杖。"孔穎達疏："諸者，非一之辭。"②春秋晚期越邾莒盟辭鎛銘文有"諸夷"，《左傳·襄公四年》："以請和諸戎。"③皆與銘文"諸剌"相類。"諸剌"爲復丰征伐的對象，銘文義爲復丰率領步卒攻打諸剌。

例3：

余易（錫）女（汝）釐（萊）都，會（糦）、劙（勞）其櫧（縣）三百，余命女（汝）嗣（司）辝（台—以）鄸（萊）邑，遄（陶）或徒四千，爲女（汝）敔（嫡）寮（僚），乃叔（敢）用捧（拜）頴（稽）首，弗叔（敢）不敥（對）嬰（揚）朕（朕）辟皇君之易（錫）休命。（叔夷鎛，15829，春秋晚期）

例4：

余易（錫）女（汝）釐（萊）都，會（糦）、劙（勞）其櫧（縣）三百，余命女（汝）嗣（司）辝（台—以）鄸（萊）邑，遄（陶）或徒四千，爲女（汝）敔（敵）寮，乃叔（敢）用捧（拜）頴（稽）首，弗叔（敢）不敥（對）嬰（揚）朕（朕）辟皇君之易（錫）休命。（叔夷鐘，15553，春秋晚期）

"萊"銘文寫作𧆐、𧆘。《爾雅·釋草》："釐，蔓華"④；《説文》："萊，蔓華也，從艸，來聲。"⑤《詩經·小雅·南山有臺》"北山有萊"，馬瑞辰曰："萊、

---

① 班固：《漢書》，中華書局，1962年，第301頁。
② 阮元校刻：《十三經注疏》，中華書局，1980年，第1299頁。
③ 阮元校刻：《十三經注疏》，中華書局，1980年，第1933頁。
④ 宗福邦：《故訓匯纂》，商務印書館，2003年，第2359頁。
⑤ 許慎：《説文解字》，岳麓書社，2006年，第26頁。

釐、藜三字古同聲通用。"銘文幾處"釐"皆釋爲萊，指萊國。《左傳·宣公七年》"夏，公會齊侯伐萊"①，杜預注"萊，今東萊黃縣"。春秋時期齊、萊發生過多次戰爭，文獻亦有記載，《左傳·襄公六年》"十有二月，齊侯滅萊"②，銘文作于襄公十九年③，此時萊國已屬齊，叔夷于平陰之戰有功，齊靈公賜予他萊都、會、劅其縣三百，命他管理這些地方。此外還賞賜"或徒四千，爲汝嫡僚"。"或徒"孫詒讓釋爲"國徒"④，孫海波釋爲"域徒"⑤，意義相近，言賞賜叔夷四千步卒作爲嫡系部隊。先秦戰爭常有賞賜兵卒之事，《左傳·僖公二十八年》王賞賜晉侯"虎賁三百"⑥亦爲此例。

例5：

> 吳吊（叔）徒戈。（吳叔戈，16632，春秋早期）

例6：

> 乍（作）陕白（伯）徒戈。（陕伯戈，16722，春秋早期）

例7—例8：

> 虩大（太）子元徒戈。（虩太子元戈，16861—16862，春秋早期）

例9：

> 宫之徒戈。（宫之徒戈，31375，春秋早期）

例10：

> 裳氏徒戈。（裳氏戈，31378，春秋中期）

例11：

> 武巐（城）徒戈。（武城戈，16612，春秋晚期）

例12：

> 墜（陳）尔徒。（陳尔戈，16512，春秋晚期）

---

① 阮元校刻：《十三經注疏》，中華書局，1980年，第1873頁。
② 阮元校刻：《十三經注疏》，中華書局，1980年，第1937頁。
③ 孫詒讓："'五月戊寅'疑即靈公二十八年之五月望日。齊靈公二十八年，當春秋魯襄公十九年，杜預長歷是年五月甲子朔，則望日正值戊寅。"《古籀拾遺》（上），掃葉山房，1918年，第16頁。孫海波從孫詒讓説，引《史記·齊世家》"二十七年，晉使中行獻子伐齊，齊師敗，靈公走入臨淄。晏嬰止靈公，靈公弗從曰：'吾亦勇矣'，晉師遂圍臨淄，臨淄城守不敢出，晉焚郭中而去"證銘文首句"師于淄湹"所記正是《左傳》襄公十八年平陰之戰。《齊弓鎛考釋》，《師大月刊》1935年第22期，第52–101頁。
④ 孫詒讓：《古籀拾遺》（上），掃葉山房，1918年，第11頁。
⑤ 孫海波：《齊弓鎛考釋》，《師大月刊》1935年第22期，第52–101頁。
⑥ 阮元校刻：《十三經注疏》，中華書局，1980年，第1826頁。

例 13：

> 左徒戈。（左徒戈，16529，春秋）

例 14—例 15：

> 仕斤徒戈。（仕斤戈，16615—16616，戰國早期）

例 16—例 17：

> 墜（陳）子翼徒戈。（陳子翼戈，16775—16776，戰國）

例 18：

> 高陽右近徒。（高陽劍，17826，戰國）

例 19：

> 子壴徒戟（戟）。（子壴戟，16634，戰國）

例 20：

> 平阿左造徒戟（戟）。（平阿左戟，16858，戰國早期）

例 21：

> 每（魏）弔（叔）子之左載（車）弄（篷）輅徒戟五百。（魏叔子戟，21229，春秋早期）

例 22：

> 敬縛（續）新城徒襲（萃、卒）。（敬縛新城戈，16928，戰國晚期）

例 5—例 22 皆爲東周兵器銘文。"徒戈"爲步兵使用之戈。據井中偉考證，出土自名"徒戈"之戈柲長一般爲 110~180 厘米，更短者在 90 厘米左右，柲較短，方便步卒單手執之作戰[1]。東周步兵使用之兵器常自名爲"徒+兵器"，除"徒戈"之外還有"徒戟"。例 13 左徒戈 1983 年出土于山東省莒南縣，彭春艷認爲"左"指左軍或人名，"徒戈"爲"步兵所用之短戈"[2]，所論甚詳，可從。《左傳·成公十六年》"楚子救鄭，司馬將中軍，令尹將左，右尹子辛將右"[3]，令尹將左軍，左軍即簡稱爲左，銅器銘文中不乏以"左"爲名之例，如左鼎、左爵。則左徒戈義爲"左軍或名爲左之人所使用之徒戈"。"徒戈""徒戟"義爲步兵使用的戈、戟。

---

① 井中偉：《先秦時期青銅戈、戟研究》，吉林大學博士學位論文，2006 年，第 397 頁。

② 彭春艷："左徒戈無紋飾，有胡有穿，從形制上可確定其爲兵器，不是禮器和明器。……左徒戈銘文與上述三種刻官爵的銘文格式相去甚遠，則'左徒戈'中的'左徒'不爲官職名，其銘文斷句需重新考慮。……銘文應理解爲'左之徒戈'。"《左徒戈爲徒戈考》，《考古》2011 年第 7 期，第 61—64 頁。

③ 阮元校刻：《十三經注疏》，中華書局，1980 年，第 1917 頁。

B. 泛指兵卒

例 1：

> 余命女（汝）政于朕（朕）三甸（軍），簡（肅）成朕（朕）師旟之政遰（德），諫罰朕（朕）庶民，左右母（毋）諱，尸（夷）不敢（敢）弗懃戒，虔屾（恤）乃死（尸）事，嫯（勘）穌三甸（軍）徒遰，雩（與）乓（厥）行師，奓（慎）帯（中）乓（厥）罰。（叔夷鎛，15829，春秋晚期）

例 2：

> 余命女（汝）政于朕（朕）三軍，簡（肅）成朕（朕）師（師）旟之政遰（德），諫罰朕（朕）庶民，左右母（毋）諱，尸（夷）不敢（敢）弗懃戒，虤（虔）屾（恤）乃死（尸）事，嫯（勘）穌三甸（軍）徒遰，雩（與）乓（厥）行師（師），奓（慎）帯（中）乓（厥）罰。（叔夷鐘，15553，春秋晚期）

例 1、例 2 "勘穌三軍徒遰"，"徒遰"義爲"徒衆"①。上文齊靈公命叔夷爲三軍之長，叔夷不負王命，敬慎所主之事，和睦三軍徒衆。三軍必不盡是步卒，還包括其他兵種，此處"徒衆"應泛指三軍兵卒，而不僅僅指步卒。

例 3：

> 余吕（以）行冴（司）師，余吕（以）政（征）冴（司）徒，余吕（以）伐郘，余吕（以）伐郤（徐）（冉鉦，15989，戰國）

銘文"行"與"征"、"冴師"與"冴徒"對舉，征、行義近，《尔雅·釋言》"征，行也。""冴師""冴徒"釋爲"予師""予徒"，以文例推之"師""徒"意義相近，"徒"泛指兵卒。

二、"族"的字詞關係

"族"，甲骨文寫作![字]（《合集》，6343）、![字]（《合集》，14914），銅器銘文寫作![字]（師酉簋，05346，西周中期）、![字]（宋公差戈，16827，春秋晚期）。《説文》："族，矢鋒也，束之族族也。從㫃，從矢。㫃所以標衆，衆矢之所集。"段注："今字用鏃，古字用族，金部曰：鏃者，利也。則不以爲矢族字矣。族族，聚貌，毛傳云：五十矢爲束，引申爲凡族類之稱，會意。……㫃所以標衆者，亦謂

旌旗所以屬人耳目，旌旗所在而矢咸在焉，衆之意也。"①清代之前的古文字學家多贊同此觀點，部分近代學者亦從之②。除此之外，學界主要觀點還有：（1）從㫃從矢，本義爲軍旅組織。丁山認爲："族字，從㫃，從矢，矢所以殺敵，㫃所以標衆，其本義應是軍旅的組織。清人八旗的制度當是族字從㫃正解。《唐書·突厥傳》記其沙鉢羅咥利失可汗分其國爲十部，號爲十設，每設賜以一箭，故稱十箭。箭者，矢也。族之從矢，當又與部落稱箭的涵義相同。有是八旗十箭的故事印證，我認爲族字的來源不僅是自家族演來，還是氏族社會軍旅組織的遺迹。"③此番論證得到許多學者的贊同。李孝定、李學勤、劉釗舉甲骨卜辭"多子族""王族""五族""旅族"爲例，證"族"爲族類本字，于省吾亦引傳世文獻證之④。（2）非從矢，矢爲它字所訛，或認爲從交，或認爲從夫。⑤

---

① 段玉裁：《説文解字注》，上海古籍出版社，1988年，第312頁。

② 《廣雅·釋器》："族，經傳皆作鏃。"朱駿聲："以族爲鏃之正字，又以'公族''三族''王族'等爲'屬'之假借。或説族字當訓爲大旗。古軍中弓矢之兵聚于旗下，故從㫃從矢會意，矢鋒當爲鏃字之本訓，轉注爲利，則《左傳》'在其中軍王族'，爲本字本訓，而氏族、類族、聚族字皆得爲轉注屬音，義近之聲訓矣。"《説文通訓定聲》，中華書局，1984年，第380頁。強運開："段注今字用鏃，古字用族，金部曰，鏃者利也。則不以爲矢族矣，是矢鋒爲族乃其本義，自後人專以族爲宗族字，遂更假鏃爲矢族字。"《石鼓釋文》，上海商務印書館，1935年。林義光："《説文》云，族矢鋒也，從㫃從矢，㫃所以標衆矢之所集。按：古作🔳，師酉簋，🔳即㫃之變，今字以鏃爲之。"《文源》第二卷第13頁，轉引自劉慶柱、段志洪、馮時主編《金文文獻集成》，綫裝書局，2006年，第十七卷第483頁。金恒祥："族本矢鏃義，而引申爲氏族之族……卜辭'王族'，爲殷商王朝中軍之親族。"《從甲骨卜辭研究殷商軍旅中之王族三行三師》，《中國文字》第五十二册，第5663—5664頁。

③ 丁山：《甲骨文所見氏族及其制度》，中華書局，1988年，第33—34頁。

④ 李孝定："字從㫃從矢，其本義當爲族類，丁説是也。蓋古者同一家族或同一氏族即爲一戰鬥單位。故于文從㫃從矢會意。許君誤以此爲矢族字，故于鏃下但云'利也'。利也一義實由矢鏃一義所引申。族則族類之本字也。卜辭言'多子族''五族''旅族'均部族之義。金文作🔳毛公鼎……均從矢，與卜辭義同。"《甲骨文集釋》，"中央研究院"歷史語言研究所，1965年，第2232頁。李學勤曰："古代軍制本與族氏有關……卜辭的王族、多子族也應該這樣解釋。王族即由王的親族組成的隊伍，多子族是由大臣或諸侯的親族組成的隊伍。"《釋多君多子》，《甲骨文與殷商史》，上海古籍出版社，1983年，第16—18頁。劉釗："卜辭的'族'不應單純理解爲'親族'或'家族'，還是理解爲由'親族'或'家族'構成的從事戰爭的軍事組織。'王族'即以往的親族組成的軍事組織，'多子族'即由衆多的貴族家族組成的軍事組織。但是這種軍事組織同'自'這樣的專業軍隊不同，而是以'族衆'爲主體，戰時征伐，平時務農的'民兵'……卜辭的'三族''五族'，實際並非指固定的幾個族氏，而是由三個或五個家族組成的三支或五支軍事武裝。"《卜辭所見的殷代軍事活動》，《古文字研究》第十六輯，中華書局，1989年，第75頁。于省吾："《國語·楚語》曰：在中軍王族而已，韋昭注曰：唐云：族親族同姓也，昭謂部屬也。傳曰：欒、範以其族夾公車。時二子將中軍，中軍非二子之親也。族字之義，韋昭所説最爲得之。經傳族字，惟此爲本字本義，其它每以屬字爲之。文二年《左傳》以其屬馳秦師；宣十七年傳請以其私屬皆是也。宣十二年傳：知莊子以其族反之，則字正作族矣。族屬聲近，古每通用，而遂致相混。……此類組織多與軍旅之事有關。古代社會，氏族組織與軍族組織實密切相關。"《甲骨文字詁林》，中華書局，1996年，第2550頁。

⑤ 葉玉森："🔳乃象交脛人在旗下，從人從交，非從矢。卜辭矢之字必作矢形，此實從交，族字之原，應創造于酋長時代，古之酋長必俘異族之人而屬屬于旗下，以擴張其部衆。故族字象交脛人在旗下，交脛人即俘虜也。"《説契》，富晉書社，1929年，第9頁。馬叙倫："從夫從旗省，夫矢二字之互訛。"《説文解字六書疏證》第十三卷，上海書店，1985年，第42頁。

按：丁山說可從。交，甲骨文作 🔅（《合集》32509），金文作 🔅（交車戈，16499，西周晚期）。矢，甲骨文作 🔅（《合集》5699）、🔅（《合集》32193），銅器銘文作 🔅（矢伯卣，13158，西周早期），"矢"甲骨文象箭矢之形，與"交"字的區別在于上部有一橫筆，象箭鏃之形，橫筆後或下移，或有省減橫筆的寫法，遂易與"交"字混淆。金文部分橫筆演化爲實心圓點，考"族"字甲骨文、金文形體，多有橫筆或圓點，確從从從矢，非從交、人。"族"，甲骨文、金文用法多與軍旅、類族有關，如"王令其五族戍 🔅"（《合集》28054）、"以乃族從父征"（班簋，05401，西周中期）。傳世文獻亦多用作氏族之義，《國語·楚語》："在中軍，王族而已。"章昭注引唐固注："族，親族，同姓也。"[1]《左傳·襄公二十四年》："兵不戢，必取其族。"杜預注："族，類也。"[2]

"族"作爲軍隊建制在銅器銘文中屢屢出現，西周早期明公簋銘文"唯王令明公遣三族伐東國"、西周中期史密簋銘文"史密右，率族人、萊伯、僰眉，周伐長必"皆有記載。東周銅器銘文中未見族軍參與戰爭的記載，但在一些兵器銘文中仍能發現族軍的存在和活動。

我們查檢《銘圖》《銘圖續》《銘圖三》找到表軍事建制的名詞"族"共14例，皆表示族軍。

例1—例3：

>
> 㮮（秦）子乍（作）迲（造），公族元用，左右帀（師）鈇，用逸宜。（秦子戈，17208—17210，春秋早期）

例4：

>
> 㮮（秦）子乍（作）迲（造），公族元用，左右帀（師）鈇，用逸宜。（秦子矛，17670，春秋早期）

例5：

>
> 㮮（秦）子乍（作）迲（造），公族元用，左右帀（師）鈇，用逸宜。（秦子戈乙，21243，春秋早期）

例6：

>
> 五年，公族申夋（作）陽城賁（造）乇（戟），曰（以）厲（礪）武士，大絧（治）周密，君命右跣。（公族申戈，21266，戰國中期）

例7：

>
> 㮮（秦）子乍（作）迲（造），子族元用，左右帀（師）鈇，用逸

---

① 徐元誥：《國語集解》，中華書局，2002年，第491頁。
② 阮元校刻：《十三經注疏》，中華書局，1980年，第1980頁。

宜。（秦子戈甲，21242，春秋早期）

例8：

窮（窮—句）歔（吳）之新族蔵（戟）。（攻吳王戟，16977，春秋早期）

例9：

亳疟卯族戈。（亳疟戈，16726，春秋晚期）

例10：

宋公差（佐）之所賠（造）茆族戈。（宋公差戈，16826，春秋晚期）

例11：

宋公差（佐）之所賠（造）茆族戈。（宋公差戈，21216，春秋晚期）

例12：

宋公差（佐）之所賠（造）不易族戈。（宋公差戈，16827，春秋晚期）

例13：

宋西梦踣之族戈。（西梦踣戈，21203，戰國早期）

例14：

□大司馬□之族戈。（大司馬戟，31474，春秋早期）

例1—例6見于春秋早期器物秦子戈和秦子矛。器主"秦子"所指，學界有秦出子、秦宣公、秦憲公、秦襄公、秦國公子等多種說法①，雖未有定說，但其身份爲秦國國君或儲君則爲多數學者所認同。"公族元用"表示戈、矛之使用者爲"公族"，檢索兩周金文，"公族"一詞共17見，其中11例見于西周銅器銘文，6例見于東周兵器。陳夢家認爲，"僖公二十八年'原軫、郤溱以中軍公族橫擊之'，此中軍公族當指從軍之卿子弟，猶中行所制旄車之族，西周中尊云'王省公族于庚屏旅'"②；張亞初、劉雨認爲，"公族"指周王直系旁系的同宗之

_____

① 陳平先提出"秦子"指秦文公太子靜公，參見《秦子戈、矛考》，《考古與文物》1986 年第 2 期，後從王輝說認爲秦憲公、（前）出子、宣公三人都有可能，其中當以出子的可能性爲最小，而以憲公、宣公的可能性爲大，宣公的可能性尤大，參見《秦子戈、矛考補議》，《考古與文物》1990 年第 1 期。王輝認爲"秦子"之子當是"諸侯在喪稱子"的意思，具體所指爲春秋早期秦國幼君出子。秦憲公、（前）出子、宣公這三位秦君初即位時都可稱秦子，且時代又皆屬戈、矛形制所處的春秋早期，因而都有可能是戈、矛銘中之秦子，其中以出子的可能性爲最大。見《關于秦子戈、矛的幾個問題》，《考古與文物》1986 年第 6 期；《讀〈秦子戈矛、考補議〉書後》，《考古與文物》1990 年第 1 期。李學勤認爲"秦子"指秦襄公，見《"秦子"新釋》，《文博》2003 年第 5 期，第 37–40 頁。黃盛璋認爲"秦子"指秦國公子，《秦國兵器分國、斷代與有關制度研究》，《古文字研究》第二十一輯，中華書局，2001 年，第 229 頁。

② 陳夢家：《西周銅器斷代》（上），中華書局，2004 年，第 298 頁。

族或"與周王血緣關係親近的同姓貴族"①；黃盛璋認爲，公族皆王室親軍，最早之公族皆爲國君親族，包括支、庶，後來擴大成爲王的私卒，秦子戈、矛銘文中的公族指秦公室之親軍②；陳平認爲秦子戈、矛銘文中的公族恐非指一般公族成員，當與《左傳》所載晉國的公行、楚的中軍王族一樣，是以"國子之倅""公族之良"組成的一國的三軍中堅③；王輝從陳平說，他認爲氏族社會裏，軍隊也以氏族爲單位，所以後來公族又引申爲軍旅之稱，甲骨文和傳世文獻中的"王族"與"公族"義同④；李學勤從黃盛璋說，并指出"公族"系周人習語，不一定君稱"公"才有公族⑤。按："公族"本義應指王室同族。《詩經·汾沮洳》"殊異乎公族"，鄭箋："公族，主君同姓昭穆也。"⑥古代軍隊以族爲單位，從公族中選拔組成的軍隊亦稱爲公族。公族不同于一般的軍隊，而是直接聽命于國君，跟隨國君或王室成員參加征伐。西周早期中觶銘文"王大省公族于庚，振旅"，記載了周王對"公族"的檢閱，西周晚期晉侯蘇鐘："王唯返，歸在成周。公族整師。"記載"公族"隨王出征。據上述例1—例6銘文，戈、矛爲秦子所造，賜予"公族"使用。

此外，東周兵器銘文中還有"族戈""族戟"，應是爲"公族所造之戈、戟"，由此可知當時"族"仍擔負作戰任務，是國家軍事組織的重要組成部分。

關于族的人數，張政烺、劉釗做過論證，現節錄如下。

張政烺云："從殷代的軍事組織看，一族是一百人……這是一百個男子，他們是怎麼來的呢？參考周代文獻，推測當是出自一百家，每家一人。《周禮·地官·司徒》叙述六鄉的編制，從'五家爲比'起，層纍而上，中有'族'這一級，鄭衆注'百家爲族'，鄭玄注'族，百家'，各家皆無异議。族人當要服兵役，其出人的辦法按照《小司徒》的規定是'凡起徒役，毋過家一人。'百家百人。殷周的族基本上相同。百家的首領叫作尹，周代文獻中也有類似的材料。《禮記·雜記》'里尹'鄭玄注：王度記曰：百戶爲里，里一尹。其禄爲庶人在官者。孔穎達正義：按別録，王度記云：'似齊宣王時淳于髡等所記也。'……其'百戶爲里'未知何代，或云殷制。"

劉釗云："卜辭'族'既指由親族或家族組成的軍事組織，就必然涉及其人數問題。卜辭有一個現象很值得注意，即所有'奴人''衆人''𦥑'這些征集

---

① 張亞初、劉雨：《西周金文官制研究》，中華書局，1986年，第39頁。

② 黃盛璋：《秦國兵器分國、斷代與有關制度研究》，《古文字研究》第二十一輯，中華書局，2001年，第229頁。

③ 陳平：《秦子戈、矛考》，《考古與文物》1986年第2期。

④ 王輝：《關于秦子戈、矛的幾個問題》，《考古與文物》1986年第6期。

⑤ 李學勤：《"秦子"新釋》，《文博》2003年第5期，第37—40頁。

⑥ 阮元校刻：《十三經注疏》，中華書局，1980年，第357頁。

族衆的記載，其人數基本限于‘一千’‘三千’‘五千’三個數字。這三個反復出現的數字表明當時所征集的族衆數量是基本固定的，奇怪的是卜辭還同時有與其相對應的‘一族’‘三族’和‘五族’。這樣的對應絕非巧合。由此可以推見當時殷王朝向每個族氏所征集的民兵數量是固定的，即每組征集一千人，所征集的族氏是變動的，但基本限于三個或五個。如此卜辭中説軍事活動的‘三族’也即是‘三千人’，‘五族’也即是‘五千人’。①

三、“辟”的字詞關係

“辟”，甲骨文寫作 𫝆（《合集》27604）、𩏡（《合集》20024），銅器銘文寫作 𨐌（大盂鼎，02514，西周早期）、𨐌（子禾子釜，18818，戰國早期）。《説文》：“辟，法也。從卩從辛，節制其辠也。從口，用法者也。”學界對此觀點不一，主要有：（1）高田忠周：辟、辟兩字，節制罪人之義字作辟，從卩辛會意，辟實古文譬字，後人借辟爲辟，假借字專行而本字遂滅焉，又更制譬字，爲譬諭字②。（2）從辛，從卩，本義爲施刑。李孝定認爲契文正從卩從辛亦或增口，古文有口無口無別③，張世超認爲從辛，從卩。辛，郭沫若説“本爲剖刐”，卩，象跪跽之人形，則𫝆字本象施刑于人，金文皿辟簋字與之同，後增〇形以注音④。（3）從辛，從人，從〇，本義爲璧，假借爲法辟之辟。此觀點由羅振玉提出，他認爲古文從辛人，辟，法也，人有辛則加以法也。古金文作辟，增〇，乃璧之本字，從〇辟聲。而借爲訓法之辟。許書從口，又由〇而訛也⑤。戴家祥亦認爲璧初文當是辟，後辟有另義，故增王而還其原⑥。（4）從辛，𣧑聲，釋爲屖，辟假借爲屖。馬叙倫提出此觀點，曰：“倫謂字當從𣧑，實即尸部之屖字，從辛，𣧑聲，即史言夷三族之夷本字。夷其三族謂辠其三族也。辛爲辠之初文。……古書多借辟爲屖”⑦。（5）黄德寬認爲“辟”甲骨文從辛，從刀，本義爲以刑具制人，引申爲法。金文增〇（象玉璧之形）爲聲符⑧。按：尸，甲骨文作 𣧑（《合集》00831）、𣧑（《合集》6460 正）；刀，甲骨文作 𠚣（《合集》33032），皆

① 劉釗：《卜辭所見的殷代軍事活動》，《古文字研究》第十六輯，中華書局，1989 年，第 75 頁。
② 高田忠周：《古籀篇》第二十五，臺灣大通書局，1982 年，轉引自李圃：《古文字詁林》第八卷，上海教育出版社，2004 年，第 132 頁。
③ 李孝定：《甲骨文字集釋》第九卷，臺灣“中央研究院”歷史語言研究所，1970 年，第 2891–2892 頁。
④ 張世超：《金文形義通解》，京都：中文出版社，1996 年，第 2275–2276 頁。
⑤ 羅振玉：《增訂殷虛書契考釋》卷中，《殷虛書契考釋三種》，中華書局，2006 年，第 495 頁。
⑥ 戴家祥：《金文大字典》，學林出版社，1999 年，第 3292 頁。
⑦ 馬叙倫：《説文解字六書疏證》第十七卷，上海書店，1985 年，第 59 頁。
⑧ 黄德寬：《古文字譜系疏證》，商務印書館，2005 年，第 2094 頁。

與"辟"之構件不類。卩，甲骨文作 （《合集》20561）、 （《合集》21476），象人屈膝跪踞之形①，正是"辟"之所從。上文諸種説解，李孝定、郭沫若、張世超之觀點可從，詳審"辟"字演變軌迹，起初確由卩、辛兩部分構成，○爲後增之構件。從辛之字多有罪、犯法之義，《説文》："辜，辠也。從辛古聲。""辡，罪人相與訟，從二、辛。"②"辟"，本義爲施刑于人，《管子·君臣》"論法辟衡權鬥斛"，尹知章注："辟，刑也。"③引申爲法，西周中期史墻盤銘文"彊柔越歷，唯辟孝友"，辟釋爲法④。《尚書·金縢》"我之弗辟"，孔安國傳："辟，法也。"⑤

東周銅器銘文表軍事建制的"辟"共 3 例，見于春秋早期秦國兵器秦子戈和秦子矛。

例 1：

> 灥（秦）子乍（作）窖（造），中（中）辟元用，左右帀鈇，用牆（逸）宜。（秦子戈，17211，春秋早期）

例 2：

> 灥（秦）子乍（作）迱（造），左辟元用，左右帀鈇，用逸宜。（秦子戈，17212，春秋早期）

例 3：

> 灥（秦）子乍（作），左辟元用，左右帀鈇，用逸宜。（秦子矛，21285，春秋早期）

秦子戈（17208—17210）、秦子矛（17670）、秦子戈（21243）銘文有："秦子作造，公族元用，左右帀鈇，用逸宜。"義爲：秦國君主鑄造兵器，賜予公族，左右帀鈇使用。以上 3 例銘文與之相較，僅"公族"一詞與"中辟""左辟"不同，其餘部分全同。從銘文内容判斷，此處"中辟""左辟"所指應與"公族"相同，皆爲軍事組織。李學勤認爲"既有左辟、中辟，必然有右辟。顯然這是一種軍事編制，爲當時秦國所特有。可能是後世稱爲營壘的'壁'"⑥，可從。考辟字構形，字形本身與軍事并無關聯，銘文中用爲軍事建制，或是假借用法。《左傳·昭公十三年》"陳蔡欲爲名"，杜預注"欲築壘辟以示後人"，陸德明釋文：

---

① 羅振玉：《增訂殷虛書契考釋》（上），中華書局，2006 年，第 19 頁。

② 許慎：《説文解字》，岳麓書社，2006 年，第 309 頁。

③ 黎翔鳳：《管子校注》，中華書局，2004 年，第 546 頁。

④ 于省吾：《墻盤銘文十二解》，《古文字研究》第五輯，中華書局，1981 年，第 13 頁。

⑤ 阮元校刻：《十三經注疏》，中華書局，1980 年，第 197 頁。

⑥ 李學勤："秦子"新釋，《文博》2003 年第 5 期，第 37-40 頁。

"壁，本亦作辟。"《戰國策·燕策三》"使左右司馬各營壁地"，鮑彪注："壁，軍壘。"[①]辟假借爲壁，指軍事組織，此用法銅器銘文僅此三例，且出于同一器主銘文，尚待更多材料的出土加以證明。

四、"卒"的字詞關係

《說文》："卒，隸人給事者衣爲卒。卒，衣有題識者。"[②]傳世文獻中的"卒"也常常表示步兵，《左傳·隱公元年》"具卒乘"，杜預注："步曰卒，車曰乘。"陸德明釋文："卒，步兵也。"[③]《禮記·祭義》"軍旅什伍"，鄭玄注"什伍，士卒部曲也"，孔穎達疏："卒謂步卒。"[④]我們檢索《銘圖》《銘圖續》《銘圖三》，發現東周銅器銘文中共 48 例"卒"，用"卒""莘""衣""輕""袭"五種字形表示，五種字形皆見于戰國時期，無國別差异。

A. 卒

東周銅器銘文表示"步卒"的"卒"字共 5 例，寫作 （外卒鐸，15959，戰國早期）、（公孳里雕戈，17359，戰國晚期），在"衣"字下增一斜畫。

例 1：

> □外卒鐸，鐘（鐘）肙（尹）。（外卒鐸，15959，戰國早期）

例 2：

> 我自鎵（鑄）少卒之用鈹。（我自鑄鈹，17860，戰國早期）

例 3：

> 公孳（孳）里雕之大夫敯（披）之卒，左軍之攷僕介巨，杖里瘋之攷戈。（公孳里雕戈，17359，戰國晚期）

例 4：

> 郾（燕）王職乍（作）黄卒鎈（戣）。（郾王職戈，16994，戰國晚期）

例 5：

> 郾（燕）王職乍（作）□卒鋸（戲）。（郾王職戈，16995，戰國晚期）

例 3"杖里瘋"是戈所有者，"公孳（孳）里雕之大夫敯（披）之卒""左軍之攷僕介巨"爲"杖里瘋"身份，"卒"義爲步卒。例 4、例 5 爲燕王兵器，林清

---

① 諸祖耿：《戰國策集注匯考》，江蘇古籍出版社，1985 年，第 1636 頁。
② 許慎：《說文解字》，岳麓書社，2006 年，第 173 頁。
③ 阮元校刻：《十三經注疏》，中華書局，1980 年，第 1716 頁。
④ 阮元校刻：《十三經注疏》，中華書局，1980 年，第 1600 頁。

源認爲“郾王戈兵的基本詞例通常是‘燕王名—乍（表示制造義的動詞）—配屬對象—器類名’”[①]，“黃卒”“□卒”爲步卒，是戈的配屬對象，即使用者。

B. 衣

東周銅器銘文表示“步卒”的“衣”字共2例，寫作（郾王職矛，17635，戰國晚期），張世超認爲：“東周文字乃于‘衣’下或增斜畫作（外卒鐸），或增點作（陶文），所增者，志别符號也。”[②]

例1：

郾（燕）王職乍（作）黃衣（卒）釱。（郾王職矛，17635，戰國晚期）

例2：

郾（燕）王職乍（作）黃衣（卒）釱。（郾王職矛，17636，戰國晚期）

C. 萃

東周銅器銘文表示“步卒”的“萃”字共36例，寫作（郾侯脮戈，16979，戰國晚期）、（郾王職戈，17001，戰國晚期），由艸和卒構成，《說文》：“萃，艸貌。從艸卒聲。讀若瘁。”戰國兵器銘文中的“萃”，舊釋爲“部隊”[③]，“副車”[④]，“戎車部隊使用的武器”[⑤]，羅衛東師改釋爲“步兵”，其說甚確，現將羅師之考證録于下：

“某萃”是兵器的“配屬對象”，配屬對象當然是使用者。那么“萃”解釋爲“副車”則不合適，而“某萃”是兵器使用者的聚集組織，那么他們和車是否相關呢？前賢時彥據以分析的材料“五戎”，其實古文獻中不止一個意義，……筆者也檢索到另一條關于“五戎”的資料：《禮記·月令》：“是月也，天子乃教于田獵，以習五戎，班馬政。”鄭玄注：“五戎謂五兵，弓矢、殳、矛、戈、戟

① 林清源：《戰國燕王戈器銘特征及其定名辨僞問題》，《“中央研究院”歷史語言研究所集刊論文集·語言文字编·文字卷》，中華書局，2009年。

② 張世超等：《金文形義通解》，京都：中文出版社，1996年，第2087頁。

③ 孫詒讓：“蓋此掌五戎之萃，當與‘諸子掌國子之倅’義同，‘萃’即謂諸戎車之部隊。”《十三經清人注疏·周禮正義》，中華書局，1987年，第2195–2197頁。

④ 丁佛言：“‘萃’，古璽曰‘庚都萃車馬’……《夏官》：‘射人乘王之倅車’，注：‘戎車之副也’。”《說文古籀補補》，中華書局，1988年，第3頁。于省吾：“嘗見古璽兩枚，一爲‘王之萃車’四字，一爲‘萃車馬日庚都’六字，是‘萃車’即‘副車’也”，《〈穆天子傳〉新證》，考古學社社刊第6期，考古學社，1937年，第275–276頁。

⑤ 李學勤、鄭紹宗：《論河北近年出土的戰國有銘青銅器》，《古文字研究》第七輯，中華書局，1982年，第123頁。

也。"孔穎達疏:"以習五戎者,謂于田獵之時令人習用五種兵戎之器。……知五戎是五兵者,以別云'班馬政',則'五戎'非馬也。"鄭眾和鄭玄又詳細解釋了"五兵":"《周禮》司兵掌五兵。"鄭司農注:"五兵者,戈、殳、戟、酋矛、夷矛。"後鄭又注云:"步卒之五兵,則無夷矛,而有弓矢。"如鄭所云,則此注據步卒五兵。戰國時代的燕國,當然會受到周禮的影響。在燕國金文"某萃"後常帶有"鋸""鉘"等兵器名稱,正是步卒所使用的"五兵",考古發掘資料表明,燕兵出土時,同時沒有馬車出土。綜上所述,金文"萃"指步兵,"某萃"是步兵組成的軍事組織。①

例1:

邸(燕)厌(侯)軍(載)乍(作)𠂤萃鋸。(郾侯載戈,16982,戰國早期)

例2:

邸(燕)厌(侯)軍(載)乍(作)𠂤萃鋸。(郾侯載戈,16983,戰國早期)

例3:

邸(燕)厌(侯)軍(載)乍(作)𠂤萃鉘。(郾侯載戈,16984,戰國早期)

例4:

邸(燕)厌(侯)軍(載)乍(作)𠂤萃鋸。(郾侯載戈,21204,戰國早期)

例5:

邸(燕)厌(侯)脮乍(作)𠂤萃鋄(戮)鉘。(郾侯脮戈,16979,戰國晚期)

例6:

[邸(燕)]厌(侯)脮乍(作)□萃鋄(戮)鉘。(郾侯脮戈,16980,戰國中期)

例7:

邸(燕)厌(侯)[職]乍(作)玫萃鋸。(郾侯職戈,16987,戰國晚期)

---

① 羅衛東師:《金文"萃"及"某萃"補論》,《勵耘語言學刊》2015年第2期,第109—115頁。

例 8：

郾（燕）厌（侯）職忌（作）ㄟ萃鋸。（郾侯職戈，16988，戰國晚期）

例 9：

郾（燕）厌（侯）職忌（作）ㄟ萃鋸。（郾侯職戈，16989，戰國晚期）

例 10：

郾（燕）厌（侯）職乍（作）ㄟ萃鋸（戳）。（郾侯職戈，16990，戰國晚期）

例 11：

郾（燕）王職乍（作）ㄟ萃鋸。（郾王職戈，16992，戰國晚期）

例 12：

郾（燕）王職乍（作）廎（廳）萃鋸。（郾王職戈，16993，戰國晚期）

例 13：

郾（燕）王職乍（作）雲萃鋸。（郾王職戈，16996，戰國晚期）

例 14：

郾（燕）王職乍（作）雲萃鋸。（郾王職戈，16997，戰國晚期）

例 15：

郾（燕）王哉（職）乍（作）雲萃鋸。（郾王職戈，16998，戰國晚期）

例 16：

郾（燕）王職乍（作）雲萃鋸。（郾王職戈，16999，戰國晚期）

例 17：

郾（燕）王職乍（作）雲萃鋸，洀坓（均）都尉。（郾王職戈，17000，戰國晚期）

例 18：

郾（燕）王職乍（作）王萃。（郾王職戈，17001，戰國晚期）

例 19：

郾（燕）王職乍（作）王萃。（郾王職戈，17002，戰國晚期）

例 20：

郾（燕）王職乍（作）王萃。（郾王職戈，17003，戰國晚期）

例 21：

郾（燕）王職乍（作）牧萃鋸。（郾王職戈，17004，戰國晚期）

例 22：

郾（燕）王職陞（隧—殘）奮（齊）之秡（穫—獲），台（以）爲雲萃鍒（矛）。（郾王職矛，17639，戰國晚期）

例 23：

郾（燕）王職乍（作）雲萃鋸。（郾王職矛，31564，戰國晚期）

例 24：

郾（燕）王詈悹（作）雲萃鋸。（郾王詈戈，17018，戰國晚期）

例 25：

郾（燕）王詈悹（作）雲萃鋸。（郾王詈戈，17019，戰國晚期）

例 26：

郾（燕）王遣（噲）乍（作）巾萃鋸。（郾王噲戈，17038，戰國晚期）

例 27：

郾（燕）王戎人乍（作）王萃。（郾王戎人戈，17039，戰國晚期）

例 28：

郾（燕）王戎人乍（作）萃鋸。（郾王戎人戈，17040，戰國晚期）

例 29：

郾（燕）王戎人乍（作）雲萃鋸。（郾王戎人戈，17045，戰國晚期）

例 30：

郾（燕）王戎人乍（作）雲萃鋸。（郾王戎人戈，17046，戰國晚期）

例 31：

郾（燕）王戎人乍（作）雲萃鋸。（郾王戎人戈，17047，戰國晚期）

例 32：

郾（燕）王戎人乍（作）王萃鈇。（郾王戎人戈，17657，戰國晚期）

例 33：

郾（燕）王戎人乍（作）雲萃鍒（矛）。（郾王戎人矛，31568，戰國晚期）

例 34：

廿＝（二十）七年，安陽倫（令）茍（敬）章，司寇（寇）㝬（椁—郭）衣□，右庫工師郛（梁）丘，胆（冶）犬□右翌（輕）萃戟（戟）。（安陽令敬章戈，17361，戰國晚期）

例 35：

郾（燕）王詈（譴）悳（作）夷萃攼。（郾王詈矛，17649，戰國晚期）

例 36：

郾（燕）王喜悳（作）□萃釱。（郾王喜矛，31565，戰國晚期）

D. 䡵

東周銅器銘文表示“步卒”的“䡵”字共 4 例，寫作，黄錦前、陳松長皆讀爲“萃”①。

例 1：

競（景）媛（寬）自乍（作）䡵（萃）矛。用旟（揚）吝（文）德（德）武剌（烈）。（競媛矛，17695，戰國早期）

例 2：

新䡵（萃）。（新䡵戈，16490，戰國晚期）

例 3：

卲（昭）王之諻睪（擇）亓（其）吉金，乍（作）寺（持）䡵（萃）戈。（卲王之諻戈，31493，戰國早期）

例 4：

卲（昭）王之信睪（擇）亓（其）吉金，乍（作）寺（持）䡵（萃）戈。（卲王之信戈，31494，戰國早期）

E. 䙑

東周銅器銘文表示“步卒”的“䙑”字有 1 例，寫作，從林、衣，羅衛東師認爲：“‘䙑’即‘萃’，兩字從林和從艹無别，‘徒萃’即步兵。”②按：羅師所述甚確，古文從林、艹無别。如“蒂”字，璽印文字從林，寫作（《璽匯》3118），“徒卒”見于《左傳・襄公二十五年》：“賦車籍馬，賦兵車、徒卒、甲楯之數。”③

例 1：

敬緈（續）新城徒䙑（萃、卒）。（敬緈新城戈，16928，戰國晚期）

---

① 黄錦前：《競畏矛補論及其相關問題》，《湖南考古輯刊》2016 年第 1 期，第 324–336 頁。陳松長：《湖南張家界新出戰國銅矛銘文考略》，《文物》2011 年第 9 期，第 76–78 頁。

② 羅衛東師：《金文“萃”及“某萃”補論》，《勵耘語言學刊》2015 年第 2 期，第 109–115 頁。

③ 阮元校刻：《十三經注疏》，中華書局，1980 年，第 1986 頁。

結　語

綜上所述，東周銅器銘文中軍事名詞“軍”有一個義項——“古代最高軍隊建制單位”，記錄該義項的字形爲“軍”。軍事名詞“師”有“低于‘軍’的軍隊建制單位”“軍隊駐地”“泛指軍隊”三個義項，東周銅器銘文用“𠂤”“帀”“師”三個字形記錄名詞“師”。三個字形都用來表示“泛指軍隊”這一義項，其中“帀”字見于春秋早期和戰國晚期，春秋中期記錄此義的是“𠂤”字，此後未見“𠂤”字用作表示“軍隊”。春秋晚期至戰國中期記錄此義的是“師”字，表“軍隊”義的“師”字有兩種异構寫法，分別是🀫、🀪，前者與西周金文一脉相承，後者僅見于齊國器物。“低于‘軍’的軍隊建制單位”和“軍隊駐地”兩個義項只用“𠂤”字記錄，未見其他兩種字形記錄的用例。軍事名詞“徒”有“步卒”“泛指兵卒”兩個義項，記錄兩個義項的字形爲“徒”。軍事名詞“族”有一個義項——“族軍”，記錄該義項的字形爲“族”。“辟”假借爲“壁”，表示軍隊建制，這種用法目前僅見于春秋時期秦國銘文。“卒”有一個義項——“步卒”，有“卒”“萃”“衣”“輕”“袋”五個字形記錄該義項，五種字形皆見于戰國時期。

第二章　銘文中的軍事職官類名詞研究

東周銅器銘文中共 36 例軍事職官名詞，按照職官在軍隊中的分工我們將 36 例名詞分爲擔負作戰任務的職官、擔負後勤任務的職官和擔負衛戍任務的職官三大類。其中擔負作戰任務的職官有：大司馬、少司馬、御（輿）司馬、都司馬、將軍、上將軍、偏將軍、大將、士大夫、節大夫、御僕、右大徒、令尹、大良造、大良造庶長、良人、發弩、馭、右、元右、莫囂（敖）、連囂（敖）、大（太）師、内史、相邦；擔負後勤任務的職官有：乘馬大夫、車大夫、辟大夫、走馬、右走馬；擔負衛戍任務的職官有：僕、行儀、左行儀率（帥）、御士、宫司馬、虎賁。我們逐一分析記載名詞的銘文字形、文例，結合銘文内容和傳世文獻討論各職官的職掌及得名之由。

第一節　擔負作戰任務的職官

一、司馬類職官

1. 記録“司馬”的相關諸字——嗣（𤔲、𤔲）、𢼽、司、馬

A. 嗣（𤔲、𤔲）

“嗣”，《説文》無。《説文・辛部》有“辭”字，曰：“訟也，從𤔲，𤔲猶理辜也，𤔲，理也。𥝠，籀文辭從司。”[1]《説文》“辭”之籀文與銅器銘文“嗣”同。銅器銘文還有一個字形“𤔲”寫作（令鼎，02451，西周早期）、（大盂鼎，02514，西周早期）；“嗣”出現于西周中期，作（宂鼎，02398，西周中期）、（師𡙇父鼎，02476，西周中期）。東周銅器銘文中從司的“嗣”是主流寫法，“𤔲”僅 1 例（作司匜，14956，春秋）。春秋早期另有一例异構字寫作（大司馬孛朮簠，05801，春秋早期）。

---

① 許慎：《説文解字》，岳麓書社，2006 年，第 309 頁。

"嗣"的構形，或以爲從𤔲司聲，或以爲司亦聲[①]。按："司"，甲骨卜辭有"掌管"之義，如卜辭"興司戎"（《合集》22044）。《說文》："𤔲，治也。"[②]"𤔲"或爲後增之義符，作用是標示本義——治理、掌管。增加義符的現象古文字演變中常見，如"其"，本象簸箕之形，多假借爲第二人稱代詞，後增加形符"竹"，指示其本義。"訇"爲"嗣"之省[③]，"𧗸"在"嗣"字基礎上增加"辵"。

B. 𤔲

"𤔲"，金文寫作 ▨（仲再父鼎，02052，西周晚期）、▨（兮甲盤，14539，西周晚期）。"𤔲"字來源與"嗣"有別，甲骨文中有一個 ▨，左旁似單手理絲，即"𤔲"，右旁從考。或以爲"𤔲"即此字增加口而成。[④]考，卜辭有"考漆"（《前編》5.5.3），饒宗頤讀爲乂，《爾雅·釋詁》："乂，治也。""考漆"謂"治黍"[⑤]。此字從𤔲從考從口，口爲增加之義符。

C. 司

《說文》："司，臣司事于外者，從反后。凡司之屬皆從司。"[⑥]甲骨文作 ▨（《合集》13559）、▨（《合集》9741 正）。商代銅器銘文作 ▨（司母戊方鼎，00964，商代晚期）、▨（司𭥍母癸尊，11464，商代晚期），西周作 ▨（史墻盤，14541，西周中期），東周作 ▨（司馬楙鎛丙，15769，戰國早期），戰國璽文作 ▨（《璽匯》0027）。商周時期"司"字正反無別，由𦥑口構成，其構形原理，目前尚不明確。[⑦]

---

① 黃德寬：《古文字譜系疏證》，商務印書館，2007 年，第 270 頁。張世超等："嗣當係周人于'司'字增標意符'𤔲'而成者。'𤔲'訓治、訓理，示司理之義。故'嗣'字當析爲從𤔲從司，司亦聲。"《金文形義通解》，京都：中文出版社，1996 年，第 3436 頁。季旭昇："主管、管理，引申爲'訟也''文辭'。……𤔲，治也；司有主管之意，兼作聲符用。"《說文新證》，福建人民出版社，2010 年，第 1007 頁。馬叙倫："嚴可均謂司司聲，是也。古書言有司。官名司土司工司馬。皆謂治其事也。"《說文解字六書疏證》第二十八卷，上海書店，1985 年，第 65 頁。

② 許慎：《說文解字》，岳麓書社，2006 年，第 84 頁。

③ 饒宗頤："金文'司工''司馬''三司'諸司字皆同，或省口作'訇'。"《殷代貞卜人物通考》第十三卷，《饒宗頤二十世紀學術文集》第二卷，臺灣新文豐出版股份有限公司，2003 年，第 825 頁。戴家祥："《說文》：'𤔲，治也。'從受從𦃇從宀（治絲之具），本義爲治絲，引申爲治亂，後加聲符司作嗣，或省作訇。"《金文大字典》，學林出版社，1999 年，第 5540 頁。

④ 李學勤主編：《字源》，天津古籍出版社，2012 年，第 1276 頁。

⑤ 饒宗頤：《殷代卜貞人物通考》第十三卷，《饒宗頤二十世紀學術文集》第二卷，臺灣新文豐出版股份有限公司，2003 年，第 515 頁。

⑥ 許慎：《說文解字》，岳麓書社，2006 年，第 186 頁。

⑦ 張世超：認爲從口𦥑聲，參見《金文形義通解》，京都：中文出版社，1996 年，第 2245 頁。季旭昇以爲從𦥑、從口，𦥑亦聲，當爲職司、主宰之義，𦥑疑象令牌之類。《說文新證》，福建人民出版社，2010 年，第 734 頁。皆無確證，此字構形存疑。

D. 馬

《説文》："馬，怒也，武也，象馬頭髦尾四足之形。"①甲骨文寫作 𢒉（《合集》5716）、𢒉（《合集》26899），西周銅器銘文作 𢒉（御正衛簋，04994，西周早期）、𢒉（九年衛鼎，02496，西周中期）、𢒉（公臣簋，05183，西周晚期），東周銅器銘文作 𢒉（右走馬嘉壺，12224，春秋早期）、𢒉（南行昜令瞿卯劍，18017，戰國晚期）。甲骨文象馬之形，西周晚期逐漸抽象化，戰國時期多異體。

2. 大司馬、少司馬、御（輿）司馬、都司馬

甲骨卜辭中有"多馬""馬亞""多馬亞"等詞，如"丁亥卜，貞多馬從戎。"（《合集》5716），"丙申卜，王令菁以多馬。"（《合集》32994），"貞多馬亞其 𢒉 𢒉"（《合集》5710），"貞其令馬亞射麋"（《合集》26899）。關于"馬"的含義，學者們多以爲是武官。如陳夢家認爲："'多馬、亞'是多馬與多亞，卜辭有多馬也有多亞。馬、亞都是官名。……馬受令征伐與射獵，很可能是馬師。"②李學勤認爲："以馬名官的，除前述負有養馬之責外，也是一種武官，有的'馬'後綴以'亞'字，爲武官無疑，如'馬亞''多馬亞'等。"③劉昭祥認爲："馬，專職掌管戰車車馬和奉命率領車兵征戰的長官。"④黃聖松認爲："卜辭中的'馬'筆者以爲就其在卜辭中的用法，可以分爲五種意含：……第五，職官名，即'馬'這種獨立單位的指揮長官。"⑤最早見于西周金文的司馬與甲骨文"馬"這一職官有關聯，這一點陳夢家早已指出⑥，王貴民又曰："甲骨文里用'馬'稱呼'戰車'……以馬爲動力的戰車就是當時武裝水平的一種標志，因此人們就以車乘來計算兵力，就以馬來稱呼戰車，進而以馬代稱武裝，而率領武裝的官職就名爲'司馬'，這個綫索也就很清楚了。"⑦前人所述甚確。從語言文字的角度來看，司馬最早寫作"嗣馬"。據前文所討論，"嗣"由"𤔲""司"構成，"司"甲骨文中有"掌管"之義，"𤔲"甲骨文作 𢒉（《花東》159），會兩手理絲之義。《説文》："𤔲，治也。"⑧"𤔲"爲後增加之義符，作用是標示本義——治理、掌管，"嗣"

① 許慎：《説文解字》，岳麓書社，2006 年，第 199 頁。
② 陳夢家：《殷虚卜辭綜述》，中華書局，1988 年，第 508—509 頁。
③ 李學勤：《中國古代文明與國家形成研究》，雲南人民出版社，1997 年，第 428 頁。
④ 劉昭祥：《中國軍事制度史·軍事組織體制編制卷》，大象出版社，1997 年，第 35—36 頁。
⑤ 黃聖松：《殷商軍事組織研究》，臺灣中山大學中國文學系博士學位論文，2006 年，第 64 頁。
⑥ 陳夢家：《殷虚卜辭綜述》，中華書局，1988 年，第 509 頁。
⑦ 王貴民：《就殷墟甲骨文所見試説"司馬"職名的起源》，《甲骨文與殷商史》第一輯，上海古籍出版社，1983 年 3 月，第 186 頁。
⑧ 許慎：《説文解字》，岳麓書社，2006 年，第 84 頁。

之本義爲治理、管理，"馬"由馬匹引申出軍事武裝進而引申出武官之義，兩者合爲"嗣馬"表示軍事職官，此爲司馬得名之由。

"司馬"一詞文獻屢見，《周禮・夏官・司馬》："大司馬之職，掌建邦國之九灋，以佐王平邦國。制畿封國，以正邦國，設儀辨位，以等邦國，進賢興功以作邦國，建牧立監，以維邦國，制軍詰禁，以糾邦國，施貢分職，以任邦國，簡稽鄉民，以用邦國，均守平則，以安邦國，比小事大，以和邦國。"①其中"制軍詰禁，以糾邦國"指出大司馬執掌軍隊之職能。東周銅器銘文用"嗣""銅""司"三種字形記錄"司馬"之"司"，司馬類作戰職官有大司馬、少司馬、御（輿）司馬、都司馬。

例1：

> 大銅（司）馬孛述自乍（作）飤臣（簠）。（大司馬孛述簠，05801，春秋早期）

例2：

> □大司馬□之族戈。（大司馬戟，31474，春秋早期）

例3：

> 隓（隋—隨）大司馬虜有之行戈。（隨大司馬虜有戈，21215，春秋中期）

例4：

> 隹（唯）正月初吉丁亥，蔡大嗣（司）馬燮作滕孟姬赤盥盤。（蔡大司馬燮盤，14511，春秋晚期）

例5：

> 隹（唯）正月初吉丁亥，𢼊（蔡）大嗣（司）馬燮乍（作）滕（滕）孟姬赤盥盞（匜）。（蔡大司馬燮匜，20997，春秋晚期）

例6：

> 邾大嗣（司）馬之造戈。（邾大司馬戈，17056，春秋晚期）

例7：

> 曾大司馬國之飲貞（鼎）。（曾大司馬國鼎，20128，春秋晚期）

例8：

> 曾大司馬白（伯）國之飤臣（簠）。（曾大司馬伯國簠，20488，春秋晚期）

---

① 阮元校刻：《十三經注疏》，中華書局，1980年，第834頁。

例 9:

> 甝（郳）大司馬□子彊父，羇（擇）其吉金，爲其行釛（郳大司馬釛，31177，春秋晚期）

例 10:

> 隘（郳）大司馬彊，羇（擇）其吉金，爲其䲸（饙）般（盤）。（郳大司馬彊盤，31216，春秋晚期）

例 11:

> 隘（郳）大司馬彊，羇（擇）其吉金，爲其䲸（饙）鉈（匜）。（郳大司馬彊匜，31260，春秋晚期）

例 12:

> 朕（滕）大司馬友之盪壺。（滕大司馬友壺，30822，戰國晚期）

例 13:

> 朕（滕）大司馬逯（得）之䑠（造）戈。（滕大司馬得戈，31468，戰國晚期）

例 14—例 16:

> 大司馬卲（昭）鄝（陽）歇（敗）晉（晉）帀（師）於塈（襄）陵之歲（歲）（鄂君啟車節，19178—19180，戰國晚期）

例 17—例 18:

> 大司馬卲（昭）鄝（陽）歇（敗）晉（晉）帀（師）於塈（襄）陵之歲（歲）（鄂君啟舟節，19181—19182，戰國晚期）

例 19:

> 五年，司虘（馬）成公朙（影）𢍰事，命代會𦥑與下庫工帀（師）孟闊三人，台（以）禾石，石尚（當）甶（變）平石。（司馬成公權，18863，戰國）

例 20:

> 舫湩都大𧈪（司）馬。（舫湩都鐓，18547，戰國）

例 21—例 22:

> 八月丁亥，少司馬癸乍（作）乕（厥）隣（尊）壺。（少司馬癸壺甲—乙，31051—31052，戰國中期）

例 23:

> 少司馬□□之□［右耳］，鈢（杯）大弌益，冢（重）參（叁）十貨［左耳］。（少司馬耳杯，10864，戰國晚期）

例 24：

> 朕吝（文）考憝（懿）吊（叔），亦帥刑（型）盉（瀍）則，祑（先）公正悪（德），卑（俾）乍（作）司馬于滕，（司馬楸鏄丙，15769，戰國早期）

例 25：

> □□嗣（司）馬。（司馬戈，16658，春秋）

例 26：

> 司馬怺戈。（司馬怺戈，16692，戰國晚期）

例 27：

> 乍（作）御司馬。（御司馬戈，16693，戰國晚期）

例 28—例 29：

> 郾（燕）王喜忽（作）御司馬鎂（𢦏）。（郾王喜戈，17035—17036，戰國晚期）

例 30—例 32：

> 郾（燕）王喜忽（作）御司馬鎂（𢦏）。（郾王喜戈，31483—31485，戰國晚期）

例 33：

> 郾（燕）王晉乍（作）御司馬。（郾王晉戈，17024，戰國晚期）

例 34：

> 郾（燕）王職乍（作）御司馬。（郾王職戈，17014，戰國晚期）

例 35：

> 庚（唐）都司馬。（庚都司馬鐓，18546，戰國）

例 36：

> 向壽，郐（徐）莫蹦（敖）卲（昭）啻、司馬巷（巷）啻，攻（工）緈之所告（造）。（郐莫敖卲啻戈，17310，戰國晚期）

例 37：

> 齊司旦（馬）宦（館）右。（齊司馬宦車器，19031，戰國）

西周銅器銘文有"冡嗣馬"。西周中期趞簋銘文："王若曰：趞，命女（汝）乍（作）豳自（師）冡嗣（司）馬，啻（適）官僕（僕）、射、士，嗲（訊）小大又（有）陪（隣），取遺（賸）五寽（鋝），易（錫）女（汝）赤市（韍）幽亢

54

（衡）、絲（鑾）旂，用事。"按：《周禮》"乃立天官冢宰"，馬融云"冢，大也"，冢宰爲大宰，可知"冢嗣馬"即"大司馬"。"嬜自"是駐扎在嬜地的軍隊[①]，王命趞爲此軍隊之冢司馬，執掌僕、射、士，可知"冢嗣馬"掌軍權，與《周禮》之記載合。

東周銅器銘文共 19 例大司馬，例 1、例 2 都是春秋早期器物，國別不明，例 1"孛述"是大司馬之名。例 4、例 5 爲同人之器，司馬變其人，傳世文獻中有記載。《左傳·襄公八年》："庚寅，鄭子國、子耳侵蔡，獲蔡司馬公子變。"[②]《穀梁傳》："鄭人侵蔡，或蔡公子㵆（又作隰，又音變）。人，微者也。浸，淺事也。而獲公子，公子病矣。"[③]可知蔡大司馬變爲蔡莊公之子、蔡文公之兄，魯襄公八年（前 565）時已擔任司馬一職，在對鄭國的戰爭中被俘。

例 6 邿大司馬戈爲春秋邿國兵器，文獻有兩處邿國：（1）《左傳·隱公元年》"三月，公及邿儀父盟于蔑"，杜注："邿，今魯國鄒縣也。"[④]（2）《說文》："邿，江夏縣，從邑朱聲。"[⑤]邿國之"邿"金文寫作"邿""黿""殺""朱"等不同字形，羅衛東師認爲這種現象"反映了古人用不同形體區分有聯係的多個國族"。[⑥]諸字形與國族之間的對應關係學界雖多有討論但未成定說，尚待進一步考證。據《左傳》記載，邿國春秋時期多次參加戰爭，但未見有"司馬"，據此戈銘可知邿國在春秋晚期已設立"大司馬"。

例 3、例 7、例 8 皆爲曾國大司馬，例 3"壓"即隨，是曾國之國都，曾國也曾換名"隨"。韓宇嬌認爲，"隨大司馬"可能是曾國中央大司馬，也可能指曾國國都隨所設的都司馬。[⑦]按：其說可從，"隨"若指曾國，則爲中央大司馬。"隨"若指地名，則爲地方大司馬。例 20 魶湦都大嗣（司）馬是"地名+大司馬"之例。"虞有"爲大司馬之名。曾國之軍事職官，傳世文獻鮮有記載，據以上諸例銘文了解到東周時期曾國亦設立了大司馬一職。

---

① 劉雨："'嬜'之所指應該就是文獻中的豳地。"《豳公考》，《第四屆國際中國古文字學研討會論文集》，香港中文大學中國文化研究所、中國語言及文學系，2003 年，第 97–106 頁。商艷濤："'嬜'在陝西彬縣一帶，此地在西周時期爲北方軍事重鎮。金文'嬜自'爲駐扎在此地的軍隊。"《西周軍事銘文研究》，華南理工大學出版社，2013 年，第 40–41 頁。

② 阮元校刻：《十三經注疏》，中華書局，1980 年，第 1939 頁。

③ 阮元校刻：《十三經注疏》，中華書局，1980 年，第 2426 頁。

④ 阮元校刻：《十三經注疏》，中華書局，1980 年，第 1714 頁。

⑤ 許慎：《說文解字》，岳麓書社，2006 年，第 134 頁。

⑥ 羅衛東師：《金文所見"邿""黿"等字及相關問題探討》，《民俗典籍文字研究》2014 年第二輯，第 124–131 頁。

⑦ 韓宇嬌：《曾國銅器銘文整理與研究》，清華大學博士學位論文，2014 年，第 277 頁。

例 9、例 10、例 11 宽、隘釋爲郳，即小邾國。"隘（郳）大司馬彊"，依文例 "彊" 是小邾國大司馬之名。此前小邾國出土銘文中并未有 "大司馬" 這一官職的記載，此三例銘文首次證實春秋晚期小邾國也設置了大司馬。

例 12、例 13 滕釋爲滕，"滕大司馬友" "滕大司馬得" 與 "隨大司馬虙有" "曾大司馬伯國" 文例相同，皆爲 "國名＋官名＋人名"，"友" "得" 爲人名，是滕國大司馬。

例 14—例 18 鄂君啓舟節、車節銘 "大司馬邵陽敗晉師于襄陵"，《史記·楚世家》："楚使柱國昭陽將兵而攻魏，破之于襄陵，得八邑。"[①]《韓非子·内儲説下》"前時王使邵滑之越"，王先慎集解："史記甘茂傳作'召'，賈誼新書亦作'召'，秦本紀作'昭'。"[②] "邵陽" 即 "昭陽"。"晉師" 與 "魏"，商承祚認爲："考《戰國策》凡涉及趙、魏、韓三國共同有關的事多稱'三晉'，公元前 403 年，趙烈侯籍、魏文侯期、韓景侯虔始被封爲侯，封侯以後，世稱'三晉'。戰國前期，魏在三晉中最爲强大，故每以'晉國'自居，從魏惠王謂'晉國天下莫强焉'（《孟子·梁惠王》），及節文稱魏爲晉，證實只有魏有資格可以獨稱晉，准此，終趙、魏、韓之世，對他們稱三'晉'，或獨稱魏爲晉，皆無不可。"其説甚確。節銘與《史記》所記爲同一事件，節銘稱 "大司馬"，《史記》稱 "柱國"，同人同事官職名不同。對于此問題，學界有不同看法。一類以爲大司馬、柱國爲同一官職。繆文遠認爲："大司馬總軍政，與柱國當是一官之異名。"[③]石泉等則以爲："柱國可能是大司馬的代稱。"[④]另一類認爲大司馬爲原職，柱國爲敗晉師、得八邑後之新職。持此觀點者有郭沫若[⑤]、商承祚[⑥]、文炳淳[⑦]、許慜慧[⑧]。按：後一類觀點可從，大司馬、柱國非同一官職，前人所述甚詳，不再贅述。楚國以官職爲軍功之賞賜，文獻多有記載，《左傳·僖公二十三年》："秋，楚成得臣帥師

① 司馬遷：《史記》，岳麓書社，1988 年，第 263 頁。
② 王先慎：《韓非子集解》，中華書局，1998 年，第 257–258 頁。
③ 董説原著，繆文遠訂補：《七國考訂補》，上海古籍出版社，1987 年，第 66 頁。
④ 石泉主編，陳偉、何浩副主編：《楚國歷史文化辭典》，武漢大學出版社，1996 年，第 280 頁。
⑤ 郭沫若引《戰國策·齊策》："昭陽爲楚伐魏，覆軍殺將，得八城，移兵而攻齊。陳軫爲齊王使，見昭陽，再拜賀戰勝，起而問：'楚之法，覆軍殺將，其官爵何也？'昭陽曰：'官爲上柱國，爵爲上執珪。'"認爲上柱國是因在伐魏之戰中覆軍殺敵所得的新職。《關于鄂君啓節的研究》，《文物參考資料》1958 年第 4 期，第 6–8 頁。
⑥ 商承祚："郭説確切不易。大司馬爲節文追述昭陽將兵攻魏時的舊職，柱國是其昭陽之捷後所封。"《鄂君啓節考》，《文物精華》1963 年第二輯。
⑦ 文炳淳："可能大司馬昭陽戰功赫赫，楚王給他加'柱國'官。此'柱國'官皆透過'覆軍殺敵'而產生。"《包山楚簡所見楚官制研究》，臺灣大學中國文學研究所碩士學位論文，1998 年，第 120 頁。
⑧ 許慜慧引《戰國策·韓策》"史疾對楚王曰：'今王之國，有柱國、令尹、司馬、典令。'"，認爲"'柱國'與'司馬'并列，'柱國'非'司馬'之異稱"。《古文字資料中的戰國職官研究》，復旦大學博士學位論文，2014 年，第 152 頁。

伐陳，討其貳于宋也。遂取焦、夷，城頓而還。子文以爲之功，使爲令尹。"①因得臣伐陳取焦、夷，擢升爲令尹。節銘所記之"大司馬"爲昭陽戰前之官職，掌管軍政。

例19 司馬成公權現藏于中國國家博物館，出土時間、地點不詳，一般認爲是戰國三晉器物，董珊、吳鎮烽認爲是趙國器②。"司馬"爲官職，"成公"，黃盛璋認爲是復姓："《呂覽·精諭》有成公賈，魏晉尚有成公英、成公綏等。"③可從。鄭樵《通志》記載："成公氏，姬姓，衛成公之後，以諡爲氏。"④《左傳·昭公二十六年》"晉師成公般戍周而還"，杜預注："般，晉大夫。"⑤董珊認爲"司馬"前沒有修飾成分，應該是屬于趙國的國家級司馬，是該器的監造者。司馬出面作爲此權的監造者，正是因爲該權最終被使用于司馬所管理的軍事部門。⑥

以上"大司馬"多爲諸侯國中央政府司馬，掌管國家軍政事務。

例20 "舿渾都"亦見于燕璽 "舿渾都米粟璽"（《璽匯》0287）。《玉篇·邑部》："都，采地也。"⑦"舿渾都"與庚都司馬鐵之"庚（唐）都"文例相類，"舿渾"或爲燕國某采地之名，地望待考。此鐵銘之司馬非燕國中央之司馬，應爲地方之司馬。

"少司馬"一詞見于《左傳》和《國語》。《左傳·昭公二十一年》"宋華費遂生華貙、華多僚、華登。貙爲少司馬，多僚爲御士"⑧，《國語·吳語》："董褐將還，王稱左畸曰：'攝少司馬茲，與王士五人，坐于王前。'"⑨"貙"爲宋華費遂之子，杜預注："司馬謂費遂，爲大司馬。"《周禮·夏官·叙官》："大司馬，卿一人，小司馬，中大夫二人。"⑩《管子·地員》"小素之首"，王紹蘭云："小之言少也。"⑪可知小司馬即少司馬。《周禮·夏官·道僕》"掌貳車之政令"，鄭玄注："貳，亦副。"⑫大司馬爲"政官之正"，"少司馬"爲"政官之貳"即大司馬

---

① 阮元校刻：《十三經注疏》，中華書局，1980年，第1814頁。

② 董珊：《戰國題銘與工官制度》，北京大學博士學位論文，2002年，第55頁。吳鎮烽：《商周青銅器銘文暨圖像集成》第三十四卷，上海古籍出版社，2012年，第328頁。

③ 黃盛璋：《司馬成公權的國別、年代與衡制問題》，《中國歷史博物館館刊》1980年1期，第103-107頁。

④ 鄭樵：《通志》第二十九卷氏族5，載王雲五主編：《萬有書庫》第二集，商務印書館，1937年，第463頁。

⑤ 阮元校刻：《十三經注疏》，中華書局，1980年，第2114頁。

⑥ 董珊：《戰國題銘與工官制度》，北京大學博士學位論文，2002年，第55頁。

⑦ 宗福邦：《故訓匯纂》，商務印書館，2003年，第2328頁。

⑧ 阮元校刻：《十三經注疏》，中華書局，1980年，第2097頁。

⑨ 徐元誥：《國語集解》，中華書局，2002年，第551頁。

⑩ 阮元校刻：《十三經注疏》，中華書局，1980年，第830頁。

⑪ 黎翔鳳：《管子校注》，中華書局，2004年，第1083頁。

⑫ 阮元校刻：《十三經注疏》，中華書局，1980年，第858頁。

之副職，宋華費爲大司馬，其子貙任其副職。東周銅器銘文中共 3 例少司馬，皆出現于戰國時期。例 21—例 22 少司馬癸壺是戰國中期器物，癸應是少司馬之名，金文癸用作人名例還見于西周早期作冊睘卣銘文"用乍（作）文考癸寶隩（尊）器"。例 23 少司馬耳杯是戰國晚期齊國器物，可知戰國晚期齊國亦設置少司馬之職。

例 24 司馬柍鎛爲戰國早期滕國器物，"帥型灋則，先公正德"，《國語·周語》："帥舊德，而守終純固。"章昭注："帥，循也。"[①]灋，即法，效法之意，中山王嚳壺銘文"節于禋酳，可灋可尚"之"灋"，《郭店楚簡·老甲》"人灋地地灋天"之"灋"與銘文義同。此句爲譽美柍父懿叔之辭，記載懿叔做了滕國司馬一職。

例 27—例 34 八件器銘中都有"御司馬"，關于"御司馬"之職屬，前輩學者多有探討，皆以爲"御"與兵車有關，張震澤認爲"管理卒乘車御"是御司馬名稱的由來；[②]何琳儀以爲"御"讀爲"輿"，是掌管兵車的武官；吳曉懿[③]、許慜慧[④]從何琳儀說。按：《說文·彳部》"御，使馬也"[⑤]，《說文·車部》"輿，車輿也"[⑥]。《廣韵》"御，牛倨且，魚部"[⑦]"輿，以諸切，魚部"[⑧]，二字音近義通，按例可通。"輿司馬"見于《周禮·夏官》："輿司馬，上士八人。"[⑨]亦見于《國語·晉語》："知籍偃之惇帥舊職而恭給也，使爲輿司馬。"[⑩]《左傳·成公二年》："公會晉師于上鄍，賜三帥先路三命之服，司馬、司空、輿帥、候正、亞旅，皆受一命之服。"杜預注："輿帥，主兵車。"[⑪]"御司馬"即掌管兵車之司馬。銘文"作御司馬"義爲御司馬所造之器物。

例 35 庚都司馬鐓爲戰國燕國器物，《集成》釋"庚"爲"唐"[⑫]，可從。按：

---

① 徐元誥：《國語集解》，中華書局，2002 年，第 9 頁。

② 張震澤：《燕王職戈考釋》，《考古》1973 年第 4 期，第 244-246 頁。

③ 吳曉懿認爲，"御司馬是軍隊中掌馭兵車、管理戰馬、訓導騎士的兵吏"，《戰國官名新探》，安徽師範大學出版社，2013 年，第 42 頁。

④ 許慜慧："'御司馬'讀爲'輿司馬'，掌管兵車之官。"《古文字資料中的戰國職官研究》，復旦大學博士學位論文，2014 年，第 208 頁。

⑤ 許慎：《說文解字》，岳麓書社，2006 年，第 43 頁。

⑥ 許慎：《說文解字》，岳麓書社，2006 年，第 301 頁。

⑦ 宗福邦：《故訓匯纂》，商務印書館，2003 年，第 755 頁。

⑧ 宗福邦：《故訓匯纂》，商務印書館，2003 年，第 2260 頁。

⑨ 阮元校刻：《十三經注疏》，中華書局，1980 年，第 830 頁。

⑩ 徐元誥：《國語集解》，中華書局，2002 年，第 408 頁。

⑪ 阮元校刻：《十三經注疏》，中華書局，1980 年，第 1896 頁。

⑫ 中國社會科學院考古研究所編：《殷周金文集成》第八冊，中華書局，2007 年，第 6531 頁。

《戰國策·韓策》"司馬康三反之郢矣"，吳師道曰："'康'，史作'庚'。"黃丕烈曰："案，徐廣曰：'一作唐'。"① 《廣韵》："庚，古行切，平庚見，陽部。""康，苦岡切，平唐溪，陽部。""唐，徒郎切，平唐定，陽部。"② 三字同屬陽部。朱駿聲《説文通訓定聲》："唐，假借又爲溏。"③ 可知唐、康、庚三字古通。《左傳·昭公十二年》："春，齊高偃帥師納北燕伯于陽。"杜注："陽即唐，燕別邑。"④ "都司馬"見于《周禮·夏官》："都司馬，每都上士二人，中士四人，下士八人，府二人，史八人，胥八人，徒八十人。"鄭玄注"都，王子弟所封及三公采地也。司馬主其軍賦"⑤，此銘之"都司馬"非中央司馬，爲燕國唐地之司馬。

　　例 36 "郤"爲國名，即文獻之徐國。春秋中期庚兒鼎"徐王之子庚兒"、春秋晚期徐王義楚鍴之"徐"皆寫作"郤"。"鄦"字亦見于戰國晚期鄘客問量，"囂"讀爲敖。《詩經·大雅·板》"我即而謀，聽我囂囂"，王先謙《三家義集疏》"魯囂作敖"，"莫囂"即"莫敖"⑥。《左傳·桓公十一年》："楚屈瑕將盟貳、軫。鄖人軍于蒲騷，將與隨、絞、州、蓼伐楚師。莫敖患之。"杜預注"莫敖，楚官名"⑦。戈銘莫敖與司馬對舉，記載徐國之莫敖、司馬監造此戈。

二、將軍類職官

　　《説文·寸部》："將，帥也，從寸牆省聲。"然甲金文中未見此種寫法之"將"字。甲骨文有𢏱、𢓜、𢓜字，或以爲象兩手扶爿之形，即《説文·手部》之𢪊，本義爲扶持。或以爲從"寽"之"將"由此字訛變而成，𢪊、將實爲重文的關係⑧，假借爲率領、將領等義。或以爲此字右邊上部隸定爲"爪"，下部隸定

---

① 諸祖耿：《戰國策集注匯考》，江蘇古籍出版社，1985 年，第 1417、1421 頁。

② 宗福邦：《故訓匯纂》，商務印書館，2003 年，第 695、703、356 頁。

③ 宗福邦：《故訓匯纂》，商務印書館，2003 年，第 356 頁。

④ 阮元校刻：《十三經注疏》，中華書局，1980 年，第 2061 頁。

⑤ 阮元校刻：《十三經注疏》，中華書局，1980 年，第 833 頁。

⑥ 王先謙：《詩三家義集疏》，中華書局，1987 年，第 915 頁。

⑦ 阮元校刻：《十三經注疏》，中華書局，1980 年，第 1755 頁。

⑧ 嚴一萍："張文虎舒藝堂隨筆曰：'寸部：將，帥也，從寸醬省聲'。案手部有將字，從手寸醬，訓扶也。此變手從寽即肘寸，肘即手也，將字宜爲將之重文，至醬字當爲從西從將省聲，今云將字從牆省，未敢信從。此論實具卓見，將之'從寽'實由𢪊之'𢍏'所訛變""'𢏱'字象雙手扶爿（几），故引申之有扶、進、助、奉、持、致諸義。……𢏱戈人，𢓜、𢏱等以方族人名爲賓語者皆爲率領而非戕戮之義。"《中國文字》第二卷第八册，第 853–860 頁。姚孝遂："《説文》：'將，扶也'，典籍皆作'將'，無作'將'者。説者皆以假借爲言，乃惑于《説文》'將''將'二字分列之成見。實則古本同字。張文虎《舒藝室隨筆》謂'將字宜爲將之重文'是對的。《玉篇》'將'今作將'，是以爲古今字。"于省吾主編：《甲骨文字詁林》第二册，中華書局，1999 年，第 979 頁。

爲"又"，釋爲"將"，義爲將兵。[1]按：《汗簡》亦以"𦬣"爲"將"之重文[2]，甲骨文之𦥸從字形來看，釋爲"𦬣"，本義爲扶持應無疑問。但"𦬣""將"是否一字，將兵、將領之義爲引申還是假借，尚存疑問，待考。"將軍"之"將"銅器銘文多寫作𦥯（兆域圖銅版，19307，戰國中期）、𦥻（將軍張二月戈，17160，戰國晚期），此字從酉爿聲，爲"醬"之古文。《説文·酉部》："𦥶，鹽也，從肉從酉酒以和𦥳也，爿聲，𦥀古文。"或寫作𦥹（陳璋方壺，12410，戰國中期），從攴臧聲，疑爲假借用法。

關于"將軍"一詞作爲軍事職官的緣起，《左傳·昭公二十八年》："豈將軍食之，而有不足？"杜預注："魏子，中軍帥，故謂之將軍。"孔穎達正義曰："晉使卿爲軍將，謂之將中軍，將上軍。此以魏子將中軍，故呼爲將軍。及六國以來，遂以將軍爲官名，蓋其元起于此。"[3]所言極是。《左傳·閔公元年》："晉侯作二軍，公將上軍，大子申生將下軍。"[4]《説文》："將，帥也。"[5]《左傳·僖公十五年》"公孫敖帥師"，《公羊傳》"帥"作"率"[6]，"將某軍"之"將"用爲動詞，即率領某軍，後逐漸固定下來作爲軍事職官名。

東周銅器銘文用"酒""𢼨"兩種字形記錄"將軍"之"將"，將軍類作戰職官有將軍、上將軍、偏將軍、大將。

A. 將軍

例1—例2：

> 九年，酒（將）軍張二月，剚宮（館）我亓（其）虜（獻）。（將軍張二月戈，17160—17161，戰國晚期）

此戈出土于河北易縣燕下都第 23 號遺址，爲燕國兵器。銘文"將軍張"，李家浩以爲即《呂氏春秋·行論》所記之燕將張魁。[7]

---

① 李亞農："𦥸舊定爲且，或定爲𢿛，而不識其爲何字。今按𦥸字應釋爲將，𦥸字所從之上下兩又，應各自采取不同的隸化方式。上一又字與受字所從之上一又字同，隸化爲灬，下一又字，與專字所從之又字同，隸化爲寸。𦥸字從爿從寽，顯然是個將字，即將兵之將。'癸亥卜，方貞：勿𢼎戎人出（又）征盼。'此辭𢼎字上從𠂆，足證上一又字的確應該隸化爲灬。它的意思就是說'不要帶領戍守邊疆的人去征盼。''其將頶，又月…弜（斯）將頶自（師）……其將頶于丫（地名）'（粹一一九四）。卜辭中習見'羌伐頶'一類的字句，羌是殷的敵國，則頶大概是殷的邑名，'將頶自'即帶領頶邑的兵的意思。"《殷契雜釋》，《中國考古學報》第五册，中國社科院考古研究所，1951 年，第 225 頁。

② 郭忠恕、夏竦編：《汗簡·古文四聲韵》，中華書局，1983 年，第 66 頁。

③ 阮元校刻：《十三經注疏》，中華書局，1980 年，第 2119–2120 頁。

④ 阮元校刻：《十三經注疏》，中華書局，1980 年，第 1786 頁。

⑤ 許慎：《説文解字》，岳麓書社，2006 年，第 67 頁。

⑥ 阮元校刻：《十三經注疏》，中華書局，1980 年，第 2254 頁。

⑦ 李家浩：《貴將軍虎節與辟大夫虎節——戰國符節銘文研究之一》，《中國歷史博物館館刊》1993 年第 2 期，第 50–55 頁。

B. 上將軍

例 1：

> 上䣪（將）匍（軍）之。（將軍牌飾，31730，春秋中期）

此牌飾出土于浙江紹興市西施山遺址，銘文"上將軍"見于《老子》："故吉事尚左，凶事尚右。是以偏將軍居左，上將軍居右。"張政烺認爲"上將軍"一職戰國魏、秦、燕、齊皆置，爲督軍征戰的主帥。[①]據此銘文春秋中期已經有上將軍一職。

C. 偏將軍

例 1：

> 塤丘牙（與）塿綌，弁（偏）䣪（將）軍信節。[②]（偏將軍虎節，戰國時期）

此虎節現藏中國國家博物館。"䣪"前一字頗多爭議，李家浩認爲釋"貴""弁"皆有可能，但傾向釋"貴"，讀爲"鋭"，"鋭將軍"與《左傳·成公二年》"鋭司徒免乎"之"鋭司徒"職能相同；[③]《新收》從李家浩所釋。[④]裘錫圭釋"弁"，讀爲偏。[⑤]孫剛從裘錫圭説，認爲偏將軍爲"地方守備武官"。[⑥]吳鎮烽初從裘説釋爲"偏"，後改釋爲"韓"。郭永秉釋爲"爲"。[⑦]按：此字從裘錫圭説，釋爲"弁"，銘文寫作 🔲。銘文另一字 🔲，李家浩釋"綌"，可從，但又曰："考慮到節銘左行第五字所以'弁'字不省，當以釋爲'貴'字的省寫爲宜。"[⑧]同一字在同一個材料中省簡、不省簡共現，這種情況古文字常見，如《侯馬盟書》

[①] 張政烺：《中國古代職官大辭典》，河南人民出版社，1990 年，第 64 頁。

[②] 釋文參考裘錫圭、李家浩説。詳見裘錫圭：《推動古文字學發展的當務之急》，《學術史與方法學的省思——"中研院"歷史語言研究所七十周年研討會論文集》，"中研院"歷史語言研究所，2000 年 12 月；收入《裘錫圭學術文集·金文及其他古文字卷》，復旦大學出版社，2012 年，第 511 頁。李家浩：《貴將軍虎節與辟大夫虎節——戰國符節銘文研究之一》，《中國歷史博物館館刊》1993 年第 2 期，第 50-55 頁。

[③] 李家浩：《貴將軍虎節與辟大夫虎節——戰國符節銘文研究之一》，《中國歷史博物館館刊》1993 年第 2 期，第 50-55 頁。

[④] 鐘柏生、陳昭容、黃銘崇、袁國華編：《新收殷周青銅器銘文暨器影彙編》，藝文印書館，2006 年，第 1067 頁。

[⑤] 裘錫圭：《推動古文字學發展的當務之急》，《學術史與方法學的省思——"中研院"歷史語言研究所七十周年研討會論文集》，"中研院"歷史語言研究所 2000 年；收入《裘錫圭學術文集·金文及其他古文字卷》，復旦大學出版社，2012 年，第 511 頁。

[⑥] 孫剛：《東周齊系題銘研究》，上海古籍出版社，2019 年，第 288-289 頁。

[⑦] 郭永秉：《將軍虎節與嬖大夫虎節研究》，《中國國家博物館館刊》2022 年第 8 期，第 147-159 頁。

[⑧] 李家浩：《貴將軍虎節與辟大夫虎節——戰國符節銘文研究之一》，《中國歷史博物館館刊》1993 年第 2 期，第 50-55 頁。

"弁"字作𧆓、𢆶，"𢏚"字作𢏝（《侯馬》328）。𧆓確爲"弁"字之省，此字亦見于戰國古璽𧆓（《璽匯》1523），吳振武亦釋爲"弁"。① 《説文·心部》："辡，憂也，從心，辡聲。一曰急也。"段玉裁注："弁，蓋辡之假借字。"② 《爾雅·釋言》："宣，徧也。"郝懿行義疏："徧，通作辯。"③ 《墨子·小取》："則不可偏觀也。"孫詒讓閒詁："偏與徧通。"④ 以此推"偏"亦可與"辯""弁"通。

"偏將軍"見于《老子》："故吉事尚左，凶事尚右。是以偏將軍居左，上將軍居右。"張政烺認爲"偏將軍"一職置于西漢⑤，今據虎節銘文時間應提前到戰國時期。"填丘牙壝綷"，李家浩釋爲營丘（即齊都臨淄）與壝綷（齊地名）⑥，可從。"偏將軍"掌握一地之兵符，是鎮守地方的軍隊將領。

D. 大將

例1：

大㹂（將）宫方百尺，執㿟（帛）宫方百尺，正奎宫方百尺，（兆域圖銅版，19307，戰國中期）

兆域圖銅版 1977 年出土于河北平山縣戰國中山王𨈭墓，此圖版是爲中山王、后陵墓群所作的建築設計圖。"大㹂（將）"見于《史記·平准書第八》："其後四年，而漢遣大將將六將軍，軍十餘萬，擊右賢王，獲首虜萬五千級。明年，大將軍將六將軍仍再出擊胡，得首虜萬九千級。"⑦ 前稱"大將"，後稱"大將軍"，知"大將"即"大將軍"之簡稱。

中山王𨈭墓附近曾出土守丘刻石，上有銘文："監罟囿臣公乘得，守丘其舊㹂曼，敢謁后淑賢者。"⑧ 《玉篇·宀部》："守，護也。"《爾雅·釋丘》："丘，冢也。""守丘"義爲守護陵墓。"㹂曼"爲守護陵墓的軍官，"大將宫"爲守護陵墓將軍之宫室。《後漢書·百官志二》記載："先帝陵，每陵園令各一人，六百石。本注曰：掌守陵園，案行掃除。丞及校長各一人。……校長，主兵戎盜賊事。"⑨

---

① 吳振武：《〈古璽匯編〉釋文訂補及分類修訂》，《古文字論集初編》，香港中文大學，1983年，第499頁。

② 段玉裁：《説文解字注》，上海古籍出版社，1981年，第508頁。

③ 宗福邦：《故訓匯纂》，商務印書館，2003年，第760頁。

④ 孫詒讓：《墨子閒詁》，中華書局，2001年，第417頁。

⑤ 張政烺：《中國古代職官大辭典》，河南人民出版社，1990年，第918頁。

⑥ 李家浩：《貴將軍虎節與辟大夫虎節——戰國符節銘文研究之一》，《中國歷史博物館館刊》1993年第2期，第50—55頁。

⑦ 司馬遷：《史記》，岳麓書社，1988年，第179頁。

⑧ 守丘刻石：1974年冬，河北文物考古工作隊在平山三汲一帶進行考古調查，搜集而來，原爲七汲村一位農民在村西南挖土時發現，一面刻有文字兩行，共19個字。參見徐自强：《石刻叢談》，《國家圖書館學刊》1979年第1期，第82—91頁。

⑨ 範曄傳，李賢注：《後漢書》，中華書局，1965年，第3574頁。

由此推知，兆域圖銅版之"大𤟎（將）"可能與漢代帝陵之校長職責同，"主兵戎盜賊事"。

例2：

> 望山銘：三年，大𤟎（將）吏（李）牧、邦大夫王平、象（掾）長（張）丞（承）所爲，缓（綬、受）事伐；瀘（廢）丘。（大將李牧弩機，18585，戰國晚期）

大將李牧弩機一般認爲是趙國兵器[①]，"大𤟎"，吳鎮烽釋爲"大將"，系大將軍簡稱。"吏"後一字，原釋爲𢼒，認爲"大將吏𢼒"即大將軍的吏屬𢼒[②]。後張振謙改釋爲"牧"，"吏牧"讀爲"李牧"。[③] "大將李牧"見于《史記·趙世家》："七年，秦人攻趙，趙大將李牧、將軍司馬尚將，擊之。"《史記·廉頗藺相如列傳》："趙乃以李牧爲大將軍，擊秦軍于宜安，大破秦軍，走秦將桓齮。"[④]稱之爲"大將軍"。

例3：

> 佳（唯）王五年，奠（鄭）昜、墜（陳）夏（得）再立（涖）事歲，孟冬戊辰，大臧（將）錢孤、墜（陳）璋内（納）伐匽（燕）敗（勝）邦之隻（獲）。（墜璋壺，12410，戰國中期）

例4：

> 佳（唯）王五年，奠（鄭）昜、墜（陳）夏（得）再立事歲，孟冬戊辰，大燮（將）錢孤，墜（陳）璋内（納）伐匽（燕）敗（勝）邦之隻（獲）。（墜璋鎑，12411，戰國中期）

陳璋壺、墜璋鎑銘文一般認爲是齊國文字，内容基本相同，記載了齊國伐燕的戰爭，此外墜璋鎑口内壁刻有 11 字銘文，爲燕國文字，記錄了器物的容量。"大"後一字壺作▨、鎑作▨。郭沫若隸定爲"燮"。[⑤]學界對"大燮"和其後二

---

① 吳鎮烽、師小群："此弩機是戰國末期趙國制造的……制作于趙王遷三年（前 233 年）"，《三年大將吏弩機考》，《文物》2006 年第 4 期，第 78—80 頁。張振謙認爲吳鎮烽、師小群的觀點是正確的。《三年大將吏弩機補釋》，《文物》2006 年第 11 期，第 62 頁。

② 吳鎮烽、師小群：《三年大將吏弩機考》，《文物》2006 年第 4 期，第 78—80 頁。

③ 張振謙："據銘文拓片，原文認爲從并從攴的𢼒字，其右旁最後一畫應爲涃痕，并非竪筆，并且第一橫上，明顯爲三小竪畫（微斜），并非從二人的并字（可參晉璽'長'之'并'字所從），而是'牛'字，故此字當釋爲'牧'。……'大將吏𢼒'應隸定爲'大將吏牧'，讀爲'大將李牧'。'吏''李'上古音皆爲來紐之部字，音同可通。"《三年大將吏弩機補釋》，《文物》2006 年第 11 期，第 62 頁。

④ 司馬遷：《史記》，岳麓書社，1988 年，第 296、486 頁。

⑤ 郭沫若：《兩周金文辭大系圖録考釋》，中國社會科學院考古研究所，1957 年，第 220 頁。

字的釋讀分歧較大，主要觀點有：（1）"𢧄"爲"戓"之异文，讀爲减，滅也。"大𢧄"後面兩個字可能是燕師[①]。（2）▨當讀爿（音將），非是，或是戓之假借[②]。（3）"大𢧄"讀爲"大將"，大將軍之意[③]。（4）"𢧄"字從臧從攴，讀作臧，含正義的征伐之意，不及物動詞，有戎啓兵興的意思。"䥷"字即戈字加質符"金"旁。𠂤，爲一子立一旗旁之形，釋爲"斿"。"戈斿"爲"齊𢧄"或"大𢧄"一詞的狀語，道出齊國興兵伐惡，金戈鏘鏘、旌旗飛揚的景象。[④]（5）釋爲"齊臧"，齊，皆也，與大意近；"臧"讀爲"藏"。"䥷"即戈。"孤"讀爲弧，弧便是弓。大藏或齊藏戈弧，就是把兵器收藏起來，是停止戰鬥的意思。[⑤]（6）釋爲"藏戈冢子"，應爲掌管齊國武庫之官，戰時亦可領兵作戰。[⑥]（7）"大藏"或"齊藏"爲文獻中的天府，負責藏器，典庸器負責陳設。"藏"以下的兩字推測是"刻銘記録"一類的意思。[⑦]（8）臧䥷孔，人名，臧氏，姬姓。[⑧]（9）𢧄，即臧的繁文，此讀爲壯。大壯是盛大雄壯的意思。孔上闕一字，孔爲嘉美字。"大𢧄囗孔"是陳璋的自我贊美之辭。[⑨]按：詳審拓片，"大"後一字由"攴"和"臧"構成。"臧"金文常見，如▨（曩伯子⿰宀夋父⿰雨皿，05632，春秋早期）、▨（鄘客問量，18816，戰國晚期），亦見于戰國古璽和簡帛文字，如▨（《璽彙》3935）、▨（《楚帛書》丙八）。由"臧"構成的字多以"臧"爲聲符，如▨（《包山》155）、▨（《郭店·老甲》35），前者讀爲"葬"，後者讀爲"壯"，壯與將亦通。《詩經·小雅·北山》"鮮我方將"，毛傳曰："將，壯也。"[⑩]以此推▨可通"將"。此字孫貫文、吳鎮烽等讀爲"將"，可從。《説文》："將，帥也。""將帥"之"將"金文多假"酒"爲之，此銘假"𢧄"爲之。"大𢧄（將）"後兩字或爲將領之名。大將李牧弩機"大酒（將）李牧"亦是軍事職官後加人名之例。

---

① 郭沫若：《兩周金文辭大系圖録考釋》，中國社會科學院考古研究所，1957年，第220頁。

② 張政烺：《張政烺批注〈兩周金文辭大系考釋〉》（下），中華書局，2011年，第151頁。

③ 孫貫文："𢧄即臧，假爲將。……𢧄后所闕當是王孫二字。先秦文獻及金文刻辭，凡公子王孫，王子王孫一律書名不書姓，惟田齊匋器獨書姓"，《陳璋壺補考》，《考古學研究（一）》，文物出版社，1992年，第290頁。吳鎮烽釋"大𢧄（將）䥷（鍋）孔"，以爲"'鍋孔'與'陳璋'同時率兵入燕"，《商周青銅器銘文暨圖像集成》第二十二卷，上海古籍出版社，2012年，第332頁。張振謙："▨字所從的'宁'可能没有最下面的那條竪筆，爲'与'，是'酉'字的淺渤之形，補齊筆畫應爲'⿱'"，如此，此字"該隸定爲'▨'，讀爲'將'"，《齊銘摹誤考辨四則》，《中山大學學報（社會科學版）》2014年第1期，第69–73頁。

④ 周曉陸：《盱眙所出重金絡鎝·陳璋圓壺讀考》，《考古》1988年第3期，第258–263頁。

⑤ 李學勤、祝敏申：《盱眙壺銘與齊破燕年代》，《文物春秋》創刊號1989年第1期，第13–17頁。

⑥ 馮勝君：《戰國燕系古文字資料綜述》，吉林大學碩士學位論文，1997年，第7頁。

⑦ 董珊：《戰國題銘與工官制度》，北京大學博士學位論文，2002年，第106頁。

⑧ 曹錦炎：《盱眙南窖銅壺新出銘文考釋》，《東南文化》，1990年第1期，第211–213頁。

⑨ 馬承源：《商周青銅器銘文選》第四册，文物出版社，1990年，第560頁。

⑩ 阮元校刻：《十三經注疏》，中華書局，1980年，第463頁。

三、其他擔負作戰任務的職官

1. 士大夫、節大夫、御僕

例1：

> 賈悉（願）從杜（士）大夫，弖（以）請（靖）郾（燕）疆，氐（是）弖（以）身蒙幸（皋）胄，弖（以）烖（誅）不恿（順），郾（燕）旂（故）君子酓（噲），新君子之，不用豊（禮）宜（儀），不毇（顧）逆恿（順），旂（故）邦迮（亡）身死，（中山王𰷳壺，12455，戰國中期）

例2：

> 齊節，夫＝（大夫）遂，五乘。（齊大夫馬節，19156，戰國時期）

例3：

> 公孼（孼）里脽之大夫攺（披）之卒，左軍之牧僕介巨，杕里瘟之牧戈。[①]（公孼里脽戈，戰國晚期）

"大夫"一詞傳世文獻習見，《左傳·隱公元年》："諸侯五月，同盟至；大夫三月，同位至。"[②]《國語·吳語》："吳王曰：'大夫奚隆于越，越曾足以爲大虞乎？若無越，則吾何以春秋曜吾軍士？'"[③]銅器銘文"大夫"見於西周中期大夫始鼎"佳（唯）三月初吉甲寅，王才（在）䣛（穌）官，大夫始易（錫）友曰獸"，"大夫"爲官職，"始"是"大夫"的名字。[④]"大夫"非專門的軍事職官，東周銅器銘文中有"上容大夫""左乘馬大夫""邦大夫"等，其中可確定職能與軍事有關的共6例，其中3例爲作戰類職官，3例爲後勤類職官。

例1"賈"爲中山國之相邦，"願從士大夫"之"從"爲使動用法，義爲使士大夫從。"士大夫"之"士"，徐海斌認爲同"車大夫""辟大夫"用法一致，修飾限制"大夫"一詞。[⑤]先秦文獻中"士"有武官、武士之義，《大戴禮記·千乘》"以教士車甲"，王聘珍解詁："士者，國之勇力之士，能用五兵者。"[⑥]《詩

---

① 銘文"牧"字從羅衛東師說，參見羅衛東師：《戰國燕兵器銘文"🅚"字補說》，《戰國文字研究的回顧與展望國際學術研討會論文集》，中西書局，2017年，第67–71頁。

② 阮元校刻：《十三經注疏》，中華書局，1980年，第1717頁。

③ 徐元誥：《國語集解》，中華書局，2002年，第540頁。

④ 薛尚功曰："大夫，官也。始則其名耳。"《歷代鐘鼎彝器款識法帖》，第89頁。轉引自劉慶柱、段志洪、馮時主編：《金文文獻集成》第九冊，綫裝書局，2006年，第56頁。

⑤ 徐海斌：《中山王𰷳方壺銘文"願從士大夫"的釋讀及相關問題》，《井岡山學院學報》2009年第2期，第70–74頁。

⑥ 王聘珍：《大戴禮記解詁》，中華書局，1983年，第158頁。

經·小雅·采芑》"薄言采芑"，毛傳："宣王能新美天下之士。"鄭玄箋："士，軍士也。"①亦有"士大夫"參與戰爭的記載，《荀子·議兵》："將死鼓，御死轡，百吏死職，士大夫死行列。"②銘文"願從士大夫"下文曰"以靖燕疆，是以身蒙皋冑，以誅不順"，顯然"士大夫"是跟從司馬賈攻打燕國的武官。

《周禮·地官》"掌節上士二人"，鄭玄注："節，尤信也，行者所執之信。"③《左傳·襄公二十五年》："祝祓社，司徒致民，司馬致節，司空致地，乃還。"杜預注："節，兵符。"④例2銘文"大夫"後曰"五乘"，應爲掌管調遣軍車兵符的軍官。

例3 公孳里脽戈銘"僕"前一字，銘文寫作"𰀕"，舊釋頗多爭議：劉心源釋"牧"⑤；于省吾釋"扜"⑥；黃茂琳釋"牧"⑦；李學勤釋"𢻹"⑧；黃盛璋釋"𢼸"⑨；何琳儀釋"攷"，認爲是"𢻹"之古文，讀爲"捶"，引申爲"擊殺"⑩。湯余惠認爲"攷"通"劇"，義爲砍擊。⑪董珊釋爲"乇"，讀爲"徒"，指步兵。⑫張崇禮釋"攷"爲"度"或"劇"，讀爲"斫"、訓爲"擊"。⑬

---

① 阮元校刻：《十三經注疏》，中華書局，1980年，第425頁。

② 王先謙：《荀子集解》，中華書局，1988年，第278頁。

③ 阮元校刻：《十三經注疏》，中華書局，1980年，第699頁。

④ 阮元校刻：《十三經注疏》，中華書局，1980年，第1984頁。

⑤ 劉心源釋爲"牧"，參見《奇觚室吉金文述》，清光緒二十八年自寫刻本，第十卷第二十一頁，《金文文獻集成》第十三冊，綫裝書局，2006年，第313頁。

⑥ 于省吾：《雙劍誃吉金圖錄》，北京琉璃廠來熏閣，1934年，中華書局，2009年重印，第268頁。

⑦ 黃茂琳：《新鄭出土戰國兵器中的一些問題》，《考古》1973年第6期，第372–380頁。

⑧ 李學勤、鄭紹宗：《論河北近年出土的戰國有銘青銅器》，《古文字研究》第七輯，中華書局，1982年，第125頁。

⑨ 黃盛璋：《燕、齊兵器研究》，《古文字研究》第十九輯，中華書局，1992年，第7頁。

⑩ 何琳儀："檢《說文》古文'枼'作'楄'形，前人已指出左從'乇'，以《說文》古文'宅'作'庄'按驗，確切無疑。該字右從'易'，乃'身'形之譌變。然則兵器銘文之'𰀕'，應即《說文》之'楄'，讀'𡖊'。檢《說文》：'𡖊，樹木華葉𡖊，象形。'後世往往以'垂'代'𡖊'……'攷'應據《說文》古文讀'捶'，《說文》：'捶，以杖擊也。'引申爲泛言'擊殺'。"《戰國文字通論》，中華書局，1989年，第96、261頁。

⑪ 湯余惠："乇、度古聲通，古書'托'亦作'度'（參高亨《古字通假會典》第896頁），故'攷'可讀爲'劇'。《左傳·隱公十一年》：'山有木，工則度之。''度'即《爾雅·釋器》'木謂之劇'的'劇'。"《戰國銘文選》，吉林大學出版社，1993年，第64頁。

⑫ 董珊：《戰國題銘與工官制度》，北京大學博士學位論文，2002年，第86頁。

⑬ 張崇禮："'乇'，端母鐸部；'度'，定母鐸部。二者古音十分接近。從傳世典籍通假關係來看，'宅'和'度'相通用。如《尚書·堯典》：'宅西曰昧穀。'《周禮·天官·縫人》鄭注引'宅'作'度'。《尚書·舜典》：'五流有宅。'《史記·五帝本紀》作'五流有度'。其例甚多，不贅舉。從戰國文字來看，中山王鼎'考宅唯刑'的'宅'讀爲'度'；郾王職壺'乇幾卅'的'乇'，董珊、陳劍先生亦讀爲'度'。楚系文字中二者相通的例子也很多，如上博六《天子建州》簡7、8的'耻乇'讀爲'耻度'，上博七《凡物流形》簡3的'五乇'讀爲'五度'。從字形上看，'度'本亦從攵。綜上所述，我們覺得把'攷'釋爲'度'或'劇'，問題應該不大。'斫''度'音、義皆近，故'攷'可讀爲'斫'。《說文》：'斫，擊也。'"復旦大學出土文獻與古文字研究中心，2009年2月12日，http://www.fdgwz.org.cn/Web/Show/693。

劉雲釋"殺"。①羅衛東師認爲"如何分析'𢏐'字左邊的形體是關鍵"，她將此字改釋爲"牧"，用爲"御"，疏證如下："'御'在金文中有多種結構。《卌三年迷鼎丙》：'用宮𢏐御。'《鄷公盨》：'永𠂤御于𡧦（寧）。''御'字由'午''卩'構成。《迷盤》：'迷𢏐御于乓（厥）辟。''御'字由'午''止''卩'構成。《工歔太子諸樊劍》銘文'莫敢御余'，'御'寫作'𢏐'，'敔'由'午''止''攴'構成。燕兵器銘文中的'𢏐'，由'午''攴'構成。'𢏐'字的左邊非'毛'，而是'午'。'午'的這一寫法可由另一燕國器物銘文證明。傳出河北易縣的《□沓缶𡇼小器》上的'缶'，寫作'𦈡'，其上部的'午'，與'𢏐'字左邊形體'𢏐'相同。'牧'即'御'的异構字……'御僕'一詞也見于《周禮》。《周禮·夏官·司馬》'凡制軍……御僕下士十有二人'，賈公彥疏'御僕其職云掌群吏之逆及庶民之復'。"②羅師所述甚確，銘文"御僕"爲左軍之屬官。

2. 右大徒

例1—例2：

> 齊大（太）王孫遚（復）丰象（專）嗣（司）右大徒，詖（毖）欮（恭）戒（威—畏）諅（忌），不象（惰）奻（夙）夜，從其政事，起₌（桓桓）乍（作）聖，公命遚（復）丰衛（率）徒伐者（諸）剝（割）（復丰壺，12447—12448，春秋中期）

復丰壺爲春秋中期器物，出土時間和地點不詳。"齊大王孫復丰"爲器主，金文"大"常讀爲"太"。先秦"王孫"多指王侯之後裔，《楚辭·淮南小山》："王孫游兮不歸，春草生兮萋萋。"王夫之通釋："王孫，隱士也。秦漢以上，士皆王侯之裔，故稱王孫。"③銘文"王孫"前有"太"，應不同于普通王侯後裔，或爲齊國王孫中地位較高者，意義類似于"太子"之屬。《史記·周本紀》："桓王，平王孫也。"④或與此銘相類。"復丰"爲王孫之名，此人不見于文獻記載，不知爲哪位齊王之孫。"嗣"讀爲"司"，義爲管理、掌管，與下文"嗣（司）諸剝"之"嗣"意義相同。西周中期師虎簋銘文"啻官嗣（司）左右戲緐荆"，與此銘文例相似，以此例推"右大徒"與"左右戲緐荆"都是職官名。⑤"右大徒"不見于

---

① 劉雲：《釋"殺"及相關諸字》，復旦大學出土文獻與古文字研究中心網站，2012 年 11 月 21 日，http://www.fdgwz.org.cn/Web/Show/1963。

② 羅衛東師：《戰國燕兵器銘文"𢏐"字補説》，《戰國文字研究的回顧與展望國際學術研討會論文集》，中西書局，2017 年，第 67-71 頁。

③ 王夫之：《楚辭通釋》，上海人民出版社，1975 年，第 166 頁。

④ 司馬遷：《史記》，岳麓書社，1988 年，第 21 頁。

⑤ 劉雨、張亞初："'緐荆'，許瀚云：'當亦軍制名目'，郭云：'余意緐即馬飾繁纓之繁，荆假爲旌，左傳哀二十三年，有不腆先人之産馬，使求薦諸夫人之宰，其可以稱旌緐乎？旌緐殆即緐荆。嗣左右戲緐荆蓋言司左右戲之馬政'，此說似較迂曲，可備一說吧。"《西周金文官制研究》，中華書局，2004 年，第 16-17 頁。

其他銘文和傳世文獻，既然有右大徒應當也有左大徒，《史記・楚世家》有"左徒"，曰："楚使左徒侍太子于秦……考烈王以左徒爲令尹，封以吳，號春申君。"《史記・屈原賈生列傳》："屈原者，名平，楚之同姓也。爲楚懷王左徒。"①楚國"左徒"爲王之近臣，地位較高，銘文之"右大徒"由王孫擔任，地位或與楚之"左徒"相當，從下文"復丰率徒伐諸刻"推測"右大徒"掌握軍權，領軍作戰。

3. 令尹

例1：

> 疢（疧）君之孫邻（徐）釛（令）尹者（諸）旨（稽）瞀（耕），羃（擇）其吉金，自乍（作）盧（爐）盤（盤）。(邻令尹者旨瞀爐，19268，春秋晚期)

例2：

> 二十九年，猋（秦）攻喜（吾），王呂（以）子橫質疒（于）齊，又使景鯉、蘇歷（厲）呂（以）求平。竝（並）令尹乍（作）弩五千，矢卌萬與之。重丘左司工辰乍（作）三（四）千又卅五。戊午，呂（以）重刃肌與猋（秦），才（其）與金與絲與帛與奴與轍（城）。(二十九年弩機，18586，戰國晚期)

"令尹"一詞出現于東周銅器銘文，共 2 例分別見于徐國和楚國器物，寫作 ![圖] 、![圖]（邻令尹者旨瞀爐）和 ![圖] 、![圖]（二十九年弩機）。![圖] 從命從攴爲"命"之繁文，"令""命"一字分化，金文"命"常用作"令"。《論語・公冶長》"令尹子文三仕爲令尹，無喜色"，邢昺疏："楚臣令尹爲長，……令，善也；尹，正也；言用善人正此官也。"②東周"令尹"爲楚國最高長官，《左傳・莊公四年》："四年春，王正月，楚武王荊尸，授師子焉，以伐隨。……王遂行，卒于樠木之下。令尹鬬祁、莫敖屈重除道梁溠，營軍臨隨。隨人懼，行成。"③可知春秋早期楚國已設"令尹"。"令尹"作爲楚國諸官之長，不僅秉一國之政，且主管軍事，軍事能力是選拔"令尹"的重要條件，《左傳・僖公二十三年》"秋，楚成得臣帥師伐陳，討其貳于宋也。遂取焦、夷，城頓而還。子文以爲之功，使爲令尹"④，"令尹"亦常帥軍作戰，上引莊公四年例令尹鬬祁隨楚武王出征伐隨，并在楚王

---

① 司馬遷：《史記》，岳麓書社，1988 年，第 268 頁，第 495 頁。
② 阮元校刻：《十三經注疏》，中華書局，1980 年，第 2474 頁。
③ 阮元校刻：《十三經注疏》，中華書局，1980 年，第 1763–1764 頁。
④ 阮元校刻：《十三經注疏》，中華書局，1980 年，第 1814 頁。

中道崩卒後，領軍獲得勝利，《左傳·僖公二十五年》："楚令尹子玉追秦師，弗及，遂圍陳，納頓子于頓。"①皆是"令尹"領軍之例證。

例1于1979年4月出土于江西省靖安縣，發掘報告認爲是春秋晚期徐國器物。②

銘文"疾君"爲人名，或以爲是徐國之王。銘文"疾君之孫"爲徐之"令尹"。春秋時期徐爲楚之附庸，公元前512年被吳國所滅。《左傳·昭公三十年》："冬十二月，吳子執鐘吳子，遂伐徐，防山以水之。己卯，滅徐。徐子章禹斷其發，携其夫人，以逆吳子。吳子唁而送之，使其邇臣從之，遂奔楚。楚沈尹戌帥師救徐，弗及，遂城夷，使徐子處之。"③徐國被滅後，楚國在夷安置徐子，接管徐國舊地。"徐令尹"應爲徐地之職官。

例2銘文記載了秦楚兩國的一次戰役，此役亦見于《史記·楚世家》："二十九年，秦復攻楚，大破楚，楚軍死者二萬，殺我將軍景缺。懷王恐，乃使太子爲質于齊以求平。"④銘文"並令尹作弩五千，矢卌萬與之。重丘左司工辰作四千又卅五。戊午，以重刃肌與秦"，皆爲求平與秦之物資和城池。"並令尹"，吳鎮烽認爲有四種釋法：（1）"並令尹"似應讀爲"並令令尹"，"並"在此作而且、并且用，表示兩個動作同時進行，但銘文中看不出"令"字之下有重文符號。（2）"令"作動詞解，"尹"作職官解，此"尹"當爲工尹，"並令尹作弩五千"意爲"并且命令尹制造弩機五千"。（3）"並"作地名，"令尹"作官名解，文獻記載戰國時期楚國僅在中央設置"令尹"之職，掌管全國軍政大權，地位相當于三晉的相邦，都邑、郡縣似未見設置令尹，但也不是沒有可能。春秋戰國時期楚國都邑長官初稱"公"，後亦稱"尹"，如曾都尹定簋中有"曾都尹"，者旨瞥盤有"疾君之孫徐令尹者（諸）旨（稽）瞥（耕）"，此盤爲春秋末期之物，徐令尹當爲楚國任命管理徐地的令尹。（4）"並"作地名，"令"作官名，"尹"作人名解。其後的"重丘左司工辰"就是由地名、官名和人名組成。⑤按：第（3）種解釋可從，"並"爲地名，"並令尹"與"徐令尹"同爲地方之令尹，與下文重丘左司工辰同爲"地名＋官職"，文例格式相同。若將"並"釋爲并且，"令"釋爲命令，"尹"釋爲工尹則不妥，上文"以子橫質于齊，又使景鯉、蘇厲以求平"，此兩項命令的發出者爲楚王。若"並"釋爲并且，則"尹作弩五千，矢卌萬與之。重丘

---

① 阮元校刻：《十三經注疏》，中華書局，1980年，第1821頁。

② 博燁、白堅：《江西靖安出土春秋徐國銅器》，《文物》1980年第8期，第13-15頁。

③ 阮元校刻：《十三經注疏》，中華書局，1980年，第2126頁。

④ 司馬遷：《史記》，岳麓書社，1988年，第265頁。

⑤ 吳鎮烽、朱艷玲：《二十九年弩機考》，《考古與文物》2013年第1期，第25-27頁。

左司工辰作四千又卅五"應爲楚王發出之第三項命令，楚王直接命令地方之工尹、左司工下級職官，與王之身份不合。

4. 大良造、大良造庶長

例1：

十三年，大良造鞅之造戟（戟）。（大良造鞅戟，17125，戰國中期）

例2：

十八年，齊遣卿大夫衆來聘，冬十二月乙酉，大良造鞅爰積十六尊（寸）五分尊（寸）壹爲升。臨，重泉。廿六年，皇帝盡并兼天下諸侯，黔首大安，立號爲皇帝。乃詔丞相狀綰灋（法）度量劓（則）不壹，歉疑者皆朙（明）壹之。（商鞅方量，18819，戰國中期）

例3：

十六年，大良造庶長鞅之造，畢湍厌（侯）之鐕（鑄）。（大良造庶長鞅鈹，17996，戰國中期）

例4：

十六年，大良造庶長鞅之造，雖（雍）鼀。（大良造庶長鞅鐓，18548，戰國中期）

例5：

□□□□造庶長鞅之造殳，雎（雍）驕□。（庶長鞅殳鐓，18551，戰國中期）

例6：

十七年，大良造庶長鞅之造殳，雖爽。（大良造庶長鞅殳鐓，18549，戰國晚期）

例7：

十九年，大良造庶長鞅之造殳，犛（犛）鄭。（大良造鞅殳鐓，18550，戰國晚期）

"大良造""大良造庶長"是秦國特有的職官名，東周銅器銘文僅見于戰國秦國器銘，其中"大良造"2例，"大良造庶長"5例。7例銘文中"鞅"皆指商鞅。《史記·秦本紀》："三年，衛鞅說孝公變法修刑，内務耕稼，外勸戰死之賞罰，孝公善之。甘龍、杜摯等弗然，相與爭之。卒用鞅法，百姓苦之；居三年，百姓便之。乃拜鞅爲左庶長。其事在商君語中。七年，與魏惠王會杜平。八年，與魏戰元里，有功。十年，衛鞅爲大良造，將兵圍魏安邑，降之。"[1]可知商鞅在秦孝公六年官拜左庶長，後爲大良造。以上器物之十三年、十六年、十七年均爲秦孝公時期，商鞅爲器物的督造者。

關于"大良造""大良造庶長"的性質和職守，《漢語大詞典》記載："官名。戰國初期爲秦的最高官職，掌握軍政大權。同時又爲爵名。亦稱大上造。自從秦惠王設立相國掌握軍政大權後，主要用作爵名。漢代沿用。"[2]學界觀點亦不統一，或以爲"大良造"爲"大良造庶長"之省，爲官名，職務相當于相邦；[3]或以爲"大良造庶長"是"大良造"兼任"庶長"，爲官名，[4]或以爲"大良造"爲爵位名，"庶長"爲官名，起初掌握秦國軍政大權，"相邦"出現後成爲單一軍事首領，[5]或以爲大良造最初爲官名，後逐漸演變爲爵名。[6]按：從王輝、吳曉懿、董珊、許慜慧所說，"大良造"爲官名，非爵稱。檢秦國之兵器銘文，督造者爲除秦子外，相邦、丞相、詔吏、守、丞、內史皆爲職官，非爵位，此7例亦不例外。商鞅孝公六年拜左庶長，後爲大良造，銘文十三年爲大良造，十六年又稱大良造庶長，十八年又稱大良造，若庶長和大良造爲兩種官職，如此更替實難理解，解釋爲繁簡之稱更合理。

關于"大良造"之職掌，《史記·秦本紀》中有5例記載：

> 十年，衛鞅爲大良造，將兵圍魏安邑，降之。
>
> 五年，陰晉人犀首爲大良造。
>
> 十五年，大良造白起攻魏，取垣，復予之。攻楚，取宛。

---

① 司馬遷：《史記》，岳麓書社，1988年，第37頁。

② 羅竹風主編：《漢語大詞典》，漢語大詞典出版社，1986年，第3088頁。

③ 王輝、程學華："'大良造庶長'即事實上的相邦，惠文王4年，既有'大良造庶長'，又有'相邦'，二者又極可能是一人。"《秦文字集證》，臺灣藝文印書館，1999年，第25-35頁。吳曉懿："'大良造'與楚國的'莫敖'職司相當，'大良造'相當于中原各國的相國兼將軍。"《戰國官名新探》，安徽師範大學出版社，2013年，第147頁。董珊："'大良造'乃是'大良造庶長'的省稱。在商鞅五器中，'大良造庶長（或大良造）'都是軍官名，其級別相當于他國之相邦。"《戰國題銘與工官制度》，北京大學博士學位論文，2002年，第208頁。許慜慧："孝公10年至22年，商鞅爲'大良造'或'大良造庶長'，二職的轉變，或以爲稱謂的繁簡……'大良造'非爵名，而是官名。"《古文字資料中的戰國職官研究》，復旦大學博士學位論文，2014年，第14頁。

④ 汪中文：《秦封宗邑瓦書文補釋——兼論"大良造""庶長"之爵名問題》，《兩周官制論稿》，復文圖書出版社，1993年，第125-130頁。

⑤ 劉芮方：《秦庶長考》，《古代文明》2010年第三卷，第74-80頁。周翔："商鞅變法，設二十等爵，大上造爲第十六級。除商鞅外，秦將公孫衍、白起亦曾授此爵。庶長，應指左庶長，商鞅官職"。《戰國兵器銘文分域編年研究》，浙江師範大學碩士學位論文，2013年，第192頁。

⑥ 張政烺："戰國時秦國二十等爵第二等。"《中國古代職官大辭典》，河南人民出版社，1990年，第45頁。尚志儒："'大良造'最初爲官名，爲'百官之長'，秦設'相邦'後，逐漸成爲爵稱。"《秦相的設置及相關問題》，《文博》1997年第2期，第27-32頁。

二十八年，大良造白起攻楚，取鄢、鄧，赦罪人遷之。

二十九年，大良造白起攻楚，取郢爲南郡，楚王走。①

其中四例皆記載大良造率軍征戰。

5. 良人

例 1：

邕子良人鐸（擇）其吉金，自乍（作）飤獻（甗），其萬年無彊（疆），其子=（子子）孫=（孫孫）永［壽用之］。（邕子良人甗，03353，春秋早期）

"良人"不見于西周銅器銘文，《國語·齊語》："十連爲鄉，鄉有良人焉，以爲軍令。"又曰："十連爲鄉，故二千人爲旅，鄉良人帥之。"②可知"良人"一職，負責統率十連之兵力。

6. 發弩

例 1：

涑鄂發弨（弩）戈，詀（冶）珍。（涑鄂戈，16967，戰國早期）

"發弩"常見于秦印、晉印。秦印有"衡山發弩"（《秦封泥集》2.2.8）、"琅玡發弩"（《秦封泥集》2.2.29），晉印有"左邑發弩"（《璽匯》0113）、"左發弩"（《璽匯》0114）。《睡虎地·秦律雜抄》亦見"發弩"："除士吏，發弩嗇夫不如律，及發弩射不中，尉貲二甲。發弩嗇夫射不中，貲二甲，免。"整理組注："發弩，專司射弩的兵種。見戰國及西漢璽印、封泥。發弩嗇夫系這種射手的官長。"③可知"發弩"爲戰國秦、晉常見之兵種，職責是射弩，其主管武官爲"發弩嗇夫"，依秦律"發弩"射不中，縣尉要受到懲罰。

涑鄂戈之"發弩"爲金文首現，且僅此 1 例。戈銘"弩"寫作▩，從弓從女。《說文》："弩，弓有臂者，《周禮》四弩，夾弩、庾弩、唐弩、大弩。從弓，奴聲。"④此字從奴省，甲骨文奴亦有不從又的寫法，如▩（《合集》22462）。"涑鄂"亦見于戰國晚期魏國涑鄂嗇夫擔戈。據韓自強考證"涑鄂"即"涑縣"，故城在涑水流域。山西西南部有黃河支流涑川（水），發源于絳縣太陰山，經聞喜、臨猗至永濟縣西南入黃河。⑤"涑鄂發弩"格式爲地名+職官，與璽印文例

---

① 司馬遷：《史記》，岳麓書社，1988 年，第 29–40 頁。

② 徐元誥：《國語集解》，中華書局，2002 年，第 224 頁。

③ 睡虎地秦墓竹簡整理小組：《睡虎地秦墓竹簡》，文物出版社，2001 年，第 79 頁。

④ 許慎：《說文解字》，岳麓書社，2006 年，第 270 頁。

⑤ 韓自強：《過眼雲烟——記新見五件晉系銘文兵器》，《古文字研究》第二十七輯，中華書局，2008 年，第 323–324 頁。

相同，疑此"發弩"爲涑縣之發弩嗇夫之簡稱，爲戈的器主。

7. 馭

例1：

> 隹（唯）遅（朕）先王，茅（苗）莽（蒐）狃（田）獵，于皮（彼）新坴（土），其逾（會）女（如）林，駿（馭）右和同，（奵盉壺，12454，戰國中期）

"駿"，西周金文習見，從馬從𢽳，𢽳爲鞭之初文，會人執鞭御馬之義，文獻多作"御"。"駿"，銅器銘文常表示御車之人。西周"徒""駿"常一起出現，如西周晚期禹鼎銘文"肆武公迺遣禹率公戎車百乘、厮駿二百、徒千"，西周晚期師袁簋銘文"折首執訊，無誰徒駿，毆俘士女、羊牛"，西周中期班簋銘文"王令毛公以邦冢君、徒駿、或人伐東國痛戎"。"徒"爲走卒，"駿"爲駕戰車之兵。

東周銅器銘文僅 1 例"駿"，見于戰國中期中山國奵盉壺。銘文記載司馬賈率師征燕，"大啓邦宇，方數百里"，"新土"即伐燕新開拓之疆土，"其會如林"見于《詩經·大雅·大明》，朱德熙、裘錫圭舉《説文》引《詩經》作"其𣃁如林"，釋"會"爲𣃁，義爲旌旗。[①]"駿右和同"，右即車右，《周禮·秋官》"誓僕右曰殺"，賈公彦疏"右謂勇力之士，在車右備非常"[②]。"駿"，裘錫圭、朱德熙釋爲御。[③]《儀禮·既夕禮》"御以蒲茷"，賈公彦疏："御，謂御車者。"[④]王譽在新土田獵，"旌旗如林，駿右和同"形容其率領軍隊之徒衆。

8. 右、元右

例1：

> 楚屈（屈）弔（叔）沱屈（屈）□之孫，楚王之元右王鐘，𠁃𠁃笙于缶。（楚屈叔沱戈，17328，春秋中期）

例2：

> 隹（唯）遅（朕）先王，茅（苗）莽（蒐）狃（田）獵，于皮（彼）新坴（土），其逾（會）女（如）林，駿（馭）右和同，（奵盉壺，12454，戰國中期）

---

① 朱德熙、裘錫圭：《平山中山王墓銅器銘文的初步研究》，《文物》1979 年第 1 期，第 42-52 頁。

② 阮元校刻：《十三經注疏》，中華書局，1980 年，第 888 頁。

③ 朱德熙、裘錫圭：《平山中山王墓銅器銘文的初步研究》，《文物》1979 年第 1 期，第 42-52 頁。

④ 阮元校刻：《十三經注疏》，中華書局，1980 年，第 1162 頁。

"右"常見于先秦文獻,《詩經·鄭風·清人》"清人在軸,駟介陶陶。左旋右抽,中軍作好",鄭玄箋:"右,車右也。"[①]"右"因居戰車之右而得名,在戰爭中的職能是執兵器進攻。文獻中還有"戎右"一詞,《周禮·夏官·戎右》:"戎右掌戎車之兵革使。"賈公彥疏:"戎右者,與君同車,在車之右,執戈盾,備制非常,并充兵中使役。"[②]可知"戎右"即"右",爲同一職務。銅器銘文中未見"戎右",只有"右"和"元右"。奸蚉壺"右"與"馭"對舉,分指兵車執兵之人和駕馭兵車之人。"元右"見于春秋早期楚屈叔沱戈,銘文"楚屈叔沱屈□之孫"所指頗有爭議[③],但"元右"諸家皆以爲即"戎右",其説甚確。戎、元義同,《尚書·盤庚》"乃不畏戎毒于遠邇",孔安國傳:"戎,大。"《尚書·呂刑》"自作元命",孔安國傳"自爲大命"[④]。文獻中"元戎"常一起出現,表戎車。如《左傳·宣公十二年》"元戎十乘"[⑤],故"戎右"稱"元右"。

9. 莫嚻(敖)、連嚻(敖)

例1:

> 岙(向)壽,邻(徐)莫躃(敖)卲(昭)嗇、司馬巷嗇,攻(工)緽之所告(造)。(徐莫敖昭嗇戈,17310,戰國晚期)

例2:

> 郢(郾—燕)客臧(臧)嘉䤷(問)王於葳郢之戠(歲),宫(享)月己酉之日,酆(羅)莫嚻(敖)臧(臧)帀(師)、連嚻(敖)厲(屈)走(辻—上),吕(以)命攻(工)尹穆皃(丙)、攻(工)碧(差—佐)競(景)之、集尹陲(陳)夏、少集尹龏(龔)賜、少攻(工)碧(差—佐)李(李)癸叟(鑄)廿=(二十)金剒(半),吕(以)賠者(?)钭(筲)。(郾客問量,18816,戰國晚期)

銅器銘文中共3例與"嚻"相關的職官,其中"莫嚻"2例、"連嚻"1例,見于戰國晚期徐莫敖昭嗇戈和郾客問量。"嚻"寫作✦、▪,從頁、從朋。《説文》:

---

① 阮元校刻:《十三經注疏》,中華書局,1980年,第338頁。

② 阮元校刻:《十三經注疏》,中華書局,1980年,第857頁。

③ 何浩:"器主爲楚叔沱,此人即文獻記載之屈蕩,叔沱是其字,蕩爲其名,沱、蕩音近義通",《"楚屈叔沱戈"考》,《安徽史學》1985年第1期,第56-59頁。李零:"'楚屈叔池'下似遺'之子'二字,則器主爲王鐘,是楚屈叔之子屈□之孫",《楚國銅器銘文編年匯釋》,《古文字研究》第十三輯,中華書局,1986年,第379頁。鄒芙都:"何浩據史載屈蕩曾爲'左廣之右',而此戈明言'元右王鐘'……與屈叔沱爲元右相衝突,故從李零説",《楚國銅器銘文札記七則》,《雲南民族大學學報(哲學社會科學版)》2005年第2期,第107-111頁。

④ 阮元校刻:《十三經注疏》,中華書局,1980年,第169、249頁。

⑤ 阮元校刻:《十三經注疏》,中華書局,1980年,第1881頁。

“嚚，聲也，氣出頭上，從吅從頁，頁首也。”①本義爲衆口喧嚚。銘文“莫嚚”
“連嚚”一般認爲即文獻之“莫敖”“連敖”。②《集韵》“嚚，牛刀切，平豪疑，
宵部”“敖，五勞切，平豪疑，霄部”③，二字古可通用。《詩經·大雅·板》“我
即爾謀，聽我嚚嚚”，王先謙三家義集疏“魯‘嚚’作‘敖’”。④《詩經·小
雅·十月之交》“讒口嚚嚚”，陸德明釋文“嚚嚚，韓詩作嗸嗸”。⑤

　　“莫敖”一職，見于《左傳·桓公十一年》：“十一年春，齊、衛、鄭、宋盟
于惡曹。楚屈瑕將盟貳、軫。鄖人軍于蒲騷，將與隨、絞、州、蓼伐楚師。莫敖
患之。”杜預注：“莫敖，楚官名，即屈瑕。”⑥杜預之觀點後世學者多從之，《漢
語大詞典》對“莫敖”的解釋就引用了此説，曰：“莫敖，古代楚國的官名。”⑦
此觀點據金文材料或可進行補充，例1之“邾莫瞡（敖）昭嗇”，“邾”即徐，指
徐國，“昭嗇”爲人名。可知戰國時，“莫敖”非楚國之獨有，徐國亦有“莫
敖”。東周時期徐國國力減弱，常在吳、楚兩大國之間搖擺不定。《春秋·昭公三
十年》：“冬十有二月，吳滅徐，徐子章羽奔楚。”⑧徐爲吳所滅後成爲楚國之附
庸，職官亦受楚國官制影響。

　　關于“莫敖”在職官序列中的地位，史學界有不同的觀點，或以爲“莫敖”
的職能次于“令尹”，相當于“司馬”，春秋晚期位置降到“左司馬”之下。⑨從
例1徐莫敖昭嗇戈銘來看，此觀點恐不確。戈銘莫敖昭嗇列于司馬巷嗇之前，説
明戰國晚期徐國官制中“莫敖”地位仍較“司馬”爲高。傳世文獻中“莫敖”皆
爲楚國中央政府職官，由屈氏擔任，如莫敖屈瑕、莫敖屈重、莫敖屈到、莫敖屈

---

① 許慎：《説文解字》，嶽麓書社，2006年，第49頁。
② 周世榮：《淮南子·修務訓》有：‘莫嚚大心……’，莫嚚即莫敖，‘莫敖’爲楚國官名，即司馬”，《楚邘
客銅量銘文試釋》，《江漢考古》1987年第2期，第87–88頁。何琳儀：“‘莫嚚’‘連嚚’分別見于《璽匯》
0161、0318，文獻或作‘莫敖’（《左傳》桓公十一年）、‘連敖’（《史記·淮陰侯列傳》）……又據隨縣簡‘陵連
🔲’‘冂陵連嚚’、銅量‘羅莫嚚連嚚’，可知‘莫嚚’‘連嚚’應是楚國地方長官。”《長沙銅量銘文補釋》，《江
漢考古》1988年第4期，第97–101頁。李零：“這里的‘莫敖’和下文的‘連敖’都是該地的負責官吏。”《楚
燕客銅量銘文補正》，《江漢考古》1988年第4期，第102–103頁。
③ 宗福邦：《故訓匯纂》，商務印書館，2003年，第392、959頁。
④ 王先謙：《詩三家義集疏》，中華書局，1987年，第915頁。
⑤ 阮元校刻：《十三經注疏》，中華書局，1980年，第447頁。
⑥ 阮元校刻：《十三經注疏》，中華書局，1980年，第1755頁。
⑦ 羅竹風主編：《漢語大詞典》，漢語大詞典出版社，1997年，第416頁。
⑧ 阮元校刻：《十三經注疏》，中華書局，1980年，第2125頁。
⑨ 楊伯峻：“莫敖，楚國官名，即司馬。……十二年傳即作‘莫敖屈瑕’，官名與姓名連言。此時之莫敖蓋
相當大司馬之官，但以後楚又另設大司馬、右司馬、左司馬，莫敖則位降至左司馬之下，于襄十五年傳可以證
之。”《春秋左傳注》，中華書局，2009年，第130–131頁。

建、莫敖屈蕩、莫敖屈生等。或以爲莫敖之官爲屈氏所世襲。①今據例 2 鄖客問量銘文，除楚、徐，"羅"也有莫器。銘文"羅莫嚻臧師"，周世榮指出"羅"當爲地名②，何琳儀考證即《左傳·桓公十二年》"楚師分涉于彭，羅人欲伐之"之"羅"。其地望本在湖北宜城，後遷湖北枝江，再遷湖南。③"臧師"爲人名，名師，臧氏。④此爲地名＋職官＋人名例，此"莫敖"爲羅地之地方職官。

楚國中央政府之"莫敖"爲軍事將領，常領軍作戰，文獻"莫敖"相關記載多與戰爭有關。如《左傳·桓公十二年》："楚伐絞，軍其南門。莫敖屈瑕曰：'絞小而輕，輕則寡謀，請無扞采樵者以誘之。'從。絞人獲三十人。明日，絞人爭出，驅楚役徒于山中。楚人坐其北門，而覆諸山下，大敗之，爲城下之盟而還。"《左傳·桓公十三年》："十三年春，楚屈瑕伐羅，鬬伯比送之。還，謂其御曰：'莫敖必敗。舉趾高，心不固矣。'"⑤《左傳·莊公四年》："令尹鬬祁、莫敖屈重除道梁溠，營軍臨隨。隨人懼，行成。莫敖以王命入盟，隨侯且請爲會于漢汭而還。濟漢而後發喪。"⑥分別記載楚莫敖屈瑕伐絞、羅，莫敖屈重營軍于隨。地方政府之"莫敖"不但負責軍事，還負責器物監造，職能更多。

"連嚻"即文獻之連敖，文獻關于連敖之記載最早出現于漢代。《史記·淮陰侯列傳》："漢王之入蜀，信亡楚歸漢，未得知名，爲連敖。"司馬貞《索隱》引李奇云："楚官名。"引張晏曰："司馬也。"出土古文字關于"連敖"的記載除了銅器銘文還見于戰國簡帛和古璽。關于"連敖"之地位和職守，李家浩考證戰國古璽"連嚻之□三"（《璽匯》0318）爲軍璽，故連嚻爲執掌軍事的官員。⑦曹錦炎認爲連敖爲楚國連一級軍事首領⑧，許慜慧認爲《馬王堆帛書》中連敖與莫敖、司馬、尉一起列，可見"連敖"也是軍事職官，連敖的地位似乎介于莫敖和

---

① 劉信芳："莫敖爲世襲之職官……，除屈氏以外，絕無他氏稱莫敖。"《楚國諸敖瑣議》，《江漢論壇》1987 年第 8 期，第 75–79 頁。蔡靖泉："莫敖演變爲官名後，成爲屈氏世官。春秋之世，大致可以排列出一個莫敖的系表。戰國時期由于史料匱乏，載籍未詳，知爲莫敖僅子華一人。子華既爲莫敖，依例必爲屈氏無疑。"《楚國的"莫敖"之官與"屈氏"之族》，《江漢論壇》1991 年第 2 期，第 70–74 頁。

② 周世榮：《楚邧客銅量銘文試釋》，《江漢考古》1987 年第 2 期，第 87–88 頁。

③ 何琳儀：《長沙銅量銘文補釋》，《江漢考古》1988 年第 4 期，第 97–101 頁。

④ 吳鎮烽：《金文人名匯編》，中華書局，2006 年，第 355 頁。

⑤ 阮元校刻：《十三經注疏》，中華書局，1980 年，第 1756 頁。

⑥ 阮元校刻：《十三經注疏》，中華書局，1980 年，第 1764 頁。

⑦ 李家浩：《楚國官印考釋（四篇）》，《江漢考古》1984 年第 2 期，第 44–49 頁。

⑧ 曹錦炎："'連嚻'之連可能與古代的居民編制有關，據《管子·小匡》載，當時的居民編制是按國、鄙分成兩套制度：國'五家爲軌，軌爲之長；十軌爲里，里有司；四里爲連，連爲之長；十連爲鄉，鄉有良人，以爲軍令。'……'敖'爲軍事首領，若'連'如此推測不誤的話，則'連嚻'當是楚國'連'一級組織的軍事首領。"《古璽通論》，上海書畫出版社，1995 年，第 93 頁。

司馬之間。①按：鄔客問量銘文"連敖"亦與"莫敖"同列，且位列"莫敖"之後，可知《馬王堆帛書》"乙當莫囂，丙當連𫎘，丁當司馬，戊當左右司馬"之排列并非偶然，"連敖"地位的確低于"莫敖"。《馬王堆帛書》"司馬"與"連敖"同見，可見"連敖"爲"司馬"之説不確。據鄔客問量銘文"連敖"亦爲地方職官，其職責不僅負責軍事，還與"莫敖"一同監造器物。

10. 大（太）師

例1—例9：

> 佳（唯）王正月初吉庚午，楚大（太）師夆（鄧）辥（辥）愻＝（慎，慎）袤（㮚—淑）函（㬜—溫）龏（恭），武玗（于）戎工（功），用其吉金，自乍（作）鈴鐘。穌鳴叡（且）敨（皇），用宴用喜，用樂庶（諸）医（侯），及我父跬（兄），既函（㬜—溫）既記（忌），余保膌（辥）楚王。偵＝（偵偵）叚（䵣）遲，萬年[母（毋）]攺（已），子＝（子子）孫＝（孫孫），永寶鼓之（楚太師鄧辥慎鐘，15511—15519，春秋早期）

例10：

> 佳（唯）王正月初吉庚午，楚大（太）師夆（鄧）子辥（辥）愻＝（慎，慎）㮚（淑）函（㬜—溫）龏（恭），武玗（于）戎工（功），用其吉金，自乍（作）鈴鐘。穌鳴叡（且）敨（皇），用安（宴）用喜，用樂庶（諸）医（侯），及我父跬（兄），既函（㬜—溫）既記（忌），余保膌（辥）楚王，偵＝（偵偵）叚屖（遲），萬年母（毋）攺（已），子＝（子子）孫＝（孫孫），永寶鼓之。（楚太師鄧子辥慎鎛，21045，春秋早期）

"大師"一詞未見于甲骨卜辭，出土文獻見于西周中期銅器銘文，直至春秋晚期，戰國銅器銘文中未見"大師"。西周銅器銘文寫作"大師"，春秋時期寫作"大師"或"大帀"，古文字"大"與"太"同，"帀"即師。"大（太）師"爲職官無疑，但究其具體職掌，似有兩種"太師"，職事和地位都不相同：（1）周代三公之一，是輔佐周王的重臣，如《尚書·周官》："今予小子，祗勤于德，夙夜不逮。仰惟前代時若，訓迪厥官。立太師、太傅、太保，兹惟三公。"②《詩

---

① 許慜慧：《古文字資料中的戰國職官研究》，復旦大學博士學位論文，2014年，第148頁。
② 阮元校刻：《十三經注疏》，中華書局，1980年，第234–235頁。

經·節南山之什》"尹氏大師，維周之氏；秉國之均，四方是維"，毛傳："氏，本。"①可見大師地位之高。輔佐周王之太師統領國政，職事較多，其中一項就是主管軍事，領軍征伐。《詩經·常武》："赫赫明明。王命卿士，南仲大祖，大師皇父。整我六師，以脩我戎。"②（2）樂師。《周禮·春官·大師》："大師掌六律六同，以合陰陽之聲。"③

張亞初、劉雨認爲："《詩經》記載中所反映的情況才符合西周的真實情況。西周的大師是武官，是顯職，而不是'歌巧言七章'之類的微末樂官。""《周禮》《左傳》所説的樂官只是符合東周的情況。"④此説前半部分甚確，後半部分有待商榷。西周銅器銘文中"大師"確爲顯職，雖沒有"大師"直接領兵作戰的記載，但常見有"大師小子"，如西周晚期伯薎父鼎銘"大師小子伯薎父作寶鼎"，西周中期師望鼎銘"大師小子師望曰：丕顯皇考宄公"，西周晚期大師小子齊簋銘"大師小子齊作朕皇考寶障簋"。楊樹達認爲，"大師小子"爲"大師"之屬官。⑤"小子"作爲武職西周金文中常見，令鼎銘文"王射，有嗣及師氏、小子卿射"，毛公鼎銘文"命汝嗷嗣公族，與三有嗣、小子、師氏、虎臣"，兩例銘文中"小子"與"師氏""公族""虎臣"并列，顯然是武官，作爲"小子"上級的"大師"理應爲武職。作爲王室重臣的"大師"到了東周時期并未消失，繼續保留在楚國的官制體係中。《左傳·文公元年》："穆王立，以其爲大子之室與潘崇，使爲大師，且掌環列之尹。"杜注："環列之尹，宮衛之官，列兵而環王宮。"⑥楚穆王于文公元年任命潘崇爲大師，掌管國事，爲楚國中央政府之要職。"大師"還掌管護衛王宮的宮衛之官。《左傳·哀公十七年》："楚白公之亂，陳人恃其聚而侵楚。楚既寧，將取陳麥。楚子問帥于大師子穀與葉公諸梁，子穀曰：'右領差車與左史老，皆相令尹、司馬以伐陳，其可使也。'"⑦楚陳交戰，楚子向大師問詢任命主帥一事，可見"大師"除了守衛宮禁，還負有對外抵御外敵入侵之職責。春秋早期楚太師鄧辥慎鐘、楚太師鄧子辥慎鎛銘文"大師"不見于文獻，"慎淑""温龏""武于戎功"金文常見，皆爲贊揚"大師登"之語。"武于戎功"亦見于虢季子白盤、嘉賓鐘、王孫遺者鐘，《廣雅·釋詁》："武，勇也。"⑧

---

① 阮元校刻：《十三經注疏》，中華書局，1980年，第440頁。

② 阮元校刻：《十三經注疏》，中華書局，1980年，第576頁。

③ 阮元校刻：《十三經注疏》，中華書局，1980年，第795頁。

④ 張亞初、劉雨：《西周金文官制研究》，中華書局，2004年，第4頁。

⑤ 楊樹達："余熟思之，竊疑小子之稱蓋謂官屬也。"《積微居金文説》，科學出版社，1952年，第84頁。

⑥ 阮元校刻：《十三經注疏》，中華書局，1980年，第1837頁。

⑦ 阮元校刻：《十三經注疏》，中華書局，1980年，第2179頁。

⑧ 宗福邦：《故訓匯纂》，商務印書館，2003年，第1182頁。

"戎功"一般理解爲兵事。[①]"武于戎功"形容"大師"兵事之勇武，贊揚其武功。

11. 內史

例1：

> 王八年，內史操左之造，[咸]陽二（工）帀（師）斨。（內史操戈，17193，戰國中期）

例2：

> 王八年，內史操□之造，咸陽工帀（師）斨。（內史操戈，21239，戰國中期）

例3：

> 正面銘：王四年，相邦張義（儀），內史操之造□界戟，□[工師]賤、工卯。（相邦張義戟，17263，戰國晚期）

"內史"，學界多以爲是史官[②]。《周禮·春官·宗伯》："內史掌王之八枋之法，以詔王治。一曰爵，二曰禄，三曰廢，四曰置，五曰殺，六曰生，七曰予，八曰奪。執國法及國令之貳，以考政事，以逆會計。掌叙事之法，受納訪，以詔王聽治。凡命諸侯及孤、卿、大夫，則策命之。凡四方之事書，內史讀之。王制禄，則贊爲之。以方出之，賞賜。亦如之。內史掌書王命，遂貳之。"[③]《詩經·小雅·十月之交》"楘子內史，蹶維趣馬"，鄭玄箋："內史，中大夫也，掌爵禄廢置殺生予奪之法。"[④]"內史"爲中央職官，替周王處理爵禄廢置生殺予奪等大事，地位較高。西周銅器銘文"內史"之職守與文獻記載大體相當。劉雨、張亞初總結了26條西周金文與"內史"有關的材料，其中有20條講"內史"被王呼命冊命賞賜官吏[⑤]。除此之外"內史"還兼有其他職能，西周中期五祀衛鼎銘文："乃令參有嗣：嗣土邑人趞、嗣马頪人邦、嗣工附矩、內史友寺芻，帥履裘

---

① 《詩經·大雅·江漢》"肇敏戎公"，毛傳："肇，謀；敏，疾；戎，大；公，事也。"公、功古通，《大戴禮記·禮察》"處此之功"，王聘珍解詁："功，當爲公。""戎公"即"戎功"。王國維對毛傳予以否認，將"戎"解釋爲兵戎之"戎"，"戎公""戎工"皆謂兵事，參見《與友人論〈詩〉〈書〉中成語書二》，《觀堂集林》第一冊，中華書局，1999年，第82頁。李家浩認爲："古書中常以大事指兵事，……舊訓'戎公'之'戎'爲'大'，不見得就是錯誤的"，《攻敔王光劍銘文考釋》，《著名中年語言學家自選集——李家浩卷》，安徽教育出版社，2002年，第58—59頁。

② 劉雨、張亞初、王治國皆將"內史"視爲史官，參見劉雨、張亞初：《西周金文官制研究》，中華書局，2004年，第29頁。王治國：《金文所見西周王朝官制研究》，北京大學博士學位論文，2013年，第139頁。

③ 阮元校刻：《十三經注疏》，中華書局，1980年，第820頁。

④ 阮元校刻：《十三經注疏》，中華書局，1980年，第446頁。

⑤ 劉雨、張亞初：《西周金文官制研究》，中華書局，2004年，第29—30頁。

衛厲田四田。”王輝以爲“内史友”是内史僚屬①，可從。《禮記·曲禮》：“僚友稱其弟也。”鄭玄注：“僚友，官同者。”②“内史”與有司一起參與邦界的勘定。

春秋時期除周王中央政府，部分諸侯國也設立了“内史”。《左傳·僖公十一年》：“天王使召武公、内史過賜晉侯命。受玉惰。”③《國語·周語》：“王使太宰忌父，帥傅氏及祝、史奉犧牲、玉鬯往獻焉。内史過從至虢，虢公亦使祝、史請土焉。”④中央政府“内史”職能沿襲西周，主册命賞賜。《史記·秦本紀》：“繆公退而問内史廖曰：‘孤聞鄰國有聖人，敵國之憂也。今由余賢，寡人之害，將奈之何？’，内史廖曰：‘戎王處辟匿，未聞中國之聲音。君試遺其女樂，以奪其志；爲由余請，以疏其間；留而莫遣，以失其期。戎王怪之，必疑由余。君臣有間，乃可虜也。且戎王好樂，必怠于政。’”秦繆公問政于内史寥，可見秦國“内史”是秦王近身職官，地位不低。春秋銅器銘文有 1 例“内史”，見于叔上匜：“唯十又二月初吉乙巳，鄭大内史叔上作叔妘媵匜。”可知春秋鄭國亦設有“内史”，但記載内容有限，其職守不詳。

戰國秦、趙兩國設“内史”，秦國“内史”較西周、春秋時期權力更大，睡虎地秦簡《内史雜》中關于“内史”職能的記載有 12 簡之多，“内史”權力延伸到中央政府在各地方政府的派出機構及禁苑、府、庫⑤，秦“内史”亦掌握兵權領軍打仗。《史記·秦始皇本紀》：“十七年，内史騰攻韓，得韓王安，盡納其地，以其地爲郡，命曰潁川。”⑥“内史騰”攻韓，抓獲韓王，得韓之國土。這一點秦兵器銘文亦有印證，戰國兵器銘文有 3 例“内史”，例1、例2 爲内史操戈，例3 爲相邦張義戟。後者“内史”作▨、▨，李學勤釋爲“庶長”⑦，王輝、蕭春源改釋爲“内史”。按：此二字殘泐不清，殊難辨別。考戰國秦文字“庶長”之“長”作▨（大良造庶長鞅戈鐓，18548，戰國中期）、▨（《陶匯》5.384），詳審拓片第二字寫法與“長”字不同，下部依稀可見“又”，故從王輝説釋爲“史”。“内史操”是兵器的監造者。“操”爲人名，此人見于《後漢書·西羌傳》：“後四年，義渠國亂，秦惠王遣庶長操將兵定之，義渠遂臣于

① 王輝：《五祀衛鼎》，《商周金文》，文物出版社，2006 年，第 142 頁。

② 阮元校刻：《十三經注疏》，中華書局，1980 年，第 1233 頁。

③ 阮元校刻：《十三經注疏》，中華書局，1980 年，第 1802 頁。

④ 阮元校刻：《十三經注疏》，中華書局，1980 年，第 31 頁。

⑤ 睡虎地秦墓竹簡小組：“縣各告都官在其縣者，寫其官之用律。”“侯司寇及群下毋敢爲官府佐、史及禁苑憲盜。”“毋敢以火入藏府、書府中。”《睡虎地秦墓竹簡·内史雜》，文物出版社，2001 年，第 61—64 頁。

⑥ 司馬遷：《史記》，岳麓書社，2006 年，第 42 頁。

⑦ 李學勤：“‘義’字以下幾個字，因戟面殘泐而筆畫不全。‘庶’字可見上左兩筆，和‘火’的大半；‘長’字僅存輪廓，可參照大良造庶長鞅鐓該字……‘庶長□操’，即文獻中的庶長操。”《秦孝公、惠文王時期銘文研究》，《中國社會科學院研究生院學報》1992 年第 5 期，第 22 頁。

秦。"①相邦張義戟"王四年",發掘報告定爲秦惠文王后元四年,即公元前 321
年②,内史操戈"王八年"爲秦惠文王更元八年（前 317）③,二兵銘年代皆在操
"攻打義渠"之後,或因操軍功卓著,故升任"内史"。因軍功任"内史"在文獻
中亦有先例,《史記·蒙恬列傳》:"始皇二十六年,蒙恬因家世得爲秦將,攻
齊,大破之,拜爲内史。"④蒙恬爲武將,以軍功見封"内史",可見秦之"内
史"實與軍事有關。

12. 相邦

例 1:

> 隹（唯）十三（四）年,卉（中）山王響命相邦賈斁（擇）郾（燕）
> 吉金,釛（鑄）爲彝壺,⋯⋯賈悉（愿）从杜（士）大夫,吕（以）請
> （靖）郾（燕）疆,氏（是）吕（以）身蒙斈（甲）胄,吕（以）戕
> （誅）不忢（順）。（中山王響壺,12455,戰國中期）

例 2:

> 正面:元年相邦疾之造,西工師誠,工戌疵。背面:朙（明）。（相
> 邦疾戈,17242,戰國晚期）

例 3:

> 六年相邦疾之造,西工師□、丞寬、工賈。西,西。（董珊《戰國
> 題銘與工官制度》211 頁）

例 4:

> 王二年,相邦義之造,西工封。（相邦義戈,21225,戰國中期）

例 5:

> 十三年,相邦義（儀）之造,咸陽工市（師）田,工大人耆,工
> 積。（相邦義戈,17262,戰國中期）

例 6:

> 王四年,相邦張義（儀）,内史操之造□界戟,□[工師]賤、工卯。
> （相邦張義戟,17263,戰國晚期）

---

① 範曄:《後漢書》,中華書局,1965 年,第 2874 頁。

② 廣州市文物管理委員會、中國社會科學院考古研究所、廣東省博物館:《西漢南越王墓》,文物出版社,
1991 年。

③ 王輝、蕭春源:《珍秦齋藏王八年内史操戈考》,《故宫博物院院刊》2005 年第 3 期,第 49—55 頁。

④ 司馬遷:《史記》,岳麓書社,2006 年,第 521 頁。

　　"相邦"見于戰國銅器銘文，或以爲即丞相、相國①，或以爲與丞相爲兩種不同官職②。按：後者可從。《考古與文物》2011年第2期著録的相邦薛君漆豆銘文"八年相邦薛君造，雍工師效，工大人申""八年丞相殳造，雍工師效，工大人申""大（太）官，同"，據王輝、尹夏清、王宏等考證，"薛君"即孟嘗君，"殳"爲《戰國策·東周》之金投③，二人分任"相邦"和"丞相"，可證戰國相邦與丞相分爲二職。戰國中山、秦、趙國都設有"相邦"，其中中山、秦國之"相邦"與軍事有關。例1之"相邦賈"爲戰國中期中山國相邦，姓司馬名賈，學者多以爲即文獻之司馬喜。④中山王𗊸壺銘文相邦賈"從士大夫，以靖燕疆，是以身蒙𨏏𩊚，以誅不順"，《廣韵》"𨏏，尼輒切，入葉娘，盍部""甲，古狎切，入狎見，盍部"⑤，"𨏏""甲"按例可通，"𨏏𩊚"讀爲"甲冑"。《尚書·説命》"惟甲冑起戎"，孔安國傳："甲，鎧。"⑥燕噲王讓位子之，導致國家内亂，相邦賈乘機率軍攻打燕國占領其國土。例2、例3之"相邦疾"，據施謝捷、董珊考證爲秦惠文王時之樗里疾⑦，銘文之"元年""六年"指秦昭襄王元年和秦昭襄王六年。據銘文樗里疾此時已任相邦，《史記·樗里子甘茂列傳》記載："昭王元年，樗里子將伐蒲。蒲守恐，請胡衍。"⑧例4—例6之"相邦義（儀）"即文獻之張儀，梳理文獻記載，張儀相秦的時間表如下：秦惠文王十年（前328）張儀始相秦（《史記·張儀列傳》：秦惠王十年"惠王乃以張儀爲相"⑨），更元後三年（前322）張儀以秦相魏（《戰國策·魏策》："張儀以秦相魏，齊楚怒而欲攻

---

　　① 王國維："考六國執政者，均稱相邦。秦有相邦吕不章，魏有相邦建信侯，今觀此印，知匈奴亦然矣。史家作相國者，蓋避漢高帝諱改。"《觀堂集林·匈奴相邦印跋》，中華書局，1999年，第82頁。張政烺："相國别稱，戰國趙、魏、中山、秦等國置。""相國，春秋戰國對宰輔大臣的尊稱。後逐漸成爲官名，亦作相邦，爲最高國務長官，職掌與丞相略同。"《中國古代職官大辭典》，河南人民出版社，1990年，第728-729頁。尚志儒："以丞相、相邦爲一官，較合乎情理。"《秦相的設置及相關問題》，《文博》1997年第2期，第27-32頁。

　　② 聶新民、劉雲輝："相邦和丞相是不同地位的兩種官職，前者尊于後者""相邦和丞相的官職定員和權利大小不同""相邦和丞相的職責有區别"。《秦置相邦丞相考异》，《人文雜志》1984年第2期，第95-96頁。王輝："丞相在設置之初，是用來輔佐相邦的，且丞相分爲左、右，如果相邦空缺的時候，右丞相可以升任相邦一職。"參見《秦銅器銘文編年集釋》，三秦出版社，1990年，第40頁。

　　③ 王輝、尹夏清、王宏：《八年相邦薛君、丞相殳漆豆考》，《考古與文物》2011年第2期，第63-66頁。

　　④ 李學勤、李零："銘文的中山相邦賙，很可能即文獻裏的司馬喜，其活動時代和身份都相同。……喜與賙可能是一名一字，喜讀爲厘，《詩·江漢》傳：'賜也。'《既醉》傳：'予也。'賙，《玉篇》：'給也，贍也。'《詩·鴻雁》疏：'謂予之財'，厘、賙兩字在意義上也正是可以轉相爲訓的同義字。"《平山三器與中山國史的若干問題》，《考古學報》1979年第2期，第169頁。

　　⑤ 宗福邦：《故訓匯纂》，商務印書館，2003年，第495、1481頁。

　　⑥ 阮元校刻：《十三經注疏》，中華書局，1980年，第175頁。

　　⑦ 施謝捷：《秦兵器刻銘零釋》，《安徽大學學報（哲學社會科學版）》2008年第4期，第8-13頁。董珊：《戰國題銘與工官制度》，北京大學博士學位論文，2002年，第211頁。

　　⑧ 司馬遷：《史記》，岳麓書社，1988年，第463頁。

　　⑨ 司馬遷：《史記》，岳麓書社，1988年，第427頁。

魏。"①），更元八年復爲秦相（《史記·秦本紀》：秦惠王更元八年"張儀復相②"），秦武王元年（前 310）張儀出走魏國。秦惠文王前元二年，張儀尚未相秦，故例 4、例 6 之"王二年""王四年"當爲更元二年、更元四年。例 5 之"十三年"有前元十三年和更元十三年兩種可能，董珊引陳平觀點認爲惠文王更元兵器的紀年前面有加"王"字的制度，故"十三年"屬于未改元時期，當屬于惠文王前元十三年。③《史記·秦本紀》記載秦惠文王前元十三年四月戊午，"魏君爲王，韓亦爲王。使張儀伐取陝，出其人與魏"。④此時張儀已是秦之相邦。以上是秦國之相邦與軍事相關例。

第二節　擔負後勤任務的職官

一、乘馬大夫、車大夫、辟大夫

例 1：

十三年正月，餘左乘馬大夫子駿戢。（左乘馬大夫子駿戈，17207，戰國時期）

例 2—例 3：

車大夫長（張）畫。（長畫戟，16742—16743，戰國晚期）

例 4：

填丘牙（與）壤綌，辟（壁）大夫信節⑤。（辟大夫虎節，戰國時期）

例 1 "乘馬"一詞傳世文獻常見，《詩經·大雅·崧高》："王遣申伯，路車乘馬。"毛傳"乘馬，四馬也"⑥，後引申出訓馬，教馬之義。《左傳·哀公三年》"校人乘馬，巾車脂轄"，杜預注："乘馬，使四匹相從，爲駕之易。"⑦ "乘馬"作爲職官見于《左傳·成公十八年》："二月乙酉朔，晉侯悼公即位于朝。始命百官，……卿無共御，立軍尉以攝之。祁奚爲中軍尉，羊舌職佐之，魏絳爲司馬，

---

① 諸祖耿：《戰國策集注匯考》，江蘇古籍出版社，1985 年，第 1184 頁。

② 司馬遷：《史記》，岳麓書社，1988 年，第 38 頁。

③ 董珊：《戰國題銘與工官制度》，北京大學博士學位論文，2002 年，第 210 頁。

④ 司馬遷：《史記》，岳麓書社，1988 年，第 37 頁。

⑤ 釋文從李家浩説，見李家浩：《貴將軍虎節與辟大夫虎節——戰國符節銘文研究之一》，《中國歷史博物館館刊》1993 年第 2 期，第 50-55 頁。

⑥ 阮元校刻：《十三經注疏》，中華書局，1980 年，第 567 頁。

⑦ 阮元校刻：《十三經注疏》，中華書局，1980 年，第 2157 頁。

張老爲候奄。鐸遏寇爲上軍尉，籍偃爲之司馬，使訓卒乘親以聽命。程鄭爲乘馬御，六騶屬焉，使訓群騶知禮。"杜預注"乘馬御，乘車之僕"，孔穎達正義："《周禮》：趣馬，下士，掌駕説之頒。是騶爲主駕之官，駕車以共御者。程鄭爲乘馬御，御之貴者，故令掌駕之官亦屬之。"[1]由此可知，春秋時晉國之乘馬御爲武官職名，是上軍尉之屬官，乘馬御之屬官爲六騶，主管訓練戰車和馬匹。銘文"乘馬大夫"職守應與乘馬御相當，黃盛璋認爲："乘馬大夫從下文僅有一名，只能爲一個官稱。應是乘馬的最高官長，此時已不用車戰，故負責鑄造兵器，可以理解。……乘馬大夫爲乘馬之長。"[2]

例2、例3，兩周多車戰，《周禮·春官》有"車僕"，曰："車僕，掌戎路之萃，廣車之萃，闕車之萃，蘋車之萃，輕車之萃。"鄭玄注："萃，猶副也。此五者皆兵車，所謂五戎也。"[3]《史記·傅靳蒯成列傳》有"車司馬"，曰："別西擊章平軍于隴西，破之，定隴西六縣，所將卒斬車司馬、候各四人，騎長十二人。"[4]皆爲軍事職官。此2例"車大夫"，孫敬明、黃盛璋、張正寧皆以爲與兵車有關[5]，甚確。春秋戰國時期戰車是作戰的主要裝備，每乘戰車都配備有相當數量的士兵和兵器，"車大夫"爲主管制造戰車及所配備之兵器的職官。

例4辟大夫虎節與前文所述的偏將軍虎節形態、大小相同，銘文除"偏將軍"和"辟大夫"之外其餘皆相同，李家浩認爲是同一個國家、同一個時期所鑄造，并引《左傳·成公二年》："齊侯以爲有禮，既而問之，辟司徒之妻也。予之石窌。"杜預注："辟司徒，主壘壁者。"證明"辟大夫"之"辟"亦讀爲"壁"，其職能是分管壘壁。[6]按：此觀點甚確，《左傳·昭公十三年》"陳蔡欲爲名"，杜預注："欲注壘壁亦示後人。……壁本亦作辟。"[7]《戰國策·燕策三》"使左右司馬各營壁地"，鮑彪注："壁，軍壘。"[8]此銘之"辟大夫"應爲主管"壞絣"一地軍事營壘等防御工事修築工作的職官。

---

① 阮元校刻：《十三經注疏》，中華書局，1980年，第1923-1924頁。

② 黃盛璋：《燕、齊兵器研究》，《古文字研究》第十九輯，中華書局，1992年，第15頁。

③ 阮元校刻：《十三經注疏》，中華書局，1980年，第825頁。

④ 司馬遷：《史記》，岳麓書社，1988年，第568頁。

⑤ 孫敬明："'大夫'爲官名，此戈銘稱'車大夫'，當與古代戰車有關"，《車大夫長畫戈考》，《文物》1987年第1期，第43-44頁。黃盛璋："造車爲齊官制，主造車器，也造兵車上所用的兵器。齊城戟既由造車造，則造車主管者有可能爲車大夫一類的職官"，《跋"車大夫畫戟"兼談相關問題》，《文物》1987年第1期，第45-47頁。張正寧："'車大夫'與'車司馬'都是戰國時主管制造兵器的官制，而'車大夫'在'車司馬'之上"，《四川西昌發現戰國"車大夫長畫"銘文戈》，《考古與文物》1993年第5期。

⑥ 李家浩：《貴將軍虎節與辟大夫虎節——戰國符節銘文研究之一》，《中國歷史博物館館刊》1993年第2期，第50-55頁。

⑦ 阮元校刻：《十三經注疏》，中華書局，1980年，第2069頁。

⑧ 諸祖耿：《戰國策集注匯考》，江蘇古籍出版社，1985年，第1636頁。

二、走馬、右走馬

例 1：

> 　　陣父之徒（走）馬吳買乍（作）鐸（？）鼎（鼎）用。（吳買鼎，01949，春秋早期）

例 2：

> 　　徒（走）馬徭（薛）中（仲）赤自乍（作）㣎（其）臣（簋），子＝（子子）孫＝（孫孫）永寶用言（享）。（走馬薛仲赤簋，05871，春秋早期）

例 3：

> 　　右徒（走）馬鄲（嘉）自乍（作）行壺。（右走馬嘉壺，12224，春秋早期）

出土文獻"走馬"一詞最早見于甲骨文，寫作、（《殷墟文字甲編》2810），西周青銅器銘文"走馬"之"走"有幾種不同的异構寫法：或從夭從彳，如、（走馬爵，08431，西周早期）；或從夭從止，如、（走馬休盤，14534，西周中期）；或從夭從止從彳，如、（食生走馬谷簋，05063，西周晚期）。東周青銅器銘文"走馬"之"走"皆從夭從止從彳，如、（走馬薛仲赤簋，05871，春秋早期）。卜辭"馬"常常與戰爭有關，這一點于省吾、劉釗、王宇信、黃聖松等學者已有論述。[1]"庚申貞，其令亞走馬"，此條卜辭"走馬"與"亞"并列，爲接受"令"的對象，卜辭"亞"多爲軍事職官[2]，陳夢家以爲此處"走馬"與"亞"皆是武官名[3]。"走馬"作爲軍事職官亦見于西周銅器銘文，西周晚期大鼎："隹（唯）十又五年三月既霸丁亥，王才（在）韹㢉宮。

---

[1] 于省吾："總之，殷墟發現既有騎射的遺迹，……卜辭里又有'先馬'和'馬射'的例子，那末，可以肯定的說，殷代的單騎和騎射已經盛行了"，《殷代的交通工具和郵傳制度》，《東北人民大學社會科學學報》1955年第 2 期，第 78–114 頁。劉釗："卜辭中的'馬'除用作祭祀和駕車外，有的還用于騎射，在卜辭中是指騎兵而言，卜辭指騎兵之'馬'，經常從事戰爭"，《卜辭所見殷代的軍事活動》，《古文字研究》第十六輯，中華書局，1989 年，第 81 頁。王宇信："有的馬與軍事活動有關，爲商王朝征伐方國軍隊中的特殊兵種，即馬隊"，《甲骨文"馬"射"的再考察——兼駁馬、射與戰車相配置說》，宋鎮豪、段志洪編：《甲骨文獻集成》第二十七冊，四川大學出版社，2000 年，第 244 頁。黃聖松："殷商時的'馬''射'是經過專業訓練的兵種"，《殷商軍事組織研究》，臺灣中山大學中國文學系博士學位論文，2006 年，第 238 頁。

[2] 陳夢家："'亞'爲商代'百官'中的'武官'"，《殷虛卜辭綜述》，中華書局，1988 年，第 508 頁。曹定雲："亞有多種含義與用法，但其中重要的一種含義是：'亞'是一種武職官名，擔任這職官的通常是諸侯"，《"亞丙""亞啓"考》，胡厚宣主編：《甲骨文與殷商史》第一輯，上海古籍出版社，1983 年，第 191 頁。黃聖松："卜辭中的'亞'是一種與軍事相關的職官"，《殷商軍事組織研究》，臺灣中山大學中國文學系博士學位論文，2006 年，第 244 頁。

[3] 陳夢家：《殷虛卜辭綜述》，中華書局，1988 年，第 508–510 頁。

大层（以）乎（厥）友守，王卿（饗）醴。王乎（呼）譱（膳）大（夫）孟（駹）召大层（以）乎（厥）友入扐（捍）。王召伇（走）馬雁（應）令取絲䳓（犅）卅二匹易（錫）大”。銘文“大”為人名；“友”，《說文·又部》：“同志為友。從二又相交，友也。”①此處指同僚；“䳓”，孫詒讓認為此字“從馬從罔，當與‘犅’聲義略同”，“以其方俱馬，故易牛而以馬注其旁矣”②，《玉篇·牛部》：“犅，特牛赤色也。”③“䳓”或指赤色之馬。“大以厥友守”“大以厥友入捍”說明大與其同僚擔任護衛周王的任務，因此周王召“走馬應”令他取馬三十二匹賞賜給大，可見“走馬”確為武職。西周銅器銘文中還有左右走馬、五邑走馬（元年師兌簋、虎簋蓋），或以為是“走馬”之屬官。④學界一般以為“走馬”即傳世文獻之“趣馬”⑤，《詩經·大雅·雲漢》：“趣馬師氏，膳夫左右。靡人不周，無不能止。”⑥《尚書·立政》：“虎賁、綴衣、趣馬、小尹、左右攜僕、百司庶府。”⑦《周禮》：“趣馬”隸屬夏官司馬，“趣馬掌贊正良馬，而齊其飲食，簡其六節，掌駕說之頒，辨四時之居治，以聽馭夫”。⑧《詩經》“趣馬”與“師氏”并列，地位較高，而《尚書》《周禮》之“趣馬”與“綴衣”“小尹”為伍，或職事瑣碎、地位不高。西周銅器銘文“走馬”之地位也有高有低。元年師兌簋、三年師兌簋、虎簋、走馬休盤之“走馬”“左右走馬”“五邑走馬”為天子近臣，從銘文周王賞賜之豐推測地位較高，其中又以“走馬”地位最高。食生走馬谷簋、走馬爵之“走馬”能作簋作爵，地位也不會低。載簋蓋之“楚走馬”與“織衣、赤ⓕ韍、鑾旂”等一并作為周王對載之賞賜，地位應該較低。

東周銅器銘文中有 3 例走馬，皆見于春秋早期器物。其中例 2 為 1973 年 12 月山東藤縣官橋公社狄莊大隊于薛城遺址東城墻內取土時發現。《左傳·隱公十一年》“春，滕侯、薛侯來朝，爭長”，杜預注“薛，魯國薛縣”，孔穎達正義曰：

---

① 許慎：《說文解字》，岳麓書社，2006 年，第 65 頁。

② 孫詒讓：《名原》（下），齊魯書社，1986 年，第 14 頁。

③ 宗福邦：《故訓匯纂》，商務印書館，2003 年，第 1408 頁。

④ 孫剛：“通過考察‘元年師兌簋’和‘三年師兌簋’的銘文，前者命‘師兌’司‘左右走馬、五邑走馬’，在三年師兌簋銘文中再次對其進行了任命，命他司‘走馬’。可見‘走馬’的官職要高于‘左右走馬’和‘五邑走馬’，後兩者很可能是前者的屬官”，《東周齊系題銘研究》，上海古籍出版社，2019 年，第 302 頁。

⑤ 張政烺：“殷商武官……西周主管馬政的官員。同‘趣馬’”，《中國古代職官大辭典》，河南人民出版社，1990 年，第 528 頁。劉雨、張亞初：“走馬即文獻上的趣馬。《周禮·夏官·司馬》序官云：‘趣馬下士。’鄭注：‘趣養馬者也。’”《西周金文官制研究》，中華書局，2004 年，第 20 頁。左言東：“走馬是王的近侍武衛（商代簡稱‘馬’）……《詩·小雅·十月之交》：‘蹶維趣馬’，朱熹注：‘趣馬，掌王馬之政也。’《周禮·夏官·趣馬》鄭玄注：‘趣馬，趣養馬者也。’金文中趣馬寫作走馬，如走馬休、走馬雁”，《西周官制概述》，《人文雜志》1981 年第 3 期，第 99－106 頁。

⑥ 阮元校刻：《十三經注疏》，中華書局，1980 年，第 567 頁。

⑦ 阮元校刻：《十三經注疏》，中華書局，1980 年，第 231 頁。

⑧ 阮元校刻：《十三經注疏》，中華書局，1980 年，第 861 頁。

"《譜》云：'薛，任姓，黃帝之苗裔奚仲封爲薛侯，今魯國薛縣是也……'，《地理志》云：'魯國薛縣，夏車正奚仲所國，後遷于邳，湯相仲虺居之。'"① 《儀禮·士冠禮》："伯某甫仲叔季，惟其所當。"鄭玄注"伯仲叔季，長幼之稱"②，文獻以國名+仲作爲稱呼十分常見，如《左傳·桓公三年》之"齊仲年"、《史記·吳太伯列傳》之"吳仲雍"，皆爲國之公族。此銘文之"薛仲赤"亦爲薛國之公族，擔任"走馬"之職。例 3 右走馬嘉壺，"嘉"爲擔任"右走馬"的人名。春秋中晚期至戰國銅器銘文中未見"走馬"，到了秦漢時期"走馬"爲爵位，《岳麓書院藏秦簡》："夫、不更、走馬、上造、公士，共除米一石，今以爵衰分之，各得幾何？……走馬二鬥，上造一鬥十五分，公士大鬥半。各置爵數而并以爲法，以所分鬥數各乘其爵數爲實。""走馬"爲處于"不更"和"上造"之間的一級爵位。③

第三節　擔負衛戍任務的職官

一、僕

例 1：

> 平堅（阿）右僕造戈。（平阿右僕戈，21191，戰國中期）

例 2：

> 僕膚之造戟。（僕膚戟，16747，戰國晚期）

"僕"，甲骨文作𦥛，從人、從其、從辛，會奴隸雙手持箕灑掃之形。商代和西周早期金文延續甲骨文寫法，後"其"訛變爲"甾"，如𦥑（令鼎，02451，西周早期），或省略雙手作𦥑（旂鼎，02258，西周早期），西周中期或省略"甾"作𦥑（䵼鼎，02405，西周中期），西周晚期"辛"部訛變爲"辛"，寫作𦥑（晉侯蘇鐘，15298，西周晚期）。東周銅器銘文保持西周晚期寫法作𦥑（公孳里雕戈，17359，戰國晚期）、𦥑（上攻距末，18593，戰國），楚系文字有從"臣"的異構字，如𦥑（𦥑鐘，15354，春秋晚期）。《說文》："給事者，從人，從業，業亦聲。𦥑，古文從臣。"《說文》古文與楚文字同。

---

① 阮元校刻：《十三經注疏》，中華書局，1980 年，第 1735 頁。

② 阮元校刻：《十三經注疏》，中華書局，1980 年，第 957 頁。

③ 王勇：《"走馬"爲秦爵小考》，《湖南大學學報（社會科學版）》2010 年第 4 期，第 15–16 頁。陳松長、賀小朦：《秦漢簡牘所見"走馬""簪褭"關係考論》，《中國史研究》2015 年第 4 期，第 57–66 頁。

"僕"作軍事職官，最早見于西周令鼎，銘文曰："王大耤農于諆田，觴，王射，有司暨師氏、小子卿射，王歸自諆田，王馭遄仲僕，令暨奮先馬走"。馬承源認爲"耤農"即"藉田"①，《呂氏春秋》："是故天子親帥諸侯耕地藉田，大夫士皆有功業。"王于諆田行"大藉田"之禮，返回時王馭遄仲擔任王之僕。《禮記‧少儀》"僕者右帶劍"，孔穎達疏："僕，即御者也。"②可知"僕"爲王的近身侍衛，職責是爲王御車并保衛王的安全。西周時期"僕"常隨王出征，據西周中期師旂鼎銘文"師旂衆僕不從王征于方霝"，師旂所屬的僕不隨王出征，伯懋父用軍法對這些僕進行了處罰。

僕膚戟之"僕"疑爲官職名，"膚"爲人名，"膚"作人名亦見于九年衛鼎和史密簋。"僕膚之造戟"與車大夫長畫戟同爲官職+人名例。

例 2"平阿"爲齊國地名，齊兵器銘文常見，是武器的製造地。"右"，吳振武認爲是"右庫"之省③，"僕"是戈的製造者。

二、行儀、左行儀率（帥）

例1：

> 郾（燕）王嘼忎（作）行義（儀）自牢司馬鈛。（郾王嘼戈，17023，戰國晚期）

例2—例4：

> 郾（燕）王嘼忎（作）行儀鋄（戟），右攻（工）𣇃（尹）青，丌（其）攻（工）竪。（郾王嘼戈，17020—17022，戰國晚期）

例5：

> 郾（燕）王嘼忎（作）行儀鋄（戟），右攻（工）𣇃（尹）青，丌（其）攻（工）竪。（郾王嘼戈，31509，戰國晚期）

例6：

> 郾（燕）王嘼造行儀鋄（戟）。（郾王嘼戈，31465，戰國晚期）

例7：

> 郾（燕）王嘼造行議牢鈛。（郾王嘼戈，31482，戰國晚期）

---

① 馬承源：《商周青銅器銘文選》，文物出版社，1990年，第70頁。

② 阮元校刻：《十三經注疏》，中華書局，1980年，第1512頁。

③ 吳振武："跟三晉兵器一樣，齊兵中的'左庫''右庫'也可以省稱爲'左''右'"，《趙敓銘文"伐器"解》，臺灣中山大學中國文學系，中國訓詁學會《訓詁論叢》（第三輯），文史哲出版社，1997年，第799頁。

例 8：

> 正面：十年郾（燕）王詈造行儀鎩（戟）。背面：右御攻（工）君（尹）臣丌（其）、攻（工）中。（郾王詈戈，31528，戰國晚期）

例 9：

> 行議（儀）鎩（戟）。（行議鎩矛，17599，戰國晚期）

例 10：

> 左行議衛（率）戈。（左行議戈，31402，春秋早期）

例 11：

> 左行議衛（率）戈。（左行議率戈，16787，戰國晚期）

"行儀"見于東周銅器銘文，或寫作"行義""行議"。"義""議""儀"三字古通，《周禮・春官・小宗伯》"肄儀爲位"，鄭玄注："故書儀爲義。"① 《經義述聞・左傳下・議事以制》："晏子春秋外篇：博學不可以儀世。墨子非儒篇儀作議。"② "行儀"，李學勤、鄭紹宗認爲可能是"一種儀仗隊伍的名稱"③，何琳儀認爲是燕王的侍衛④。按：古代王或國君出行，必有護衛隨從隨行，是爲儀仗。依燕兵銘常用之格式"行儀"應爲官職，是燕王出行儀仗中擔任護衛任務的武官，故燕王以兵器授之。例 10、例 11"左行議率"讀爲"左行儀帥"，先秦軍隊分左、右軍，軍事職官亦分左右，如左、右司馬，左、右走馬，此左行儀亦同。率、帥古通，《大戴禮記・千乘》："出可以爲率。"王聘珍解詁："率，讀曰帥。"⑤ 《國語・齊語》："五鄉之帥帥之。"韋昭注："帥，長也。"⑥ "左行儀帥"即左行儀之首領。

三、御士

例 1：

> 吳王御士尹氏叔緐乍（作）旅匿（筐）。（尹氏叔緐簠，05825，春秋早期）

"御士"，銅器銘文僅此一見。銘文之"尹氏叔緐"爲姓名，此人擔任吳王的

---

① 阮元校刻：《十三經注疏》，中華書局，1980 年，第 768 頁。

② 王引之：《經義述聞》，江蘇古籍出版社，1985 年，第 452 頁。

③ 李學勤、鄭紹宗：《論河北近年出土的戰國有銘青銅器》，《古文字研究》第七輯，中華書局，1982 年，第 127 頁。

④ 何琳儀：《戰國文字通論訂補》，江蘇教育出版社，2003 年，第 104 頁。

⑤ 王聘珍：《大戴禮記解詁》，中華書局，1983 年，第 159 頁。

⑥ 徐元誥：《國語集解》，中華書局，2002 年，第 224 頁。

御士。《左傳·僖公二十四年》："遂奉大叔，以狄師攻王。王御士將御之。"杜預注："《周禮》：'王之御士十二人'。"孔穎達疏："《周禮》無御士之官，唯夏官大僕之屬有御僕，下士，十有二人，掌王之燕令。鄭玄云：'燕居時之令以親近王，故欲爲王御寇。'"①知"御士"即《周禮》之御僕，爲王之近身侍衛，負責保衛王的人身安全。

四、宮司馬

例 1：

> 宮司馬長戈。(董珊《戰國題銘與工官制度》第 92 頁例 60②)

此戈爲燕器，董珊認爲燕兵所見的"宮司馬長"與《周禮·春官》之宮正相當，主管警蹕宮中。③按：《周禮·天官》曰："宮正：掌王宮之戒令、糾禁。以時比宮中之官府、次舍之衆寡，爲之版以待。夕擊柝而比之。國有故，則令宿，其比亦如之。辨外內而時禁，稽其功緒，糾其德行，幾其出入，均其稍食。去其淫怠與其奇邪之民。會其什伍而教之道藝。月終則會其稍食，歲終則會其行事。凡邦之大事，令于王宮之官府、次舍，無去守而聽政令。春秋以木鐸修火禁。凡邦之事，蹕，宮中廟中則執燭。大喪，則授廬舍，辨其親疏貴賤之居。"④可知"宮司馬"主管王宮之禁衛，爲武官。

五、虎賁

例 1：

> 二年，冢子攻（工）正、明我、左帀=（工帀—師）鄦許、昌（馬）重（童）丹所爲，虎奔（賁）。(冢子戈，17312，戰國晚期)

此戈爲趙器，戈胡部鑄有 [圖] 二字。董珊釋爲"(?) 奔"，并根據《史記·趙世家》記載："惠文王二年，主父行新地，遂出代，西遇樓煩王於西河而致其兵。"認爲可能讀爲"樓煩"，跟這一年主父收編樓煩王的軍隊有關。但對于"奔"前一字，他認爲不能肯定應該如何隸釋，暫且存疑。⑤張新俊認爲此字應該就是"虎"字，"虎奔"讀作"虎賁"，是王的警衛人員⑥。按："奔"前一字寫法

---

① 阮元校刻：《十三經注疏》，中華書局，1980 年，第 1818 頁。
② 董珊：《戰國題銘與工官制度》，北京大學博士學位論文，2002 年，第 92 頁。
③ 董珊：《戰國題銘與工官制度》，北京大學博士學位論文，2002 年，第 101 頁。
④ 阮元校刻：《十三經注疏》，中華書局，1980 年，第 657-658 頁。
⑤ 董珊：《戰國題銘與工官制度》，北京大學博士學位論文，2002 年，第 40 頁。
⑥ 張新俊：《二年主父戈補釋》，《平頂山學院學報》2005 年第 1 期，第 44-45 頁。

較金文"虎"常見寫法更爲簡單，《古文字譜系疏證》一書認爲：戰國虎頭變异甚巨，其中晉系作￥、￥①。趙國貨幣文字有一例"虎"寫作￥（貨系984），與戈銘文字寫法相似，戈銘文字確應釋爲"虎"，"虎奔"讀作"虎賁"。檢索《銘圖》《銘圖續》《銘圖三》，"虎奔"僅此 1 例，西周金文有"虎臣"，西周彧鼎銘文："王用肇吏（使）乃子彧，遂（率）虎臣御（禦）濰（淮）戎。"《尚書·顧命》"虎臣、百尹、御事"，孔安國傳"虎臣，虎賁氏"，《尚書·立政》"王左右常伯、常任、准人、綴衣、虎賁"，孔安國傳"虎賁，以武力事王"，孔穎達疏"虎賁，言若虎賁獸，是以武力事王者"，可知"虎賁"即"虎臣"，由勇猛之士擔任，是王的近衛。

結　語

36 例軍事職官名詞按職掌可分爲作戰、後勤、衛戍三大類別：擔任作戰任務的職官25 例，其中又以司馬類職官和將軍類職官爲多見。東周銅器銘文用"嗣""𤔲""司"三种字形记录"司馬"之"司"，春秋時期寫作"嗣马""𤔲馬""司馬"，戰國時期多寫作"司馬"。"司馬"之職守，《周禮·夏官》曰："惟王建國，辨方正位，體國經野，設官分職，以爲民極。乃立夏官司馬，使帥其屬而掌邦政，以佐王平邦國"②；《周禮·夏官·大司馬》："以九伐之灋正邦國，憑弱犯寡則眚之，賊賢害民則伐之，暴内陵外則壇之。野荒民散則削之，負固不服則侵之，賊殺其親則正，放弒其君則殘之，犯令陵政則杜之。外内亂，鳥獸行，則滅之"③；《尚書·周官》："司馬掌邦正，統六師，平邦國。"孔安國傳："夏官卿，主戎馬之事，掌國征伐，統正六軍，平治王邦四方國之亂者。"④皆言司馬掌國事。盠方尊銘文曰："叁有司：嗣土、嗣馬、嗣工。""司馬"爲三有司之一。一般認爲周代之"司馬"是中央官制中比較高級的官員，掌軍權。⑤周銅器銘文

① 黄德寬：《古文字譜系疏證》，商務印書館，2007 年，第 1265 頁。

② 阮元校刻：《十三經注疏》，中華書局，1980 年，第 830 頁。

③ 阮元校刻：《十三經注疏》，中華書局，1980 年，第 835 頁。

④ 阮元校刻：《十三經注疏》，中華書局，1980 年，第 235 頁。

⑤ 劉雨、張亞初："司馬是職掌軍事的職官……司馬亦稱司武，《左傳》襄公六年傳：'司武，而梏于朝，難以勝矣。'杜注：'司武，司馬也。'《荀子·王制》：'司馬知師旅甲兵乘白之數。'司馬又稱祈父，《詩經·祈父》：'祈父，予王之爪士。'（按瓜爲爪之訛，爪士即爪牙之士、衛士。）毛傳：'祈父，司馬也，主封圻之甲兵。'這些文獻記載都充分説明司馬是主武事之官"，《西周金文官制研究》，中華書局，1986 年，第 12 頁。張政烺："司馬是掌管軍政、軍賦、馬政的高級官員。相傳殷朝已置。西周爲三公之一。《周禮》列爲六卿之一，掌夏官。春秋戰國亦置，位列卿。"《中國古代職官大辭典》，河南人民出版社，1990 年，第 385 頁。

所見之"司馬"亦爲軍事職官,東周時期的司馬職務有高低之分,中央政府的"大司馬"爲高級職官,掌管國家軍事事務,邾國、滕國、趙國、曾國、蔡國、楚國、郳國皆有中央司馬,不僅指揮作戰,而且監管武器裝備的制造。除中央司馬,戰國時期諸侯國還有地方司馬,掌管地方軍事事務,如燕國的都司馬。此外還有分管具體事務的"司馬",如御司馬。將軍類職官名詞有將軍、大將、上將軍、偏將軍,東周銅器銘文用"牆""燮"兩種字形記録"將軍"之"將"。除此之外,還有18例擔任作戰任務的職官、5例擔任後勤任務的職官、6例擔任衛戍任務的職官,其職守各不相同。

東周時期不同諸侯國軍事職官的設置有共性,例如司馬。也有地域差異,如令尹、莫囂、連囂只見于楚國和徐國銘文;行儀多見于燕國銘文;虎賁只見于趙國銘文;大良造、大良造庶長只見于秦國銘文,戰國秦、趙兩國皆設"内史",但只有秦國"内史"擔任作戰任務。

第三章　銘文中的軍事物資類名詞研究

軍事物資是軍隊或軍事行動中使用的各類物資。東周銅器銘文中出現的軍事物資類名詞共 68 例，按照功能分爲兵器、鼓樂器、其他三類。其中兵器類名詞有車戈、散（散）戈、徒戈、行戈、御戈、族戈、寢戈、秉戈、載戈、允（銃）戈、戕（拱）戈、誅（殺）戈、輊（萃）戈、行議衛（帥）戈、萃鋸、廟（廳）萃鋸、雲萃鋸、牧（御）鋸、巨牧（御）鋸、雲牧（御）鋸、牧（御）萃鋸、左宮鋸、黄卒鍨、行議（儀）鍨、御（輿）司馬鍨、丷萃鈽、右軍鈽、行義（儀）自卒司馬鈽、行議卒鈽、萃鍨鈽、武桒（無）旅鐱（劍）、斵鐱（劍）、牧（御）鈦、巨牧（御）鈦、黄卒鈦、王萃鈦、自卒率（帥）鈦、旅鈦、桒（無）旅鈦、車戟、徒戟、萃戟、族戟、散（散）戟、戟朿（刺）、巨牧（御）矛、車矛、萃矛、翏（戮）矛、利、矢、弩、距末、殳、戎械、虩、卒（介）胄、干、戉（鉞）、軍鈲；鼓樂器類名詞有隼（晉）鼓、桴、鉦鋮、鐸；其他物資類名詞有舟、節、符、戎壺。以上部分名詞對應的名物爲軍民通用物資[①]，例如鼓、桴、舟、節等，本文將這類名詞也納入軍事物資類名詞中。本章逐一討論 68 例軍事物資名詞，窮盡性收集東周銘文中記録軍事物資名詞的全部字形，分析字詞關係，結合銘文内容考察詞語所記録的名物。

第一節　兵　　器

兵器大約出現于新石器時代晚期[②]，相傳黄帝時期已經創制弓、矢、劍、鎧、矛。《世本》："揮始作弓，夷牟作矢。"宋衷注："揮、夷牟，黄帝臣。"[③]《管子・地數》："脩教十年，而葛盧之山發而出水，金從之。蚩尤受而制之，以

① 軍用物資：既包括軍隊執行任務所消耗使用的專用物資，也包括軍民通用的部分物資。參見陳德第、李軸、庫桂生編：《國防經濟大辭典》，軍事科學出版社，2001 年，第 740 頁。宋華文："軍民通用裝備，是指其基本功能既適合于軍用又適合于民用的各種技術裝備。"《裝備動員學》，國防工業出版社，2015 年，第 266 頁。

② 王兆春："到了 5000 多年前的新石器時代晚期，……在這些戰爭中，單純地利用帶有鋒刃的生産工具，已經不能滿足作戰的需要，于是就出現了由少數人制作的和生産工具不同的武器。"《中國古代兵器》，商務印書館，1996 年，第 5–6 頁。

③ 宋衷注：《世本八種》，商務印書館，1957 年，第 31 頁。

爲劍、鎧、矛、戟。"①商周時期戰爭頻繁，兵器的制造技術有了很大的發展和進步。東周時期爲了滿足戰爭的需要，諸侯國各級政府設立專門制造、監管兵器的部門，兵器的數量和種類超過前代。東周銅器銘文中出現的兵器名詞有戈、鏦、鏦、鈽、鏦鈽、劍、鈥、戟、刺、矛、弓、弩等，每一大類又根據功能的不同而命名不同。

一、戈類

1. "戈"的字詞關係

"戈"的創造和使用最早可以上溯到新石器時代②，進入青銅器時代後得到極大發展，二里頭遺址出土的青銅戈形制已經相當成熟。③商周時期青銅戈的使用非常普遍，目前出土的青銅戈中這一時期的占比較大。《周禮·考工記》："戈柲六尺有六寸。"④描述了戈的形制。

《說文》："戈，平頭戟也。從弋，一橫之。象形。"⑤甲骨文和銅器銘文"戈"字寫作 ╋（《合集》775 正）、╪（《合集》33002）、▉（戈祖己鼎，00745，商代晚期）、▉（戈簋，03515，商代晚期），象戈之形。商代"戈"字除表示兵器外，還表示國名，如"貞乎戈人"（《合集》8401）。西周銅器銘文"戈"字多見于描寫戰爭的銘文和兵器銘文，如"呂師戈"（呂師戈，16496，西周早期），爲兵器自名。西周中期霥鼎銘文："王令遣捷東反夷，霥肇從遣征，攻龠無敵，省于人身，俘戈。"霥隨遣征東反夷，戈爲俘獲。西周中期昌鼎銘文："晉侯令昌追于偁，休有擒，侯賚昌皋冑、冊、戈、弓、矢束、貝十朋。"昌奉晉侯命追擊偁有所擒獲，戈爲晉侯之賞賜。

東周銅器銘文表兵器之"戈"皆出現于兵器銘文，是兵器自名。春秋早中期寫作 ▉（用戈，16404，春秋早期）、▉（畀戈，16717，春秋早期），上承商代和西周文字，此種"戈"字爲東周銅器銘文的主流寫法。春秋晚期到戰國出現了兩類异體字：

---

① 黎翔鳳：《管子校注》，中華書局，2004 年，第 1355 頁。

② 浙江古蕩遺址和良渚都曾出土石戈，參見衛聚賢：《杭州古蕩新石器時代遺址之試探報告》，浙江省立西湖博物館及吳越史地研究會編，1936 年。何天行：《杭縣良渚鎮之石器與黑陶》，《史前研究》2000 年 A 期，第552—557 頁。

③ 中國科學院考古研究所二里頭工作隊：《偃師二里頭遺址新發現的銅器和玉器》，《考古》1976 年第 4 期，第 259—263 頁。

④ 阮元校刻：《十三經注疏》，中華書局，1980 年，第 926 頁。

⑤ 許慎：《說文解字》，岳麓書社，2006 年，第 266 頁。

A. 錢

銘文寫作 （陳窒戈，16643，戰國）、（平堅右戈，16780，戰國早期），從金、戈，隸定爲錢。李學勤指出，"'戈'字有從'金'旁的，是田齊文字的特色"[①]，東周銅器銘文"戈"寫作"錢"多數見于戰國齊系文字。東周戈多爲青銅所制，"金"旁爲後增之意符。後增意符的現象戰國文字習見，例如："鼎"本爲象形字，戰國右廩舍鼎之"鼎"寫作 ，增加意符"金"。何琳儀將這一現象稱爲"增繁標義偏旁"之"象形標義"，作用是"在象形字的基礎上增加一個形符，以突出該象形字的屬性、特點"。[②]

B. 盅

銘文寫作 （墮貝戈，16636，戰國），隸定爲"盅"，僅 1 例見于戰國齊國文字。此字下部從皿，《廣韵》："皿，武永切，上梗明，陽部。""戈，古禾切，平戈見，歌部。"聲韵皆不類，意義亦相差較遠，疑爲裝飾性部件。此種現象在戰國文字中并非孤例，何琳儀曾列舉增加"心、宀、立、口、曰"等部件的文字，并指出此類非聲符、表意功能又不確的偏旁可能是"無義部件"，只能起裝飾作用。[③]

2. 戈類兵器名稱

東周銅器銘文戈類兵器的名稱有：車戈、㪔（散）戈、徒戈、行戈、御戈、族戈、寢戈、秉戈、載戈、允（銃）戈、戗（拱）戈、誅（殺）戈、轄（萃）戈、行議術（率）戈。

A. 車戈

例1—例3：

> 晉侯車戈。（晉侯戈，16623—16625，春秋早期）

例4—例6：

> 晉（晉）厌（侯）車戈。（晉侯戈甲，21100—21102，春秋早期）

例7：

> 晉（晉）厌（侯）車戈。（晉侯戈，31367，春秋早期）

---

① 李學勤：《試論山東新出土青銅器的意義》，《文物》1983 年第 12 期，第 18—22 頁。

② 何琳儀：《戰國文字通論》，中華書局，1989 年，第 198 頁。

③ 何琳儀："增繁無義偏旁，系指在文字中增加形符，然而所增形符對文字的表意功能不起直接作用，即便有一定的作用，也因其間關係模糊，不宜確指。因此，這類偏旁很可能也是無義部件，只能起裝飾作用。"《戰國文字通論》，中華書局，1989 年，第 196 頁。

例 8：

> 閎鈞車戈。（閎鈞戈，31381，春秋早期）

例 9：

> 晉（晉）公羃（擇）材（其）吉金，□□車戈三千。（晉公戈，21228，春秋早期）

例 10：

> 佳（唯）三（四）年六月初吉丁亥晉（晉）公乍（作）歲之禜車戈三百。（晉公戈，17327，春秋早期）

例 11—例 13：

> 車戈。（車戈甲，21074—21076，春秋晚期）

例 14—例 15：

> 王武之車戈。（王武戈甲，21125—21126，春秋晚期）

例 16：

> 外鄙（舊）鄀郆（左）庫車戈。（外鄙鄀戈，31459，春秋晚期）

例 17—例 18：

> 盤（許）公之車戈（盤公戈，16650—16651，春秋晚期）

例 19—例 20：

> 南君鄎郥之車戈①（南君鄎郥戈，春秋晚期）

例 21：

> 陳盞車戈（陳盞戈，16641，戰國早期）

例 22：

> 國楚造車戈（國楚戈，16740，戰國早期）

例 23：

> 墜（陳）餘（豫）車戈（陳豫戈，16642，戰國）

例 24：

> 陳□車戈（陳□戈，16647，戰國）

　　東周銅器銘文共 24 例車戈，其中例 19、例 20 同銘文，例 19 已確定出土于湖北江陵縣九店東周墓地，"戈"前一字寫作，例 20 寫作。前者《新收》隸

---

① 釋文參考韓自強説，見韓自強：《新見六件齊、楚銘文兵器》，《中國歷史文物》2007 年第 5 期，第 15—18 頁。

定爲"中"①，後韓自強改釋爲車②。按：對比例 19 之與例 20 之，只是前一字中間一横和最後一横有所殘泐，但兩字之輪廓、書寫風格同，應都是"車"字，且釋"中"于文義難通，故例 19 應從韓自強改釋爲"車戈"。"車戈"一詞不見于傳世文獻，張德光認爲："車字在銘文中可能有標明用途之意，説明此戈是戰車上用的兵器。"③其説可從。《周禮·考工記》："車戟常，崇于戈四呎，謂之五等。"鄭玄注"皆插車"④，可知古代戰車所裝備之兵器有專以"車+兵器"爲名之例。建于車之戟爲"車戟"，則建于車之戈是爲"車戈"，"車戈"爲專門裝備戰車之戈。

B. 敥（散）戈

例 1：

盞（器）溴（淠）厌（侯）敥（散）戈。（器淠侯戈，16764，春秋早期）

例 2：

侯敥（散）戈。（侯散戈，16534，春秋晚期）

例 3：

墜（陳）貝敥（散）盍（戈）。（陳貝散戈，16636，戰國）

例 4：

墜（陳）御寇敥（散）錽（戈）。（陳御寇戈，16777，戰國）

例 5：

平墅（阿）右敥（散）錽（戈）。（平阿右戈，16780，戰國早期）

例 6：

羊角之辛（新）皓（造）敥（散）戈。（羊角戈，16964，戰國早期）

"戈"前一字，銘文寫作，從竹、月、攴，隸定爲"敥"。此字亦見于西周中期五祀衛鼎銘文："厥東疆逮敥田，厥南疆逮敥田。""敥田"唐蘭釋爲"散田"。⑤"散戈"一詞不見于傳世文獻，東周銘文 6 例"散戈"多爲齊系兵器之自

---

① 鐘柏生、陳昭容等編：《新收殷周青銅器銘文暨器影匯編》，臺灣藝文印書館，2006 年，第 824 頁。

② 韓自強：《新見六件齊、楚銘文兵器》，《中國歷史文物》2007 年第 5 期，第 15–18 頁。

③ 張德光：《陳渚戈小考》，《考古與文物》，1989 年第 2 期。

④ 阮元校刻：《十三經注疏》，中華書局，1980 年，第 907 頁。

⑤ 唐蘭：《陝西省岐山縣董家村新出西周重要銅器銘辭的譯文和注釋》，《文物》1976 年第 5 期，第 55–59 頁。

名。《方言》卷三："散，殺也，東齊曰散。"于省吾曰："散、殺一聲之轉。"①
"散"通"殺"，爲齊地之方言，"散戈"義爲殺戮之戈。

C. 徒戈

例1：

> 吴吊（叔）徒戈。（吴叔戈，16632，春秋早期）

例2：

> 乍（作）陕白（伯）徒戈。（陕伯戈，16722，春秋早期）

例3—例4：

> 虢大（太）子元徒戈。（虢太子元戈，16861—16862，春秋早期）

例5：

> 宫之徒戈。（宫之徒戈，31375，春秋早期）

例6：

> 衆氏徒戈。（衆氏戈，31378，春秋中期）

例7：

> 武䣄（城）徒戈。（武城戈，16612，春秋晚期）

例8：

> 左徒戈。（左徒戈，16529，春秋）

例9—例10：

> 仕斤徒戈。（仕斤戈，16615—16616，戰國早期）

例11—例12：

> 墜（陳）子翼徒戈。（陳子翼戈，16775—16776，戰國）

銅器銘文"徒"常表步卒之義，如西周晚期禹鼎銘文："肆武公廼遣禹率公
戎車百乘、厮馭二百、徒千。"徐中舒認爲："古代車戰，甲士乘車爲御，步卒扶
輿在後爲徒。"②其説甚確。《左傳·隱公九年》："彼徒我車，懼其侵軼我也。"杜
預注："徒，步兵也。"③"徒戈"爲步兵使用之戈。據井中偉考證，出土自名
"徒戈"之戈柲長一般爲110—180厘米，更短者在90厘米左右，柲較短，方便

---

① 于省吾：《雙劍誃吉金圖録》（下），上海書店出版社，1999年，第3頁。

② 徐中舒：《禹鼎的年代及其相關問題》，《考古學報》1959年第3期，第53—66頁。

③ 阮元校刻：《十三經注疏》，中華書局，1980年，第1734頁。

步卒單手執之作戰。①東周步兵使用之兵器常自名爲"徒+兵器"，除"徒戈"之外還有"徒戟"。例 8 左徒戈 1983 年出土于山東省莒南縣，舊釋斷句爲"左徒之戈"②。彭春艷改斷爲"左之徒戈"，認爲"左"指左軍或人名，"徒戈"爲"步兵所用之短戈"③，所論甚詳，可從。《左傳·成公十六年》："楚子救鄭，司馬將中軍，令尹將左，右尹子辛將右。"④令尹將左軍，左軍即簡稱爲左，銅器銘文中不乏以"左"爲名之例，如左鼎、左爵。則左徒戈義爲"左軍或名爲左之人所使用之徒戈"。

D. 行戈

例 1：

盗弔（叔）之行戈。（盗叔戈，16723，春秋中期）

例 2：

隍（隋—隨）大司馬虞有之行戈。（隨大司馬虞有戈，21215，春秋中期）

例 3：

楚固之行戈。（楚固戈，16725，春秋）

例 4：

希（蔡）厌（侯）▨（申）之行戈。（蔡侯▨戈，16830，春秋晚期）

例 5：

卲（昭）之痹（瘠）夫之行戈。（卲之瘠夫戈，17057，春秋晚期）

例 6：

卲（昭）之瘠夫之行戈。（昭之瘠夫戈，21202，春秋晚期）

"行戈"多見于春秋楚系兵器銘文，戰國未見自名爲"行戈"之兵器，但春秋晚期到戰國有"行戟"，如"王孫誥之行戟""曾侯越之行戟"，亦見于楚系兵器。井中偉認爲："行戈、行戟屬于'行器'，僅見于南方楚蔡之地。"行器是

---

① 井中偉：《先秦時期青銅戈、戟研究》，吉林大學博士學位論文，2006 年，第 397 頁。

② 蘊章、瑞吉："'左徒'爲楚國之職官，此戈銘義爲'左徒之戈'"，《山東莒南小窯發現"左徒戈"》，《文物》1985 年第 10 期，第 30 頁。劉彬徽、周建中從之。劉彬徽：《楚系青銅器研究》，湖北教育出版社，1995 年，第 368、369 頁。周建忠：《屈原仕履考》，《文學評論》2005 年第 2 期，第 5—14 頁。

③ 彭春艷："左徒戈無紋飾，有胡有穿，從形制上可確定其爲兵器，不是禮器和明器。……左徒戈銘文與上述三種職官爵的銘文格式相去甚遠，則'左徒戈'中的'左徒'不爲官職名，其銘文斷句需重新考慮。……銘文應理解爲'左之徒戈'"，《左徒戈爲徒戈考》，《考古》2011 年第 7 期，第 61—64 頁。

④ 阮元校刻：《十三經注疏》，中華書局，1980 年，第 1917 頁。

"王公貴族出行所用之戈、戟"①，其説可從。先秦文獻出行之用具稱爲"行某"，如《戰國策·魏策》："臣急使燕趙，急約車爲行具。"②《左傳·昭公元年》："鄭游吉如楚，葬郟敖，且聘立君。歸，謂子産曰：'具行器矣！楚王汰侈而自説其事，必合諸侯。吾往無日矣。'"杜預注："行器，謂備。"③後漢有"行鹵"，爲拒敵之盾，是天子出行之儀仗。④唐有"行帳"、宋有"行扇"⑤，皆爲出行使用之器物。

E. 御戈

例1：

> 覃（淳）于公之御戈（淳于公戈，16850，春秋早期）

例2：

> 趙齠之毄（御）戈（趙齠戈，16724，春秋中期）

例3：

> □□御戈五百（御戈，16720，戰國早期）

東周兵器自名爲"御戈"共3例。御戈之"御"有兩種不同寫法，或寫作 （淳于公戈），或寫作 （趙齠戈，16724）。孫敬明、王桂香、韓金城認爲："'御戈'應是《韓非子·外儲説左上》'右御，冶工'之'御'，由二年右貫府戈銘知，'御'下屬右貫府，是冶工的上司。則'御'是兵器鑄造主辦者的官職名。"⑥陶正剛認爲："御，主也。《禮記·曲禮》：'有問大夫之子長，曰能御矣'，注：'御，猶主也。'疏主事也。"⑦井中偉認爲，"由銘文格式看，'御戈'與'徒戈''車戈'等辭例一致，説明'御'表示戈的屬性或用途"⑧，其説甚確。但又據《詩經》《説文》認爲"'御戈'，與'徒戈'相對，而與'車戈'義近同，可能爲車戰所用之戈"⑨，則有所未安。《荀子·禮論》："然而禮兼而用之，時舉而

---

① 井中偉：《先秦時期青銅戈、戟研究》，吉林大學博士學位論文，2006年，第397頁。

② 諸祖耿：《戰國策集注匯考》，江蘇古籍出版社，1985年，第1176頁。

③ 阮元校刻：《十三經注疏》，中華書局，1980年，第2026頁。

④ 劉塤：《隱居通議·鹵簿字義》："後漢胡廣作天子行鹵。大楯也，所以捍敵。"轉引自《漢語大詞典》第三卷，漢語大詞典出版社，1986年，第907頁。

⑤ 杜甫《軍中醉歌寄沈八劉叟》："野膳隨行帳，華音發從伶。"蔡絛《鐵圍山叢談》："上因賜魯公三接青蘿傘……大略與親王禮儀，獨無行扇爾。"轉引自《漢語大詞典》第三卷，漢語大詞典出版社，1986年，第907頁。

⑥ 孫敬明、王桂香、韓金城：《山東濰坊新出銅戈銘文考釋及有關問題》，《江漢考古》1986年第3期，第63-67頁。

⑦ 陶正剛：《趙氏戈銘考釋》，《文物》1995年第2期，第64-68頁。

⑧ 井中偉：《先秦時期青銅戈、戟研究》，吉林大學博士學位論文，2006年6月，第397頁。

⑨ 井中偉：《先秦時期青銅戈、戟研究》，吉林大學博士學位論文，2006年6月，第397頁。

代御。"楊倞注："御，進用也。"① 《楚辭·九章·涉江》"腥臊并御"，注："御，用也。"② "御戈"義爲用戈。據考證例 2 之"趙明"爲晉國六卿之趙簡子③，則例 1"淳于公之御戈"即淳于公所用之戈，"趙明之御戈"即趙簡子所用之戈。

F. 族戈

例 1：

> □大司馬□之族戈。（□大司馬戟，31474，春秋早期）

例 2：

> 亳疌卯族戈。（亳疌戈，16726，春秋晚期）

例 3：

> 宋公差（佐）之所賠（造）茆族戈。（宋公差戈，16826，春秋晚期）

例 4：

> 宋公差（佐）之所賠（造）茆族戈。（宋公差戈，21216，春秋晚期）

例 5：

> 宋公差（佐）之所賠（造）不易族戈（宋公差戈，16827，春秋晚期）

例 6：

> 宋西替踔之族戈。（西替踔戈，21203，戰國早期）

東周銅器銘文共 6 例"族戈"，其中例 3 宋公差戈 1980 年 4 月發現于北京銅廠廢銅堆，銘文與例 4 同，與例 5 相似，程長新認爲是宋元公命造賜予部屬執用④，其説可從。關于"公族"所指，一般認爲是隸屬于國君的親軍⑤。實際上，上古

---

① 王先謙：《荀子集解》，中華書局，1988 年，第 363 頁。

② 朱熹：《楚辭集注》，廣陵書社，2010 年，第四卷第 15 頁。

③ 陶正剛："從金勝村春秋大墓出土器物的時代，地理位置等情況看，這件有銘的戈的主人爲趙簡子（趙鞅）最爲合適。"《趙氏戈銘考釋》，《文物》1995 年第 2 期，第 64—68 頁。

④ 程長新：《北京發現商龜魚紋盤及春秋宋公差戈》，《文物》1981 年第 8 期，第 54—55 頁。

⑤ 陳夢家："金文之'公族'與《左傳·僖公二十八年》'中軍公族'義同"，《西周銅器斷代》（上），中華書局，2004 年，第 298 頁。張亞初、劉雨："'公族'指'周王直系旁系的同宗之族'或'與周王血緣關係親近的同姓貴族'"，《西周金文官制研究》，中華書局，1986 年，第 39 頁。黃盛璋："公族皆王室親軍，最早之公族皆爲國君親族，包括支、庶，後來擴大成爲王的私卒，秦子戈、矛銘文中的公族指秦公室之親軍"，《秦國兵器分國、斷代與有關制度研究》，《古文字研究》第二十一輯，中華書局，2001 年，第 229 頁。陳平："秦子戈、矛銘文中的公族恐非指一般公族成員，當系指與《左傳》所載晉國的公行，楚的中軍王族一樣，是以'國子之倅''公族之良'組成的一國的三軍中堅。"《秦子戈、矛考》，《考古與文物》1986 年第 2 期。王輝從陳平説并補充："氏族社會里，軍隊也以氏族爲單位，所以後來公族又引申爲軍旅之稱，甲骨文和傳世文獻中的'王族'與'公族'義同"，《關于秦子戈、矛的幾個問題》，《考古與文物》1986 年第 6 期。李學勤從黃盛璋説并指出："'公族'系周人習語，不一定君稱'公'才有公族"，《"秦子"新釋》，《文博》2003 年第 5 期，第 37—40 頁。

從公族中選拔組成的軍隊亦稱爲公族，直接聽命于國君，爲國君之親兵。西周中觶、晉侯蘇鐘銘文有周王檢閱公族、公族隨王出征的記載。春秋早期秦國之秦子戈、秦子矛銘文曰"秦子作造，公族元用，左右市鈇，用逸宜"，明確説明秦子造戈矛，實際使用者爲"公族"，東周銅器銘文自名爲族某的兵器正是公族或國君之部屬使用之兵器。

G. 寢戈

例1：

> 王子反戁（鑄）帚（寢）戈。（王子反戈，16845，春秋中期）

例2：

> 曾厌（侯）乙之寢戈。（曾侯乙戈，16866，戰國早期）

"寢戈"見于《左傳·襄公二十八年》："癸言王何而反之，二人皆變，使執寢戈，而先後之。""盧蒲癸、王何執寢戈。慶氏以其甲環公宮。"杜預注："寢戈，親近兵杖。"[1]即近身侍衛所用之戈。

H. 其他

例1：

> 曾厌（侯）絑白（伯）秉戈。（曾侯絑伯戈，16865，春秋早期）

例2：

> 曾厌（侯）絑白（伯）秉戈。（曾侯絑伯戈，31400，春秋早期）

李學勤認爲，"秉"義爲持、執，古書提及手持兵器一類器物，常用"秉"字[2]。按：其説可從。《詩經·大雅·烝民》"民之秉彝"，鄭玄箋："秉，執也。"[3]《詩經·商頌·長發》："武王載旆，有虔秉鉞。"[4]"秉戈"亦見于西周晚期楚公豪戈，東周銅器銘文僅此2例。

例3：

> [元]鏽用戠（戴）大巢（酋）燭臣鐳（鑄）其載戈。（燭臣戈，17164，春秋早期）

東周銅器銘文自名爲"載戈"僅此1例，疑爲戰車所用之戈，與前文之"車

---

① 阮元校刻：《十三經注疏》，中華書局，1980年，第2000頁。
② 李學勤：《曾侯戈小考》，《江漢考古》1984年第4期，第65-66頁。
③ 阮元校刻：《十三經注疏》，中華書局，1980年，第568頁。
④ 阮元校刻：《十三經注疏》，中華書局，1980年，第627頁。

戈”義同。《墨子·備梯》：“縣火次之，出載而立。”孫詒讓閒詁：“‘載，乘也’似謂戰車。”①

例4：

> 鄣子誅臣之允（銳）戈。（鄣子誅臣戈，17079，春秋中期）

黄錫全認爲“允”即銳，《説文》：“銳，侍臣所執兵也。從金，允聲。”②《集成》讀爲用。③按：黄説可從，《詩經·大雅·韓奕》“其追其貊”，鄭玄箋：“爲獫狁所逼。”陸德明釋文：“允，本亦作狁。”④“狁”“允”相通，“允”爲“銳”之聲符，按例可通。“銳戈”即侍臣所執之戈。

例5：

> 王子□之𢦏（拱）戈。（王子戈，16815，戰國）

“戈”前一字銘文作𢦏，從共、戈。此字還見于越王差徐戟（17363，戰國中期），銘文曰“𢦏戟”，曹錦炎釋爲“拱”，《説文》：“拱，斂手也，從手共聲。”訓爲執持，《國語·吳語》：“行頭皆官師，擁鐸拱稽。”韋昭注：“拱，執也。”“拱戟”猶言“執戟”⑤，其説可從，“𢦏戈”義爲“執戈”。

例6：

> 弔（叔）孫殳（誅）戈。（叔孫戈，16635，戰國早期）

“戈”前一字銘文作𢦏，從朱、殳。中山王𦥑壺有𢦏字，銘文曰“以𢦏不順”。此爲“誅”之異體，誅殺之本字⑥，從戈指示誅殺之義。《釋名·釋兵》：“殳，殊也。長丈二尺而無刃，有所撞挃于車上使殊離也。”⑦戈、殳同爲兵器，從戈、從殳所指相同，“殳”即文獻之“誅”。“殳戈”與散戈義同，義爲用于誅殺之戈。

---

① 吳毓江：《墨子校注》，中華書局，1993年，第852頁。

② 黄錫全：《湖北出土兩件銅戈跋》，《江漢考古》1993年第4期，第66-67頁。

③ 中國社會科學院考古研究所編：《殷周金文集成》（修訂增補本）第七册，中華書局，2007年，第6041頁。

④ 阮元校刻：《十三經注疏》，中華書局，1980年，第572頁。

⑤ 曹錦炎：《越王得居戈考釋》，《古文字研究》第二十五輯，中華書局，2004年，第209頁。

⑥ 張政烺：“𢦏，從戈，朱聲，誅之異體”，《中山王𦥑壺及鼎銘考釋》，《古文字研究》第一輯，中華書局，1979年，第218頁。趙誠：“𢦏，從戈朱聲，乃誅殺之本字”，《〈中山壺〉〈中山鼎〉銘文試釋》，《古文字研究》第一輯，中華書局，1979年，第252頁。蔡哲茂：“𢦏，即誅字。《古文四聲韵》作𢦏，與此同。《集韵》引《廣雅》云：‘𢦏，殺也。’《説文》：‘誅，討也，從言朱聲。’段注：‘凡殺戮糾責皆是。’《古文四聲等韵》以𢦏爲誅，𢦏，從朱戈聲，誅殺之意後起”，《平山三器銘文集釋》（上），《書目季刊》1986年第二十卷第3期，第53-84頁；《平山三器銘文集釋》（下），《書目季刊》1987年第二十卷第4期，第40-81頁。按：此字銘文作𢦏，從戈朱聲，與《汗簡》之誅作𢦏相同。《廣雅·釋詁》：“誅，殺也。”王念孫疏證：“誅，集韵、類篇引廣雅并作𢦏。”

⑦ 王先謙：《釋名疏證補》，中華書局，2008年，第七卷第14頁。

例7：

> 楚王畬（熊）璋嚴（嚴）覾（狁）南戉（越），用乍（作）輕（萃）戈，台（以）卲（昭）勵（揚）文武之[剌（烈）]。（楚王畬璋戈，17322，戰國早期）

例8：

> 卲（昭）王之諻羃（擇）亓（其）吉金，乍（作）寺（持）輕（輄—萃）戈。（卲王之諻戈，31493，戰國早期）

例9：

> 卲（昭）王之信羃（擇）亓（其）吉金，乍（作）寺（持）輕（輄—萃）戈。（卲王之信戈，31494，戰國早期）

此三件戈皆爲楚器，例7“戈”前一字銘文作，李家浩隸定爲輄，認爲是“倅車”的專字，“輄戈”即副車上用的戈。①馬承源隸定爲鉈戈，《集韻》：“車疾馳”。于此用爲名詞，當是楚車名。戈爲建于車上者。②湯余惠疑此字從“它”聲，讀爲“鉈”，鉈戈是兵車用戈。曹錦炎從李家浩隸定爲“輕”，读为“萃”，輕戈指專門置于副車之戈。③何琳儀隸定爲“轄”，認爲是“軸鉈”二字的合文。“軸”疑即“軒”，表“轄貌”。“鉈”表“车疾馳”，“軸鉈”作爲雙聲連綿詞，用來模擬“車輪疾行碾地的聲音”，本是形容詞，在銘文中作名詞，“轄戈”表示“車戈”。④顏敏玉從李家浩説，認爲“輕戈”表示戰車用戈。⑤按：詳審拓片，此字從李家浩隸定爲“輕”，義從羅衛東師説（參見第一章第三節第四部分 C、D），爲步卒所用之戈。

例10：

> 左行議衛（率）戈。（左行議戈，31402，春秋早期）

行儀爲擔任護衛和儀仗任務的隊伍⑥（參見第二章第三節第二部分），“行議衛（率）”即行儀帥，此戈是行儀的首領使用的兵器。

---

① 李家浩：《楚王畬璋戈與楚滅越的年代》，《文史》第二十四輯，中華書局，1985年，第17頁。
② 馬承源：《商周青銅器銘文選》第四冊，文物出版社，1990年，第431頁。
③ 曹錦炎：《鳥蟲書通考》，上海書畫出版社，1999年，第163頁。
④ 何琳儀：《戰國兵器銘文選釋》，《考古與文物》1999年第5期，第83～96頁。
⑤ 顏敏玉：《戰國前期楚系兵器銘文集釋箋證》，華東師範大學碩士學位論文，2014年，第18頁。
⑥ 李學勤、鄭紹宗：“可能是‘一種儀仗隊伍的名稱’”，《論河北近年出土的戰國有銘青銅器》，《古文字研究》第七輯，中華書局，1982年，第127頁。何琳儀：“是燕王的侍衛。按古代王或國君出行，必有護衛隨從隨行，是爲儀仗”，《戰國文字通論訂補》，江蘇教育出版社，2003年，第104頁。

二、鋸、鐷、鈲、鐷鈲類

鋸、鐷、鈲、鐷鈲四種兵器名稱皆見于燕國兵器銘文。關于四種名稱之區別學界討論頗多。

一類觀點將名稱與兵器形制相對應，如李學勤認爲："戰國時代燕兵器名稱自成一套：胡有刺的戈稱鐷（戣），無刺的稱鋸。"後又對觀點進行修正："鋸爲燕戈之一種，其制援上起脊，欄側三穿，内部二穿，援胡間有一子刺，是爲'鋸'。而另一種戈，有突起的刃緣，胡上子刺較多者爲'鐷'。"①沈融認爲："鐷的基本特徵是要在柲端加裝矛頭，相對地，鈲不加裝矛頭，鐷鈲可加可不加。"②林清源梳理了上述觀點并提出"器類名稱的异同應由器物形制裁斷"，以及"器類名稱不同基本上即表示器物形制有別"的觀點。③何琳儀以爲："'鋸''鐷'同器，即文獻之'瞿''戣'。"④馮勝君認爲："鈲、鐷鈲或鐷、鋸都是戈的不同種類，區別在于鈲、鐷鈲或鐷爲無刃之戈的自名，鋸爲有刃之戈的自名。"⑤黄盛璋認爲："燕下都 23 號遺址出土的兵器，有刺的仍稱鋸，不稱鐷，或稱鈲，從形式上仍難區別。"⑥董珊認爲："從刃内與否來看，'鈲'跟'鐷'都是不刃内的類型，'鈲'應該就讀爲'戈'，'鐷'是戈的一種，因此既可以稱爲'鐷鈲（戈）'，也可以就單稱爲'鐷'，鋸應該讀爲'戟'。燕句兵實際就是'鈲（戈）'跟'鋸（戟）'這兩大類之間的對立。其區別特徵在于：凡自名爲'鈲''鐷''戈'的戈類兵器，都不作刃内、不裝矛頭；凡自名爲'鋸'的戟類兵器，都是刃内并且要加裝矛頭作爲戟刺。"⑦井中偉總結前人所説，提出："燕戈是由中原三晉戈派生而來的，其演變脉絡也是比較清楚的，總的趨勢表現爲由'戈'經過渡形態的'鈲''鋸'或'鐷鈲'，最後形成'鐷'和'鋸'的固定形制。"⑧

另一類觀點將名稱與使用者對應，石永士認爲："不同的命名與使用者官職高低和職掌範圍有關，官職在'行議'以上的官員，使用的戈稱'鐷'，官職在

---

① 李學勤：《戰國題銘概述（上）》，《文物》1959 年第 7 期，第 50-54 頁。李學勤、鄭紹宗：《論河北近年出土的戰國有銘青銅器》，《古文字研究》第七輯，中華書局，1982 年，第 124 頁。

② 沈融：《燕兵器銘文格式、内容及其相關問題》，《考古與文物》1994 年第 3 期，第 9 頁。

③ 林清源：《戰國燕王戈器銘特徵及其定名辨僞問題》，《"中研院"歷史語言研究所集刊論文類編·語言文字編·文字卷》，中華書局，2009 年，第 3593 頁。

④ 何琳儀：《戰國文字通論》，中華書局，1989 年，第 95 頁。

⑤ 馮勝君：《戰國燕王戈研究》，《華學》第三輯，紫禁城出版社，1998 年，第 242 頁。

⑥ 黄盛璋：《燕、齊兵器研究》，《古文字研究》第十九輯，中華書局，1992 年，第 1-24 頁。

⑦ 董珊：《戰國題銘與工官制度》，北京大學博士學位論文，2002 年，第 75-76 頁。

⑧ 井中偉：《先秦時期青銅戈、戟研究》，吉林大學博士學位論文，2006 年，第 224 頁。

'行議'以下的，使用的戈稱'鈛'，燕王的'侍衛徒御'使用的戈稱'鋸'……鋸并非都無刺，部分有刺之戈仍稱鋸。"①

目前大多數學者贊同鋸、錢、鈛、錢鈛皆爲戈類，但四者區別仍不明確。早期用有刃、無刃區分鋸、錢的觀點後被出土的燕兵證明不確，四種名稱與形制也無確切的對應關係。井中偉的觀點可備一説，但仍有待將來更多燕兵的出土來進一步厘清。

1. 鋸類

《説文》："鋸，槍唐也，從金居聲。"②《説文》釋義爲較晚之義項，段玉裁注："槍唐，蓋漢人語。""鋸"，戰國銅器銘文有兩種寫法，一種寫作██、██、██，左"金"右"居"，與《説文》小篆同；一種寫作██、██，聲符和意符位置相反。後一種寫法爲戰國銅器銘文的主流寫法，我們統計的 49 例"鋸"中絕大部分爲左"居"右"金"。沈融認爲，"鋸：與《書·顧命》之'瞿'同韵。瞿又作戵，亦屬戈類。鋸通瞿，與上文所謂錢通戣同例"③，其説可從。《廣韵》："瞿，其俱切，平虞羣。魚部。""居，九魚切，平魚見。魚部。""鋸"之聲符"居"與"瞿"韵部相同、聲紐相近，按例可通。《正字通·戈部》："戵，或省戈作瞿。"燕兵"鋸"即文獻之戵、瞿。東周燕兵銘文鋸類兵器的名稱有萃鋸、庿（廳）萃鋸、雲萃鋸、牧（御）鋸、巨牧（御）鋸、雲牧（御）鋸、牧（御）萃鋸、左宮鋸。

A. 萃鋸

例 1：

> 郾（燕）王職乍（作）□卒鋸（戵）。（郾王職戈，16995，戰國晚期）

例 2—例 3：

> 郾（燕）医（侯）軍（載）乍（作）↑萃鋸（戵）。（郾侯載戈，16982—16983，戰國早期）

例 4：

> 郾（燕）医（侯）軍（載）乍（作）↑（師）萃鋸（戵）。（郾侯載戈，21204，戰國早期）

---

① 石永士：《郾王銅兵器研究》，《中國考古學會第四次年會論文集》，文物出版社，1985 年，第 101—102 頁。

② 許慎：《説文解字》，岳麓書社，2006 年，第 296 頁。

③ 沈融：《燕兵器銘文格式、內容及其相關問題》，《考古與文物》1994 年第 3 期，第 9 頁。

例 5—例 7：

> 郾（燕）厌（侯）職忌（作）厃萃鋸（戲）。（郾侯職戈，16988—16990，戰國晚期）

例 8：

> 郾（燕）王職乍（作）厃萃鋸（戲）。（郾王職戈，16992，戰國晚期）

例 9：

> 郾（燕）王逾（噲）乍（作）厃萃鋸。（郾王噲戈，17038，戰國晚期）

“萃鋸”義爲步兵使用的鋸（參見第一章第三節第四部分 C），燕兵除“萃鋸”之外還有“萃鉇”“萃戟”“萃矛”皆爲步兵所用之兵器。

B. 庙（廳）萃鋸

例 1：

> 郾（燕）王職乍（作）庙（廳）萃鋸（戲）。（郾王職戈，16993，戰國晚期）

例中“萃”前一字銘文作▨，此字《説文》所無。甲骨文作▨（鄴三下·四一·六），商代卹其壺作▨，銘文曰：“王曰：尊文武帝乙宜，在嚳大庙”。于省吾認爲此字是廷或庭之初文。[①]馬承源認爲：“庙從廠耴聲，耴爲聖、聽字之所從，《説文》所無，讀如今之廳，假爲庭。”[②]按：馬承源所説更優，此字上部從“廠”，下部爲“耴”，“耴”爲“聽”之初文，應釋爲“廳”，讀爲“庭”。《詩經·小雅·斯干》“殖殖其庭”，朱熹集傳：“庭，宮寢之前庭也。”[③]《左傳·昭公五年》“以攻諸大庫之廳”，孔穎達疏：“庭，是堂前地名。”[④]“庙萃鋸”應爲守衛庭室的步卒使用的鋸。東周兵器銘文中有“寢戈”（參見第三章第一節第一部分 G），《爾雅·釋宮》“無東西廂有室曰寢”，郝懿行義疏：“寢本卧息之名，又以爲室名。”[⑤]“寢戈”義爲守衛寢室的近衛使用的戈，與“庙萃鋸”相似。

C. 雲萃鋸

例 1—例 4：

> 郾（燕）王職乍（作）雲萃鋸（戲）。（郾王職戈，16996—16999，戰國晚期）

---

① 于省吾：《甲骨文字釋林》，中華書局，1979 年，第 85 頁。
② 馬承源：《商周青銅器銘文選》，文物出版社，1986 年，第 9 頁。
③ 宗福邦：《故訓匯纂》，商務印書館，2003 年，第 697 頁。
④ 阮元校刻：《十三經注疏》，中華書局，1980 年，第 2040 頁。
⑤ 宗福邦：《故訓匯纂》，商務印書館，2003 年，第 591 頁。

例 5：

郾（燕）王職乍（作）雲萃鋸（戳），洇坴（均）都尉。（郾王職戈，17000，戰國晚期）

例 6—例 7：

郾（燕）王詈怨（作）雲萃鋸（戳）。（郾王詈戈，17018—17019，戰國晚期）

例 8—例 10：

郾（燕）王戎人乍（作）雲萃鋸（戳）。（郾王戎人戈，17045—17047，戰國晚期）

例 11：

郾（燕）王職乍（作）雲萃鋸（戳）。（郾王職矛，31564，戰國晚期）

東周銅器銘文共 11 例"雲萃鋸"，"萃鋸"前一字銘文寫作￼、￼。李學勤認爲此字從冃從免，釋爲"冕"。[1]何琳儀認爲，此字"從'雨'（參《說文》古文'霸'），從'及'（《說文》古文）。《集韵》：'霎，或作霙。'又'霎，一曰白霙，北狄國'，《釋名·釋車》：'胡奴車'與'霎萃'有關"[2]。董珊認爲何琳儀説并無堅强的字形依據，他認爲該字下從"云"旁，就是"雲"字。"云"旁下面向上勾曲的部分筆畫脱落爲一點。"雲萃"之義還没有明確的綫索[3]，《銘圖》亦隸定爲"雲"，"雲萃"爲何義，待考。

D. 牸（御）鋸、巨牸（御）鋸、雲牸（御）鋸、牸（御）萃鋸

例 1—例 2：

郾（燕）王職乍（作）牸鋸。（郾王職戈，戰國晚期）

例 3：

郾（燕）王詈乍（作）牸鋸。（郾王詈戈，戰國晚期）

例 4：

郾（燕）王詈怨（作）牸鋸。（郾王詈戈，戰國晚期）

---

① 李學勤、鄭紹宗："經詳細對比查看，此字當從'月'從'免'，金文'免'字與此字下半接近。……燕國兵器銘文中除冕萃外，還有王萃、巾（？）萃、黄萃等，都是燕王戎車部隊使用的武器"，《論河北近年出土的戰國有銘青銅器》，《新出青銅器研究》，文物出版社，1990 年，第 217—226 頁。

② 何琳儀：《戰國文字通論訂補》，江蘇教育出版社，2003 年，第 105 頁。

③ 董珊：《戰國題銘與工官制度》，北京大學博士學位論文，2002 年，第 100 頁。

例 5：

> 郾（燕）王喜㤳（作）牧鋸。（郾王喜戈，戰國晚期）

例 6：

> 郾（燕）王喜㤳（作）牧鋸。（郾王喜戈，戰國晚期）

例 7：

> 郾（燕）王詈造巨牧鋸。（郾王詈戈，戰國晚期）

例 8—例 14：

> 郾（燕）王職乍（作）巨牧鋸。（郾王職戈，戰國晚期）

例 15：

> 郾（燕）王詈㤳（作）巨牧鋸。（郾王詈戈，戰國晚期）

例 16：

> 郾（燕）王詈乍（作）巨牧鋸。（郾王詈戈，戰國晚期）

例 17—例 19：

> 郾（燕）王戎人乍（作）牧鋸。（郾王戎人戈，戰國晚期）

例 20：

> 郾（燕）王戎人乍（作）巨牧鋸。（郾王戎人戈，戰國晚期）

例 21—例 24：

> 郾（燕）王喜㤳（作）巨牧鋸。（郾王喜戈，戰國晚期）

例 25：

> 郾（燕）王喜㤳（作）雲牧鋸。（郾王喜戈，戰國晚期）

例 26：

> 郾（燕）医（侯）[職]乍（作）牧萃鋸。（郾侯職戈，戰國晚期）

例 27：

> 郾（燕）王職乍（作）[牧]萃鋸。（郾王職戈，戰國晚期）

“攺”羅衛東師釋爲“牧”，用爲“御”（參見第二章第一節第三部分之1）。“牧（御）鋸”義爲用鋸，“巨牧（御）鋸”義爲所用的大鋸，“牧（御）萃鋸”義爲步卒使用的鋸，雲牧（御）鋸義待考。

E. 左宮鋸

例1：

郾（燕）庆（侯）軍（載）乍（作）左宮鋸（戲）。（郾侯載戈，16986，戰國早期）

"左宮"東周兵器銘文僅此1例，除此之外還見于車馬器，如左宮車曹和左宮馬衝。戰國陶文中有大量"左宮"，如"左宮敢"（《陶匯》4.34）、"左宮談"（《陶匯》4.41）、"左宮兼"（《陶匯》4.42），文例多是"左宮＋人名"。董珊認爲："左/右宮在戰國早期是作爲燕王的扈從部隊而存在，而中、晚期轉爲工官組織。"[1]周翔認爲："左宮，燕國宮殿名。"[2]按：考戰國燕兵器銘文文例，兵器名前面的銘文常指兵器裝備的對象，如"庙（廳）萃鋸""御司馬鍨""行儀（議）鍨"。以文例推測，"左宮"應是兵器裝備的對象，董珊之説可從。

2. 鍨類

"鍨"，銘文多寫作![字]，左"金"右"癸"，亦有寫作![字]，左右部件换位。此字不見于《説文》，何琳儀認爲即文獻之戣[3]，其説甚確。《玉篇·金部》："鍨，與戣同。"《集韵·至韵》："戣，《字林》'兵也'，或從金。"戴家祥認爲二字一從金、一從戈乃表示器物與表示材質的偏旁更换字。[4]按：戴説可從，《廣韵·虞韵》："鑺，同戲。"與此例同。

東周燕兵銘文鍨類兵器的名稱有：黄卒鍨、行儀（議）鍨、御（輿）司馬鍨。

A. 黄卒鍨

例1：

郾（燕）王職乍（作）黄卒鍨（戣）。（郾王職戈，16994，戰國晚期）

銘文"黄"義待考，"黄卒鍨"爲某種步兵組織使用的鍨。

B. 行儀（議）鍨

例1—例2：

郾（燕）王詧怎（作）行儀鍨（戣），右攻（工）㕥（尹）其、攻（工）衆。（郾王詧戈，17020—17021，戰國晚期）

---

① 董珊：《戰國題銘與工官制度》，北京大學博士學位論文，2002年，第77頁。

② 周翔：《戰國兵器銘文分域編年研究》，浙江師範大學碩士學位論文，2013年，第276頁。

③ 何琳儀：《戰國文字通論（補訂）》，江蘇教育出版社，2003年，第105頁。

④ 戴家祥：《金文大字典》下，學林出版社，1999年，第4920頁。

例 3：

> 郾（燕）王詈忑（作）行儀鏃（戉），右攻（工）咠（尹）青，丌
> （其）攻（工）豎。（郾王詈戈，17022，戰國晚期）

例 4：

> 行議（儀）鏃（戉）。（行議鏃矛，17599，戰國）

東周銅器銘文共 4 例"行儀鏃"，例 1—例 4"行儀""行議"爲同一詞語，"議""儀"古通。《經傳述聞·左傳下·議事以制》："晏子春秋外篇：博學不可以儀世。墨子非儒篇儀作議。"[1]"行儀"爲擔任護衛和儀仗任務的隊伍[2]（參見第二章第三節第二部分），"行儀鏃"是爲這類軍隊制作的兵器。

C. 御（輿）司馬鏃

例 1—例 2：

> 郾（燕）王喜忑（作）御司馬鏃（戉）。（郾王喜戈，17035—17036，戰國晚期）

例 3—例 5：

> 郾（燕）王喜忑（作）御司馬鏃（戉）。（郾王喜戈，31483—31485，戰國晚期）

"御司馬"即"輿司馬"，爲掌管兵車之司馬（參見第一章第一節第二部分）。"御司馬鏃"爲輿司馬使用之鏃。

3. 鈇類

"鈇"，銘文多寫作▨、▨，從"金""弗"聲，或左"弗"右"金"，或左"金"右"弗"，或省"金"作▨（作用戈，16736，戰國早期）。李學勤、鄭紹宗認爲："'鈇'字或以爲應隸定爲'鈌'，與'義'作'羛'同例。"[3]何琳儀引《玉篇》："鈇，飾也。"認爲楚戟自名之"鈇戟"義爲畫戟。[4]董珊從李學勤、鄭

---

① 王引之：《經義述聞》，江蘇古籍出版社，1985 年，第 452 頁。

② 李學勤、鄭紹宗："可能是'一種儀仗隊伍的名稱'"，《論河北近年出土的戰國有銘青銅器》，《古文字研究》第七輯，中華書局，1982 年，第 127 頁。何琳儀："是燕王的侍衛。按古代王或國君出行，必有護衛隨從隨行，是爲儀仗"，《戰國文字通論（訂補）》，江蘇教育出版社，2003 年，第 104 頁。

③ 李學勤、鄭紹宗：《論河北近年 出土的戰國有銘青銅器》，《新出青銅器研究》，文物出版社，1990 年，第 218 頁。

④ 何琳儀：《戰國文字通論（訂補）》，江蘇教育出版社，2003 年，第 105 頁。

紹宗說，認爲"弗"是"我"的變體，"鈇"應隸定爲"鈬"，讀爲戈。①沈融據《釋名·釋兵》"戈，過也。所刺搗則決過，所鈎引則制之弗得也"，認爲自名"鈇"得自戈的使用方法。②羅衛東師訓"弗"聲字（刜、拂等）義爲横擊，認爲燕戈自名"鈇"得名於戈的横擊使用方法③，其說甚確。自名爲"鈇"之戈見于戰國燕王載、燕王喜世。

東周燕兵銘文鈇類兵器的名稱有ㄟ萃鈇、右軍鈇、行義（儀）自牽司馬鈇、行議牽鈇。

例1：

> 郾（燕）厌（侯）軍（載）乍（作）ㄟ萃鈇。（郾侯載戈，16984，戰國早期）

例2：

> 郾（燕）厌（侯）軍（載）乍（作）右軍鈇。（郾侯載戈，16985，戰國早期）

例3：

> 郾（燕）王喜惡（作）行義（儀）自牽司馬鈇。（郾王喜戈，17023，戰國晚期）

例4：

> 郾（燕）王喜造行議牽鈇。（郾王喜戈，31482，戰國晚期）

例1"萃鈇"義爲步卒所用的鈇。例2"右軍鈇"，《左傳·桓公五年》："秋，王以諸侯伐鄭，鄭伯御之。王爲中軍；虢公林父將右軍，蔡人、衛人屬焉；周公黑肩將左軍，陳人屬焉。"④"右軍"爲"三軍"之一，是軍隊編制單位。"右軍鈇"是右軍所用之戈。例3"司馬"前面兩字，李學勤釋爲"百執"⑤，黄盛璋釋作"自執"⑥，何琳儀認爲應是一個字"罕（鐸）"，意思是軍中大鈴，

---

① 董珊："'義'所從的'我'旁是義字的聲符，這一點已經是被學者所公認的；義的異體字'羛'所從的'弗'乃是'我'的變體，這一點在清代《説文》學者就有人指出過。燕戈自名'鈇'的聲旁'弗'，正應該看作跟'羛'所從的那種'我'相同的偏旁。所以，此字應該隸定爲'鈬'，上面寫作'鈇'的只可以看作是所謂的'隸古定'寫法。'鈬'和'戈'上古音都是見系歌部字，音近可通，所以從音理上講'鈬'可以讀爲'戈'"，《戰國題銘與工官制度》，北京大學博士學位論文，2002年，第91頁。

② 沈融：《燕兵器銘文格式、内容及其相關問題》，《考古與文物》1994年第4期，第93頁。

③ 羅衛東師：《燕國兵器自名"鈇"字考釋》，《民俗典籍文字研究》第二十八輯，2021年，第158–163頁。

④ 阮元校刻：《十三經注疏》，中華書局，1980年，第1748頁。

⑤ 李學勤：《戰國題銘概述》（上），《文物》1959年第7期，第54頁。

⑥ 黄盛璋：《燕、齊兵器研究》，《古文字研究》第十九輯，中華書局，1992年，第13頁。

"鐸司馬"是執鐸的司馬。[①]沈融認爲"自"是"百"之誤，釋爲"百夅"，意思是百人隊伍[②]。按：例3、例4"夅"爲何意，待考。依文例"行義（儀）自夅司馬""行議夅"，應爲鈖的使用者。

4. 鐖鈖類

東周燕兵銘文鈖類兵器的名稱有萃鐖鈖。

例1：

> ［郾（燕）］厌（侯）軍（載）乍（作）□鐖（戜）鈖六。（郾侯載戈，16981，戰國早期）

例2：

> ［郾（燕）］厌（侯）脄乍（作）□萃鐖（戜）鈖。（郾侯載戈，16980，戰國中期）

例3：

> 郾（燕）厌（侯）脄乍（作）亇萃鐖（戜）鈖。（郾侯脄戈，16979，戰國晚期）

董珊認爲："'鈖'跟'鐖'都是不刃内的類型，'鈖'應該讀爲'戈'，'鐖'是戈的一種，因此既可以稱爲'鐖鈖（戈）'，也可以就單稱爲'鐖'"[③]。"萃鐖鈖"爲步卒使用的戈。

三、劍類

1. "劍"的字詞關係

《周禮・考工記》曰："桃氏爲劍，臘廣二寸有半寸，兩從半之，以其臘廣爲之莖圍，長倍之。中其莖，設其後，叁分其臘廣，去一以爲首廣而圍之，身長五其莖長，重九鋝，謂之上制，上士服之。身長四其莖長，重七鋝，謂之中制，中士服之。身長三其莖長，重五鋝，謂之下制，下士服之。"[④]目前考古發現最早的劍爲西周早期的青銅劍。這種劍的形制比較原始："劍身爲窄長的長條形，尖峰，直刃，鋒刃交接處圓轉，無折角。器身中部作弧形隆起，橫截面作棗核

---

① 何琳儀：《戰國文字通論（訂補）》，江蘇教育出版社，2003年，第104頁。

② 沈融：《燕兵器銘文格式、内容及其相關問題》，《考古與文物》1994年第4期，第93頁。

③ 董珊：《戰國題銘與工官制度》，北京大學博士學位論文，2002年，第89頁。

④ 阮元校刻：《十三經注疏》，中華書局，1980年，第915–916頁。

形。"①與《周禮》的描述有較大差异。東周時期隨着軍事的發展，劍的形制趨于完善。春秋早期中原地區出現了帶有劍脊和劍柄的銅劍。②戰國時期吳越的鑄劍業十分發達，遠超過其他地區。吳越的青銅劍不但劍首、劍格、劍柄皆備，而且造型精美③（見圖1—圖3）。

圖1　西周銅劍④　　　圖2　春秋中原銅劍⑤　　　圖3　戰國越國銅劍⑥

《説文》："劎，人所帶兵也。從刃，僉聲。劍，籀文劍從刀。"⑦出土文獻從刃或從刀的"劍"字出現時間較晚，西周銅器銘文寫作 （師同鼎，02430，西周中期），從金僉聲，隸定爲"鐱"。此種寫法爲東周銅器銘文所繼承，直至戰國晚期仍在行用，如：

例1：

> 耳𦥑（鑄）公鐱（劍）。（耳鑄公劍，17816，春秋中期）

例2：

> 攻（句）𧏹（吳）王戠钺此郘（邾）自之元用鐱（劍）。（攻𧏹王戠钺此郘劍，17858，春秋晚期）

例3：

> 戉（越）王□□，［自乍（作）］用鐱（劍）。（越王劍，17868，春秋晚期）

例4：

> 攻致（吳）王光，自乍（作）用鐱（劍）。（攻致王光劍，17917，春秋晚期）

---

① 中國社會科學院考古研究所：《張家坡西周墓地》，中國大百科全書出版社，1999年，第179頁。

② 蘇秉琦主編：《洛陽中州路（西工段）》，中國科學院考古研究所科學出版社，1959年，第97頁。

③ 湖北江陵望山1號墓、浙江鄞縣甲村鄉郊家埭戰國墓、湖北江陵縣雨臺鄉官坪村9號楚墓、浙江安吉縣遞鋪鎮古城村古城遺址、湖北江陵西門外張家山戰國墓葬都曾出土過大量吳越青銅劍。

④ 中國社會科學院考古研究所：《張家坡西周墓地》（二），中國大百科全書出版社，1999年，圖版123-8。

⑤ 蘇秉琦主編：《洛陽中州路（西工段）》，中國科學院考古研究所科學出版社，1959年，圖64。

⑥ 吳鎮烽：《商周青銅器銘文暨圖像集成》第三十三卷，上海古籍出版社，2012年，第218頁。

⑦ 阮元校刻：《十三經注疏》，中華書局，1980年，第93頁。

例 5：

攻敔（吳）王光自乍（作）用鐱（劍），逗余允至，克戩（戟）多攻。（攻敔王光劍，17920，春秋晚期）

例 6：

吳季子之子逞之兀（元）用鐱（劍）。（吳季子之子逞劍，17950，春秋晚期）

例 7—例 8：

虘公白羃（择）梤（厥）吉金，其㠯（以）乍（作）爲用元鐱（劍）。（虘公白劍，17969、17971，春秋晚期）

例 9：

工（攻）膚（吳）王姑发誓（䳜）反之弟子（季）子□□，受□乎（厥）可（吉？）金，㠯（以）乍（作）其兀（元）用鐱（劍）。（工盧王姑發䳜反之弟劍，18075，春秋晚期）

例 10：

希（蔡）医（侯）朔之用鐱（劍）。（蔡侯朔劍，21301，春秋晚期）

例 11：

歆公子伐自乍（作）用鐱（劍）。（歆公子伐劍，21304，春秋晚期）

例 12：

吳季子之子逞之兀（元）用鐱（劍）（吳季子之子逞劍，31344，春秋晚期）

例 13：

叔戕鄐（郘）命戈（我）爲王。羃（擇）乎（厥）吉金，自乍（作）元用鐱（劍）。（句吳王姑讎於雒劍，21352，春秋晚期）

例 14：

邚（越）王欨（勾）潜（踐），自乍（作）用鐱（劍）。（越王勾踐劍，17874，戰國早期）

例 15：

[吳]季子之子[逞]之兀（元）用鐱（劍）。（吳季子之子逞劍，17929，戰國晚期）

例 16：

> 郾（燕）王職乍（作）武某（無）旅鐱（劍）。（郾王職劍，戰國晚期）

例 17：

> 郾（燕）王職乍（作）武某（無）鏃（旅）鐱（劍）。（郾王職劍，戰國晚期）

例 18：

> 郾（燕）王職乍（作）武某（無）鏃（旅）鐱（劍），右攻。（郾王職劍，戰國晚期）

例 19：

> 郾（燕）王職乍（作）武某（無）鏃（旅）鐱（劍）。[①]（郾王職劍，戰國晚期）

例 20：

> 鈅（韓）鐘之鑄（造）鐱（劍）。（韓鐘劍，17821，戰國）

除了“鐱”字，春秋晚期到戰國“劍”出現了 4 類異體字。

A. 鐱

銘文寫作 、，隸定爲“鐱”，共 9 例，見于春秋晚期和戰國早期，用例如下。

例 1—例 2：

> 攻敔（吳）王光自乍（作）用鐱（劍），台（以）戲（挡）戝（勇）人。（攻敔王光劍，17918—17919，春秋晚期）

例 3：

> 攻善（吳）王光施（也）台（以）吉金，自乍（作）用鐱（劍）。（攻善王光劍，17921，春秋晚期）

例 4：

> 攻敔（吳）王者叚虘虘自乍（作）元用鐱（劍）。（攻敔王者叚虘虘劍，17946，春秋晚期）

---

① 按：例 16—例 19 釋文參考何琳儀、施謝捷、周翔説。何琳儀：《戰國文字通論》，中華書局，1989 年，第 95 頁；《戰國文字通論（訂補）》，江蘇教育出版社，2003 年，第 105 頁。施謝捷：《郾王職劍跋》，《文博》1989 年第 2 期，第 33 頁。周翔：《戰國兵器銘文分域編年研究》，浙江師範大學碩士學位論文，2013 年，第 290 頁。

例 5：

郙王蘦自𫆪（作）甬（用）鐼（劍）。（郙王蘦劍，17856，春秋晚期）

例 6：

郙王蘦自𫆪（作）甬（用）鐼（劍）。（郙王蘦劍，21302，春秋晚期）

例 7：

郙王蘦自𫆪（作）甬（用）鐼（劍）。（郙王蘦劍，31581，春秋晚期）

例 8：

攻敔（吳）王者迡戲自乍（作）用鐼（劍）。（攻敔王者迡戲劍，21342，春秋晚期）

例 9：

希（蔡）医（侯）産之用鐼（劍）。（蔡侯産劍，17832，戰國早期）

此字在"鐼"之聲符"僉"下增加"曰"作爲裝飾性部件。文字增加無義偏旁作爲裝飾是東周文字常見現象，如"友"作 (《侯馬》300)、 (《郭店·六德》21)，中山王鼎"弇"作 。

B.

此寫法 1 例見于春秋晚期。

例 1：

鵙公圃自乍（作）元 ，征匋（延寶）用之。（鵙公圃劍，17966，春秋晚期）

此字在"鐼"字基礎上增加"攴"。"攴"或爲無義之飾筆："迬"，屬羌鐘作 ；"臧"，陳璋壺作 ，皆在下部增加"攴"；或爲增加之義符："攴"象手持物擊打之形，或指示劍之功用。

C. 僉

銘文寫作 ，隸定爲"僉"，共 116 例，多見于春秋晚期至戰國中期的吳越徐楚等國文字。

例 1：

何氏白羽自乍（作）用僉（劍）。（何氏白羽劍，17859，春秋晚期）

例 2：

攻（句）吾（吳）王光，自乍（作）用僉（劍）。（攻吳王光劍，17915，春秋晚期）

例3：

邻（徐）王義楚之元子柴（背），羉（擇）其吉金，自乍（作）用
僉（劍）。（邻王義楚之元子柴劍，17995，春秋晚期）

例4：

攻（句）敔（吳）王戋吳吳自乍（作）用僉（劍）。（攻敔王戋吳吳
劍，21343，春秋晚期）

例5：

王子虎台（以）幺（玄）翏（鏐）自乍（作）用僉（劍）。（王子虎
劍，31593，春秋晚期）

例6：

希（蔡）疾（侯）產之用僉（劍）。（蔡侯產劍，17835，戰國早期）

例7—例8：

希（蔡）疾（侯）從，希（蔡）疾（侯）從，背面：之佳（唯）用
僉（劍），之佳（唯）用僉（劍）。（蔡侯從劍，17836，戰國早期）

例9—例10：

佳（唯）□□之尸旨□亥（?）邦亓卲（昭）僉（劍）。（越王劍，
17865—17866，戰國早期）

例11：

戉（越）王戉（越）王，背面：曰（嗣）旨不光，自乍（作）用攻
（?）。劍首：佳（唯）弨□之尸旨□亥（?）邦亓卲（昭）僉（劍）。
（越王劍，17870，戰國早期）

例12：

戉（越）王白（伯）疾（侯），自乍（作）用僉（劍）。（越王伯侯
劍，17872，戰國早期）

例13—例16：

正面：戉（越）州句，戉（越）州句，背面：自乍（作）用僉
（劍），自乍（作）用僉（劍）（越州句劍，17890—17891，戰國早期）

例17：

戉（越）王州句，自乍（作）用僉（劍）。（越王州句劍，17892，
戰國早期）

例 18—例 23：

正面：戉（越）王州丩（句）州丩（句），背面：自乍（作）用僉（劍），自乍（作）用僉（劍）。（越王州句劍，17893—17895，戰國早期）

例 24—例 29：

正面：戉（越）王州句州句，背面：自乍（作）用僉（劍），自乍（作）用僉（劍）。（越王州句劍，17896—17898，戰國早期）

例 30—例 31：

正面：戉（越）王州丩（句）州丩（句），背面：自乍（作）用僉（劍），自乍（作）用僉（劍）。（越王州句劍，17899，戰國早期）

例 32—例 55：

正面：戉（越）王州句州句，背面：自乍（作）用僉（劍），自乍（作）用僉（劍）。（越王州句劍，17900—17911，戰國早期）

例 56—例 57：

正面：戉（越）王州句州句，背面：之用僉（劍），隹（唯）余土延（透）邗。（越王州句劍，17912—17913，戰國早期）

例 58—例 59：

正面：戉（越）王州句州句，背面：自乍（作）用僉（劍），自乍（作）用僉（劍）。（越王州句劍，21316，戰國早期）

例 60—例 61：

正面：戉（越）王州句州句，背面：自乍（作）用僉（劍）。（越王州句劍，21317—21318，戰國早期）

例 62—例 69：

正面：戉（越）王州丩（句），州丩（句）；背面：自乍（作）用僉（劍），自乍（作）用僉（劍）。（越王州句劍，21319—21322，戰國早期）

例 70：

正面：戉（越）王州句，州句；背面：之用僉（劍），唯余土延（透）邗。（越王州句劍，21323，戰國早期）

例 71：

戉（越）王州句，自乍（作）用僉（劍）。（越王州句劍，31589，戰國早期）

例 72—例 73：

> 正面：戉（越）王州句州句，背面：自乍（作）用僉（劍），自乍（作）用僉（劍）。（越王州句劍，31598，戰國早期）

例 74—例 75：

> 正面：戉（越）王州ㄐ（勾）州ㄐ（勾），背面：自乍（作）用僉（劍），自乍（作）用僉（劍）。（越王州句劍，31599，戰國早期）

例 76—例 78：

> 正面：戉（越）王州句州句，背面：自乍（作）用僉（劍），自乍（作）用僉（劍）。箍棱：莫唯僉（劍）戉（越），塦（夷）元乍（作）易（賜）。（越王州句劍，31614，戰國早期）

例 79—例 80：

> 正面：戉（越）王戉（越）王，背面：自旨不光㣧（嗣）乍（作）用僉（劍），劍首：佳（唯）□□之尸旨□亥（？）邦[丌卲（昭）]僉（劍）。（越王嗣旨不光劍，21329，戰國早期）

例 81：

> 劍格正面：戉（越）王丌北古，戉（越）王丌北古，劍格背面：自乍（作）用旨自，自乍（作）用旨自，劍首：佳（唯）戉（越）王丌北，自乍（作）元之用之僉（劍）。（越王丌北古劍，18025，戰國早期）

例 82—例 84：

> 劍格正面：古北丌王戉（越），戉（越）王丌北古，劍格背面：自乍（作）用僉（劍）自，自乍（作）用僉（劍）自；劍首：佳（唯）戉（越）王丌北自乍（作）元之用之僉（劍）。（越王丌北古劍，18026，戰國早期）

例 85：

> 劍格正面：古北丌王戉（越），戉（越）王丌北古，劍格背面：自乍（作）永用之，自乍（作）永用之；劍首銘：台（唯）戉（越）王丌北，自乍（作）永之用之僉（劍）。（越王丌北古劍，18027，戰國早期）

例 86：

> 正面：戉（越）王丌北古，□子□㣧（嗣）墨。背面：□□□□足
> 佢□足足□，乍（作）□乍（作）□□□□□□□□。劍首：佳（唯）戉

（越）王丌北自乍（作）元之用之僉（劍）。（越王丌北古劍，21332，戰國早期）

例 87—例 88：

戉（越）王不昜（壽）不昜（壽），自乍（作）用僉（劍）用僉（劍）。（越王不壽劍，19966，戰國早期）

例 89：

膓（陽）庶用僉（劍）。（陽庶劍，21299，戰國早期）

例 90：

希（蔡）矦（侯）產之用僉（劍）。（蔡侯產劍，21300，戰國早期）

例 91：

令尹夲（新）章自乍（作）用僉（劍）。（令尹夲章劍，21305，戰國早期）

例 92—例 93：

正面：戉（越）王者（諸）旨（稽），戉（越）王于睗。背面：自乍（作）用僉（劍），自乍（作）用僉（劍）。（越王諸稽于睗劍，21315，戰國早期）

例 94—例 96：

格正面銘：曾矦（侯）子吳（昃）曾矦（侯）子吳（昃）格正面銘：自乍（作）甬（用）僉（劍）自乍（作）甬（用）僉（劍）。劍首銘：夨（昃）乍（作）自之，吉玄鋁，矦（侯）曾僉（劍）之甬（用）。（曾侯吳劍，21350，戰國早期）

例 97：

司敗壴章罨（擇）乎（厥）吉金，自复（作）甬（用）僉（劍）。（司敗壴章劍，31597，戰國早期）

例 98：

劍格正面：戉（越）王戉（越）王，劍格背面：者（諸）旨（稽）不光，自乍（左）用僉（劍）。（越王諸稽不光劍，17954，戰國中期）

例 99—例 102：

劍格正面：戉（越）王，王戉（越）；劍格背面：僉（劍）用光，

光用僉（劍）；劍首：戉（越）王不光用僉（劍），戉（越）王不光用僉（劍）。（越王不光劍，21324，戰國中期）

例 103—例 104：

正面：戉（越）王，戉（越）王；背面：者（諸）旨（稽）不光，自乍（作）用僉（劍），劍首：唯□王古□古，自乍（作）用僉（劍），古之。（越王諸稽不光劍，21328，戰國中期）

例 105—例 106：

正面：戉（越）王戉（越）王，背面：者（諸）旨（稽）不光，自乍（作）用僉（劍），劍首：戉（越）王旨殹（翳），自乍（作）用僉（劍）。唯尸（夷）邦旨（稽）大。（越王旨翳劍，21330，戰國中期）

例 107—例 108：

正面：戉（越）王，戉（越）王，背面：不者（諸）旨（稽）光，乍（作）用僉（劍），劍首：戉（越）王旨殹（翳），自乍（作）僉（劍）。唯尸（夷）邦旨（稽）大。（越王旨翳劍，21331，戰國中期）

例 109—例 110：

戉（越）王旨殹（翳），戉（越）王旨殹（翳），自乍（作）用僉（劍），自乍（作）用僉（劍）。（越王旨翳劍，31602，戰國中期）

例 111—例 116：

劍格正面：戉（越）王旨殹（翳）古，戉（越）王旨殹（翳）古，背面：自乍（作）用僉（劍）古，自乍（作）用僉（劍）古；劍首：戉（越）王旨殹（翳），自乍（作）用僉（劍）隹（唯）古。（越王旨翳劍，31618—31619，戰國中期）

D. 唅

銘文寫作、，隸定爲"唅"，僅 2 例見于吳越文字。此種寫法在"僉"下增加"口"或"曰"爲裝飾性部件，從"口""曰"意義無別。

例 1：

旨屋（地）君疋壮吳之孫朱繍罨（擇）臿（厥）吉金自乍（作）元用之唅（劍）。（朱繍劍，18024，春秋晚期）

例 2：

者碧（差）其余罨（擇）吉金，盥（鑄）甬（用）唅（劍）。（者差其余劍，17949，戰國中期）

東周銅器銘文劍類兵器的名稱還有武某（無）旅鐱（劍）、斵鐱（劍）。

2. 武某（無）旅鐱（劍）

例1：

郾（燕）王職怍（作）武某（無）旅鐱（劍）。（郾王職劍，戰國晚期）

例2：

郾（燕）王職乍（作）武某（無）鏃（旅）鐱（劍）。（郾王職劍，戰國晚期）

例3：

郾（燕）王職怍（作）武某（無）鏃（旅）鐱（劍），右攻。（郾王職劍，戰國晚期）

例4：

郾（燕）王職乍（作）武某（無）鏃（旅）鐱（劍）。①（郾王職劍，戰國晚期）

4例"武某（無）旅鐱（劍）"，皆見于燕王職劍銘。"武"後兩字第一字銘文寫作■，第二字寫作■或■。第一字王翰章隸定爲"㹊"②，何琳儀先隸定爲"樺"，讀"蹕"，"武蹕"爲燕王的侍衛。後改釋爲"無"之省簡，讀"舞"。③李學勤隸定爲"業"，讀作"蹕"，認爲是燕王的侍衛。④陳漢平釋爲"無"，楊澤生、董珊亦釋爲"無"。⑤《集成》讀爲"樺"。⑥■，李孝定釋爲"鑮"⑦，黃盛璋隸定爲"旅"，讀爲"都"。⑧王翰章從黃盛璋之隸定，讀爲"都"，認爲"武㹊旅（都）"應是燕王職的下屬職官。⑨何琳儀隸定爲"旅"，義爲師

---

① 按：例1—例4釋文參考何琳儀、施謝捷、周翔説。參見何琳儀：《戰國文字通論》，中華書局，1989年，第95頁；《戰國文字通論（訂補）》，江蘇教育出版社，2003年，第105頁。施謝捷：《郾王職劍跋》，《文博》1989年第2期，第33頁。周翔：《戰國兵器銘文分域編年研究》，浙江師範大學碩士學位論文，2013年，第290頁。

② 王翰章：《燕王職劍考釋》，《考古與文物》1983年第2期。

③ 何琳儀：《戰國文字通論》，中華書局，1989年，第95頁；《戰國文字通論（訂補）》，江蘇教育出版社，2003年，第105頁。

④ 李學勤、鄭紹宗：《論河北近年出土的戰國有銘青銅器》，《新出青銅器研究》，文物出版社，1990年，第217—226頁。

⑤ 陳漢平：《屠龍絶緒》，黑龍江教育出版社，1989年，第382頁。楊澤生：《燕國文字中的"無"字》，《中國文字》新二十一期，藝文印書館，1996年。董珊：《釋燕系文字中的"無"字》，《于省吾教授百年誕辰紀念文集》，吉林大學出版社，1996年，第208—209頁。

⑥ 中國社會科學院考古研究所編：《殷周金文集成》（修訂增補本）第八冊，中華書局，2007年，第6371頁。

⑦ 李孝定：《金文詁林附録》，香港中文大學出版社，1977年，第2404頁。

⑧ 黃盛璋：《此乃'旅'字，旅、者、都同在魚部，故燕文讀與'都'同》，《所謂"夏虛都"三璽與夏都問題》，《中原文物》1980年第3期，第1—3頁。

⑨ 王翰章：《燕王職劍考釋》《考古與文物》1983年第2期。

旅。[1]施謝捷隸定爲"鍺",通"鐋","鐋劍"爲用于斫擊之劍[2]。周翔讀"無"爲
"撫",通"拊",訓"擊"。第二字從施謝捷說,認爲"無旅"義爲"擊殺"。[3]

按:"某"釋爲"無"之省頗具卓識,曾姬無卹壺之"無"作🔲,天星觀楚
簡作🔲,睡虎地秦簡作🔲,銘文之"無"爲此類"無"字省。此字還見于戰國
陶文,🔲(《陶匯》4.18),釋義從周翔說。🔲、🔲詳審拓片,仍應隸定爲
"旅"。戰國璽印"旅🔲"之"旅"寫作🔲(《璽匯》3248),"庚🔲萃司馬"之
"🔲"寫作🔲(《璽匯》293),"旅"之寫法皆與此字相同。釋義若從何琳儀
說,釋爲師旅,則"武無旅鍽"義爲擊殺師旅所用之劍,甚爲拗口,不若施謝捷
之釋義更優。"🔲",黃德寬認爲是"都"之異體[4]。朱駿聲《說文通訓定聲》:
"旅,假借爲緒。"[5]"都""緒"皆以"者"爲聲符,"着"亦以"者"爲聲符,則
"旅"可通"鐋"。"武某(無)旅鍽(劍)"通"武拊鐋劍",指用于擊殺之劍,文
從字順。

3. 斬鍽(劍)

例1:

　　富奠(奠)之斬鍽(劍)。(富奠劍,17823,戰國)

"劍"前一字銘文作🔲,從畫、刀。《金文編》認爲劃、斬同。[6]《說文》
"斬"之或體從畫從刉。《說文》:"斬,斫也。"[7]"斬鍽"義爲擊殺之劍,言明劍
之用途。

四、鈇類

　　"鈇",銘文作🔲、🔲,從金從大。日本學者林巳奈夫認爲:"燕王喜鈇一組

---

① 何琳儀:《戰國文字通論(訂補)》,江蘇教育出版社,2003年,第105頁。

② 施謝捷:"此字左從金,右非從𢍰,而是'者'字。……此字當可隸定爲從金者聲的'鍺',即《爾
雅·釋器》:'斫謂之鐋'之鐋,從者聲與以者聲同,故得通作。郭璞注《爾雅》曰:'鐋,鐰也。'《玉篇》訓同
此。《淮南子·兵略訓》:'奮儋鐋',高誘注云:'鐋,斫也',屬名詞。《正字通》謂:'鐋與斫通',《說文》:
'斫,擊也。'知'鐋'可用爲動詞,有斫擊義",《郾王職劍跋》,《文博》1989年第2期,第33頁。

③ 周翔:"無:明紐魚部,撫:滂紐魚部,明滂旁紐,魚部迭韵。井侯簋'無令(命)于有周。'唐蘭《西
周青銅器銘文分代史徵》謂無讀撫。……撫、拊文獻每互作無別,《詩經·小雅·蓼莪》:'拊我畜我',《後漢
書·梁竦傳》《華嚴經音義》二、《藝文類聚》二十引拊作撫。《吕氏春秋·知分》:'晏子撫其僕之手。'《新
序·義勇》撫作拊。拊有擊義。《書·益稷》:'予擊石拊石'擊、拊對文。蔡沈注:'重擊曰擊,輕擊曰拊'",
《戰國兵器銘文分域編年研究》,浙江師範大學碩士學位論文,2013年,第290頁。

④ 黃德寬:"從邑,旅聲,都之異文。《古文四聲韵》上平二十七都作🔲,其右旁明顯從旅,……旅、都韵
相通,故燕系文字、傳抄古文均以旅爲都。"《古文字譜系疏證》,商務印書館,2007年,第1571-1578頁。

⑤ 宗福邦:《故訓匯纂》,商務印書館,2003年,第997頁。

⑥ 容庚、張振林、馬國權:《金文編》,中華書局,1985年,第1486頁。

⑦ 許慎:《說文解字》,岳麓書社,2006年,第300頁。

兵器應該是裝長木柄的長兵器——‘鈹’，并不是劍。”[1]何琳儀認爲：“讀爲
‘鍜’，即鈹。矛與鈹形制甚近，所以燕兵銘文以‘鈦’爲矛，也以‘鈦’爲劍。”[2]
李學勤認爲：“‘鈦’是劍的自名。”[3]沈融認爲：“燕國長劍與別處出土的戰國銅
劍規格相當，名稱也是一致的。短劍全長不及長劍之半，不能像後者那樣直接用
于大規模野戰。只有像秦俑坑出土的銅鈹那樣接以長柲，才能作爲戰士手中的得
力武器。鈦，就是燕人對這種劍形長兵器——鈹的稱呼。”[4]董珊認爲：“郾王
喜鈦是裝長木柄使用的鈹類兵器。”[5]羅衛東師認爲“鈦”讀爲“鉈”，燕國矛以
及矛演變成的鈹都自名“鈦”。[6]按：“鈦”字考釋從羅師説，考自名爲“鈦”的
燕兵形制，上部爲劍形而短，下部有長柲，部分燕劍也自名爲“鈦”。

　　東周銅器銘文鈦類兵器的名稱有牧（御）鈦、巨牧（御）鈦、黃卒鈦、王
莝鈦、自莝率鈦、旅鈦、某（無）旅鈦。

1. 牧（御）鈦、巨牧（御）鈦

例1—例6：

> 郾（燕）王職乍（作）牧鈦。（郾王職矛，戰國晚期）

例7：

> 郾（燕）王詧（讓）忎（作）牧鈦。（郾王詧矛，戰國晚期）

例8：

> 郾（燕）王戎人乍（作）牧鈦。（郾王戎人矛，戰國晚期）

例9：

> 郾（燕）王職乍（作）牧鈦。（郾王職矛，戰國晚期）

例10—例11：

> 郾（燕）王職乍（作）巨牧鈦。（郾王職矛，戰國晚期）

例12：

> 郾（燕）王戎人乍（作）巨牧鈦。（郾王戎人矛，戰國晚期）

---

① 林已奈夫：《中國殷周時代の武器》，日本京都大學人文科學研究所，昭和四十七年二月，第118-121頁。

② 何琳儀：“‘鈦’與‘鍜’音近。《禮記·曲禮》下‘不敢與世子同名’注：‘世，或爲大。’《左傳·昭公
二十五年》‘樂大心’，《公羊傳》作‘樂世心’。《儀禮·既夕禮》‘革轙載旃’。注：‘古文轙爲殺’，此大、世、
殺聲繫相通之旁證。……《漢書·陳勝項籍傳贊》‘不敵于鈎戟長鍜也’注：‘鍜，鈹也。’”《戰國文字通論（訂
補）》，江蘇教育出版社，2003年，第105頁。

③ 李學勤、鄭紹宗：“燕王喜劍的特點是平脊，斷面呈梭形，……‘鍺鏃（劍）’或‘者鈦’是這種劍的自名。”
《論河北近年出土的戰國有銘青銅器》，《新出青銅器研究（增訂版）》，人民美術出版社，2016年，第219頁。

④ 沈融：《燕兵器銘文格式、內容及其相關問題》，《考古與文物》1994年第3期，第9頁。

⑤ 董珊：《戰國題銘與工官制度》，北京大學博士學位論文，2002年，第96頁。

⑥ 參見羅衛東師：《燕國兵器自名“鈦”字考釋》，《文獻語言學》，2018年第1期，第10-19頁。

例 13—例 14：

> 郾（燕）王戎人乍（作）巨牧鈹。（郾王戎人矛，戰國晚期）

"牧鈹"即"御鈹"，義爲所用之鈹；"巨牧鈹"即大的御鈹。例 1—例 7，7 件鈹通長 12—13 厘米，例 10—例 11，2 件鈹的通長分别爲 14.2 厘米、14.6 厘米[①]，後者確較前者更爲巨大。

2. 黄卒鈹

例 1—例 2：

> 郾（燕）王職乍（作）黄衣（卒）鈹。（郾王職矛，17635—17636，戰國晚期）

"黄"意義尚不明確，"黄卒鈹"意義待考。

3. 王萃鈹

例 1：

> 郾（燕）王戎人乍（作）王萃鈹。（郾王戎人矛，17657，戰國晚期）

"王萃鈹"即燕王步卒所用的鈹。

4. 自卒率鈹

例 1：

> 郾（燕）王戎人乍（作）自卒率鈹。（郾工戎人矛，17658，戰國晚期）

"率"前一字銘文作 ，此字還見于燕王晉戈（17023，戰國晚期），隸定爲"卒"。"自卒"意義待考，依文例或爲軍事組織單位，"自卒率鈹"是自卒統帥所用之鈹。

5. 旅鈹、某（無）旅鈹

例 1：

> 郾（燕）王喜惡（作）旅鈹。（郾王喜鈹，17841，戰國晚期）

例 2：

> 郾（燕）王喜惡（作）旅鈹。（郾王喜劍，17842，戰國晚期）

---

① 數據參考吳鎮烽：《商周青銅器銘文暨圖像集成》第三十三卷，上海古籍出版社，2012 年，第 59-62、78、84-85 頁。

例 3：

> 郾（燕）王[喜忁（作）] 某（無）旅鈘。（郾王喜劍，17843，戰國晚期）

例 4—例 9：

> 郾（燕）王喜忁（作）某（無）旅鈘。（郾王喜劍，17846—17851，戰國晚期）

例 10：

> 郾（燕）王喜忁（作）某（無）旅鈘。（郾王喜鈹，21303，戰國晚期）

例 11—例 12：

> 郾（燕）王喜忁（作）某（無）旅鈘。（郾王喜鈹，31582—31583，戰國晚期）

東周銅器銘文共 2 例“旅鈘”、10 例“某（無）旅鈘”。“旅鈘”“某（無）旅鈘”讀爲“鐯劍（鈹）”“拊鐯劍（鈹）”，指用于擊殺之劍（鈹）。

五、戟類

1.“戟”的字詞關係

“戟”爲戈、矛合體之兵器，前段爲矛、旁側爲戈，既能刺傷敵人又能勾啄敵人，兼具兩種功能。“戟”是從戈進化而來[①]，進化開始的時間約在商末周初。[②] 西周初期戈、戟尚未完全分化。北京房山琉璃河陸續出土的三件燕侯戟形制相似，皆前部有矛、側邊帶戈。其中 16595、16597 兩件自名爲戈，16596 自名爲戟，疑正處于由戟到戈的過渡階段，尚未完全分化，到了春秋時期“戟”的形制功能發展完備[③]。《周禮·考工記》：“戟廣寸有半寸，內三之，胡四之，援五之，倨句中矩與刺重三鋝。”鄭玄注：“戟，今三鋒戟也，內長四吋半，胡長六吋，援長七吋半。”（見圖 4—圖 7）[④]

---

① 郭沫若：“戈之第三段進化，則當是秘端之利用，戟之着刺是也。戈制發展至此，已幾于完成，蓋以一器而兼刺兵、勾兵、割兵之用。戈之演化爲戟，如蝌蚪之演化爲青蛙，有戟之出而戈之制遂廢，至兩漢之世，所存者僅戟而已。”《殷周青銅器銘文研究》，人民出版社，1954 年，第 179－182 頁。

② 河北藁城臺商代墓地出土過 1 件銅戟（見正文圖 4），楊泓認爲用秘將 1 件銅矛和 1 件銅戈聯裝在一起，全長 85 厘米。但迄今在商代遺存中僅發現這一孤例，表明它只是個別人企圖改進兵器的嘗試，并未在社會範圍造成影響。楊泓：《古代兵器通論》，紫禁城出版社，1998 年，第 67 頁。

③ 郭寶鈞：“至鈎戟分化，爲戈之旁枝，其時代起于春秋初中期，已有事實爲之證明。”《戈戟余論》，《國立中央研究院歷史語言研究所集刊》，1935 年第五卷第 3 期，第 313－326 頁。

④ 阮元校刻：《十三經注疏》，中華書局，1980 年，第 915 頁。

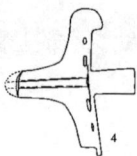

圖4　商代銅戟① 　　圖5　西周銅戟② 　　圖6　春秋銅戟③ 　　圖7　戰國銅戟④

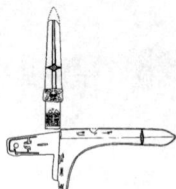

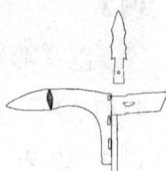

“戟”字不見于《説文》，《説文·戈部》有“戟”字：“戟，有枝兵也。從戈、倝。”⑤《玉篇·戈部》：“戟，同戟。”“戟”文獻也寫作“棘”。出土文獻表示兵器“戟”的漢字最早出現于西周早期，寫作“㦸”，除此之外銅器銘文中還有13類異體字用于記録兵器“戟”。

A. 㦸

此字最早見于西周早期，直至戰國晚期。銘文寫作㦸、㦸，左“戈”右“丰”，隸定爲㦸，東周銅器銘文共8例，多見于楚系文字。或寫作㦸、㦸，左“丰”右“戈”，隸定爲“㦸”，東周銅器銘文共55例，多見于齊系和楚系文字，“戈”爲形符，“丰”爲聲符。“丰”甲骨文作丰、商代金文作丰，戴侗認爲此字爲契之初文，于省吾從之。⑥按：《説文》：“㦸，讀若棘。”⑦《爾雅·釋言》：“慽，褊、急也。”邢昺疏：“慽、亟、棘、革字雖異音義同。”⑧“㦸”，見紐怪韵，“丰”，見紐怪韵，可知“丰”“㦸”古音同。

例1：

> 上郡乍（作）㦸（戟）。（上郡戟，21103，春秋早期）

例2：

> □□白（伯）之元執㦸（戟）。（□□伯戈，17064，春秋早期）

例3：

> 郡大史□乍（作）㦸（戟）。（郡大史□戈，21141，春秋早期）

① 楊泓：《古代兵器通論》，紫禁城出版社，1998年，第67頁。
② 出土于陝西岐山賀家村。戴應新：《陝西岐山賀家村西周墓葬》，《考古》1976年第1期，第31—38頁。
③ 出土于安徽舒城九里墩春秋墓。楊鳩霞：《安徽舒城九里墩春秋墓》，《考古學報》1982年第2期，第229—242頁。
④ 出土于河北邯鄲百家村。孫德海：《河北邯鄲百家村戰國墓》，《考古》1962年第12期，第613—634頁。
⑤ 許慎：《説文解字》，岳麓書社，2006年，第266頁。
⑥ 于省吾：《釋丰》，《甲骨文字釋林》，商務印書館，2009年，第353—355頁。
⑦ 許慎：《説文解字》，岳麓書社，2006年，第266頁。
⑧ 阮元校刻：《十三經注疏》，中華書局，1980年，第2581頁。

例 4—例 5：

郮（鄋）子受之用戠（戟）。（鄋子受戟，16885—16886，春秋中期）

例 6：

鄎（鄎—息）之王戠（戟）。（鄎之王戟，31376，春秋中期）

例 7：

黄戠（戟）。（黄戟，16424，春秋晚期）

例 8：

鄎（息）之王戠（戟）。（鄎之王戟，16686，春秋晚期）

例 9：

陳子山造戠（戟）。（陳子山戈，16774，春秋晚期）

例 10—例 12：

玄鏐之用戠（戟）。（玄鏐之用戟，16792—16794，春秋晚期）

例 13：

庭之敓（造）戠（戟），君司成右。（庭戈，17065，春秋）

例 14：

攻敔（敔）工差自乍（作）用戠（戟）。（攻敔工差戟，17083，春秋晚期）

例 15：

大賡（府）之行戠（戟）。（大府戟，21129，春秋晚期）

例 16：

裔宭敦（敦）年戠（戟）。（裔宭敦年戟，21131，春秋晚期）

例 17：

墜（陳）豆韡敓（散）戠（戟）。（墜豆韡戟，31414，春秋晚期）

例 18：

幺（玄）翏（鏐）膚（鏽）呂（鋁）之用戠（戟）。（玄鏐鏽鋁戟，31460，春秋晚期）

例 19：

黄戠（戟）。（黄戟，16425，戰國）

例 20：

武城戠（戟）。（武城戟，16520，戰國）

例 21：

子豆徒戠（戟）。（子豆徒戟，16634，戰國）

例 22：

平陸左戠（戟）。（平陸左戟，16679，戰國）

例 23：

大埤公戠（戟）。（大埤公戟，16688，戰國）

例 24：

子鼎（淵）鼎（鼎）之戠（戟）。（子鼎鼎戟，16768，戰國）

例 25：

平塦（阿）右同戠（戟）。（平阿右戟，16781，戰國）

例 26：

簷（莒）丘子造戠（戟）。（簷丘子戟，16782，戰國）

例 27：

平阿左造徒戠（戟）。（平阿左戟，16858，戰國）

例 28：

敢之造戠（戟）。（敢戟，16607，戰國早期）

例 29—例 30：

曾侯越之行戠（戟）。（曾侯邸戟，16878—16879，戰國早期）

例 31：

臧（莊）王之楚用戠（戟）。（莊王之楚戟，16910，戰國早期）

例 32：

子禾子左造戠（戟）。（子禾子左戟，16912，戰國早期）

例 33：

軛（範）毃之戠（用）戠（戟）。（軛毃戟，21135，戰國早期）

例 34：

> 梁（梁）十九年亡智（智）求戠（戟）嗇夫庶魔羃（擇）吉金鉝（鑄），財（載）少夲（半），穆＝（穆穆）魯辟，複（祖）省朔旁（方），舠（身）於茲阤（巽—選），鬲（歷）年萬不（丕）永（承）。（亡智鼎，02376，戰國中期）

例 35：

> 斂乍（作）郝（郚、楚）王戠（戟）。（斂戟，16719，戰國中期）

例 36—例 39：

> 上戈銘：坪（平）夜（輿）君成之用戠（戟），下戈銘：坪（平）夜（輿）君成之用。（平夜君成戟，16894—16897，戰國中期）

例 40：

> 王章之戠（歲），公这之告（造）戠（戟）。（公这戈，17109，戰國中期）

例 41：

> 墜（陳）戠戠（戟）。（陳戠戟，16514，戰國晚期）

例 42：

> 陳之造戠。（陳之造戟，16648，戰國晚期）

例 43：

> 宜無之棗（造）戠（戟）。（宜無戟，16745，戰國晚期）

例 44：

> 僕膚之造戠（戟）。（僕膚戟，16747，戰國晚期）

例 45：

> 平阿左造戠（戟）。（平阿左戟，16779，戰國晚期）

例 46：

> 犢共卑氏戠（戟）。（犢共卑氏戟，16800，戰國晚期）

例 47：

> 墜（陳）旺（旺）之戠（歲），佶（造）賡（府）之戠（戟）。（造府戟，17069，戰國晚期）

例 48：

> 鄆左告（造）戠（戟），阤（冶）臚所□。（垣左戟，17071，戰國晚期）

例 49：

> 廿＝（二十）七年，安陽倫（令）苟（敬）章，司寇（寇）槀（椁—郭）衣□，右庫工師鄡（梁）丘，阤（冶）太□右瞿（輕）萃戠（戟）。（安陽令敬章戈，17361，戰國晚期）

例 50：

> 六年，安陽倫（令）釛（韓）壬，司刑欣（听）鈫，右庫市＝（工市—師）艾（䔲）固，坓（冶）珇散（造）戠（戟）束（刺）（安陽令韓壬戟刺，17700，戰國晚期）

例 51：

> 二年，奠（鄭）倫（令）槀（椁—郭）活，弖（司）寇（寇）芊慝（慶），生（往）庫市＝（工市—師）皮釛，坓（冶）君（尹）皶（坡）戠（戟）束（刺）。（鄭令槀活戟刺，17701，戰國晚期）

例 52：

> 三（四）年，戜（截）雟（雍）倫（令）釛（韓）政，司寇（寇）杒（刑）它，左庫工市（師）荆（刑）秦，坓（冶）袤（襏）戠（散、造）戠（戟）束（刺）。（截雍令韓政戟刺，17702，戰國晚期）

例 53：

> 平壂（阿）右戠（戟）。（平阿右戟，21120，戰國晚期）

例 54：

> □□□□，自乍（作）甬（用）戠（戟）。（自作用戟，21213，戰國晚期）

例 55：

> 陳子高歔（廩）丘佶（造）戠（戟）。（陳子高戟，31467，戰國晚期）

例 56：

> 王孫名之用娃（戟）。（王孫名戟，16848，春秋晚期）

例 57：

> 君子翻造犇（戟）。（君子翻戟，16770，春秋晚期）

例 58：

> 新偌（造）自劉（命）弗犇（戟）。（新造戟，16819，戰國）

例 59：

> 曾侯邸之犇（戟）。（曾侯邸戟，16762，戰國早期）

例 60：

> 曾侯鼳之用犇。（曾侯鼳戟，16880，戰國早期）

例 61：

> 曾庆（侯）遫之行犇（戟）。（曾侯遫戟，16882，戰國早期）

例 62：

> 曾庆（侯）遫之行犇（戟）。（曾侯遫戟，16883，戰國早期）

例 63：

> 犧蘆造犇（戟）。（犧蘆戟，16657，戰國晚期）

從戈半聲之"戜"字有兩種异寫字：第一種作██，在聲旁"半"左邊增加飾筆乚、乚。共 5 例，多見于楚系文字。

例 64：

> 曾庆（侯）乙之用戜（戟），曾。（曾侯乙戟，16874，戰國早期）

例 65：

> 曾庆（侯）乙之賊（用）戜（戟）。（曾侯乙戟，16875，戰國早期）

例 66：

> 曾庆（侯）邸（越）之行戜（戟）。（曾侯邸戟，16877，戰國早期）

例 67：

> 曾庆（侯）鼳（遫）之用戜（戟）。（曾侯遫戟，16881，戰國早期）

例 68：

> 瘳有之戜（戟）。（瘳有戟，21113，戰國）

第二種寫作██，戈、半共用筆畫，僅 1 例見于秦國文字。

例 69：

正面銘：四年，相邦吕不韋造，寺工讋，丞義，工可，（戟）。背面銘：寺工，文。矛骹銘：寺工。（相邦吕不韋戟，17252，戰國晚期）

B. 丯

僅 3 例，見于戰國中期，疑是“戟”之省。

例 1：

周公乍（作）武用丯（戟）。（周公戟，16813，戰國中期）

例 2：

五年，公族申戈（作）陽城貣（造）丯（戟），㠯（以）厲武士大大紿（治）周密，君命右斿。（公族申戈，21266，戰國中期）

例 3：

周公乍（作）武用丯（戟）。（周公戟，31450，戰國中期）

C. 戟

銘文作、、、，從戈、倝聲，共 3 例。《廣韵》：“倝，古案切，去翰見。元部。”“戟”爲見紐鐸部，聲同韵近。《説文》：“戟，有枝兵也，從戈、倝。”此種寫法爲《説文》小篆所本。

例 1：

比䧢（城）之棗（？）戟（戟）。（比城戟，16729，春秋晚期）

例 2：

十三年，大良造鞅之造戟（戟）。（大良造鞅戟，17125，戰國中期）

例 3：

八年，陽弈（翟）命（令）悊，司寇□□，右庫工工帀（師）樂叚、垄（冶）罟散（造）端戟（戟）朿（刺）。（陽翟令悊戟刺，17704，戰國晚期）

D. 㦸

銘文寫作，左邊爲“戈”，右邊爲“匚”和“朿”，隸定爲“㦸”。共 2 例皆見于楚系文字[①]。《説文》：“朿，木芒也。象形，讀若刺。”[②]按：“朿”爲刺之

① 例 16884 出土于湖北鄖縣五峰鄉蕭家河村喬家院春秋墓，發掘報告認爲此墓爲楚墓，參見黄鳳春、黄旭初：《湖北鄖縣喬家院春秋殉人墓》，《考古》2008 年第 4 期，第 49 頁。

② 許慎：《説文解字》，岳麓書社，2006 年，第 143 頁。

初文，段玉裁注：“朿，今字作刺，刺行而朿廢矣。”①于省吾認爲：“棘從并朿，朿、棘初本同名，漸歧爲二，且在古文字中每單雙無别。”②其説甚確。“月”，鄂君啓車節作，楚簡作（《信陽》1.023）；“盜”，秦簡作（《睡虎地》20.193），石鼓文作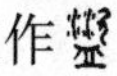，皆爲此例。承前文所述文獻多以“棘”表示“戟”。“㦸”字之“朿”疑示义，《淮南子》“脩戟无刺”，注：“刺，锋也。”③“朿”指示戟之矛锋。

例 1：

輿（舉）子傀用之㦸（戟）。（輿子傀戟，16884，春秋晚期）

例 2：

戉（越）王䞿（差）郐（徐），㠯（以）其鐘金，盥（鑄）其戕（拱）㦸（戟）。（越王差徐戟，17363，戰國中期）

E. 戟

銘文寫作，由“朿”和“戈”構成，僅1例。

例 1：

虞之戟（戟）。（虞之戟，16531，戰國晚期）

F. 𢦏

銘文寫作、，從“戈”“各”，隸定爲“𢦏”，共11例出現于春秋晚期到戰國早期蔡、滕、曾、楚等國兵器。《安徽舒城九里墩春秋墓》一文將此字釋爲“戟”。④《殷周金文集成》釋爲“戈”⑤。按：此字仍應釋爲“戟”。考下文例 2 蔡侯朔戟之形制，爲戈、矛分體。郭沫若認爲：“此物當如矛頭，與戟之胡、援、内分離而着于柲端，故《記》文言‘與’。‘刺’與戟體本分離，柲腐則判爲二，故存世者僅見有戈形而無戟形也。”⑥九里墩墓發掘報告曰：“柲已腐朽，但位置未改動。”⑦亦可爲證。例 1 滕侯昃戈目前僅存戈，無矛，疑因柲腐戈、矛分體後，矛在流轉中遺失。“𢦏”，從戈各聲。“各”鐸部見紐，“戟”鐸部見紐，讀音相近。

---

① 段玉裁：《説文解字注》，上海古籍出版社，1988 年，第 318 頁。

② 于省吾：《釋朿》，《雙劍誃殷契駢枝》，中華書局，2009 年，第 78 頁。

③ 何寧：《淮南子集釋》，中華書局，1998 年，第 929 頁。

④ 楊鳩霞：《安徽舒城九里墩春秋墓》，《考古學報》1982 年第 2 期，第 229—242 頁。

⑤ 中國社會科學院考古研究所編：《殷周金文集成》第七册，中華書局，2007 年，第 5956 頁。

⑥ 郭沫若：《殷周青銅器銘文研究》，科學出版社，1961 年，第 192 頁。

⑦ 楊鳩霞：《安徽舒城九里墩春秋墓》，《考古學報》1982 年第 2 期，第 229—242 頁。

例1:

朕（滕）医（侯）吴（昃）之醬（造）伐（戟）。（滕侯吴戈，16753，春秋晚期）

例2:

希（蔡）医（侯）朔之用伐（戟）。（蔡侯朔戟，16834，春秋晚期）

例3:

雁（應）医（侯）啟之用伐（戟）。（應侯啓戟，21160，春秋晚期）

例4:

希（蔡）医（侯）朔之用伐（戟）。（蔡侯朔戟，21161，春秋晚期）

例5:

競（景）孫旂之用伐（戟）。（競孫旂戟，31436，春秋晚期）

例6:

朕（滕）医（侯）吴（昃）之醬（造）伐（戟）。（滕侯吴戟，31437，春秋晚期）

例7:

朕（滕）医（侯）吴（昃）之醬（酷、造）伐（戟）。（滕侯吴戟，21188，春秋晚期）

例8:

希（蔡）医（侯）產之用伐（戟）。（蔡侯產戟，21169，戰國早期）

例9:

曾医（侯）邨（越）之伐（戟），而去斤所。（曾侯邨戟，21217，戰國早期）

例10:

希（蔡）医（侯）產之用伐（戟）。（蔡侯產戟，31449，戰國早期）

例11:

鄭（鄧）冢（蒙）薑（璞）之用伐（戟）。（鄧冢璞戟，21192，戰國）

G. 犍

銘文寫作⬛、⬛、⬛，由戈、建構成，隸定爲"犍"。共12例，多見于春秋中晚期楚系文字。《廣韵》："建，居萬切，去願見。元部。""戟，九劇切，入陌見。鐸部。"聲紐相同，元鐸通轉。"建"應爲聲符。

例1—例2：

> 王子午之行鍵（戟）。（王子午戟，16843—16844，春秋晚期）

例3—例4：

> 王孫喬（誥）之行鍵（戟）。（王孫誥戟，16846—16847，春秋晚期）

例5：

> 童（鐘）麗（離）公柏之用鍵（戟）。（童麗公柏戟，17055，春秋中期）

例6：

> 武王之孫白（伯）邛之用鍵（戟）。（伯邛戟，17095，春秋早期）

例7：

> 楚王之行鍵（戟）。（楚王戟，21124，春秋晚期）

例8—例9：

> 童（鍾）麗（離）公柏之用鍵（戟）。（鍾離公柏戟，21144—21145，春秋中期）

例10：

> 楚王卲之行鍵（戟）。（楚王卲戟，21147，春秋晚期）

例11：

> 王子寅之行鍵（戟）。（王子寅戟，21154，春秋晚期）

例12：

> 曾子㫃之用鍵（戟）。（曾子㫃戟，21158，春秋晚期）

H. 鐵

銘文寫作▨、▨，左"金"右"戟"，東周銅器銘文共7例，多見于齊系文字。疑"金"爲後增義符，指示戟之材質。此類增加"金"爲義符的寫法齊系文字常見，如"戈""矛"等字亦寫作"戔""鉾"。

例1：

> 右廥（府）之用鐵（戟）。（右府戟，21130，春秋晚期）

例 2：

> 墜（陵）右鋯（造）鍼（戟）。（墜右戟，16621，戰國晚期）

例 3：

> 谷坡郜（造）鍼（戟），后（冶）□。（谷坡戟，16746，戰國晚期）

例 4：

> 齊城左，匠（冶）臘□□造車鍼（戟）。（齊城左戟，16971，戰國晚期）

例 5：

> 齊城右造車鍼（戟），冶中。（齊城右戟，16972，戰國晚期）

例 6：

> 齊城右造車鍼（戟），匠（冶）臘（腑）。（齊城右戟，17073，戰國晚期）

例 7：

> 子希（蔡）子敫之丘鍼（戟）。（子蔡子敫戟，31469，戰國晚期）

I. 鉾

銘文作![字]、![字]，從金半聲，隸定爲“鉾”，或以爲“鍼”之省。[1]東周銅器銘文共 3 例。

例 1：

> 郚氏之造鉾（戟）。（郚氏戟，21128，春秋晚期）

例 2：

> 斦（析）君墨敢之郜（造）鉾（戟）。（斦君墨敢戟，17053，戰國早期）

例 3：

> 左廥（府）之敀（造）鉾（戟）。（左府戟，16744，戰國中期）

J. 箴

銘文作![字]、![字]、![字]、![字]，從戈、氽，共 5 例，多見于晉系文字。“氽”爲後

---

① 黃德寬：《古文字譜系疏證》，商務印書館，2007 年，第 1378 頁。

增之聲符，《説文》："軌，日始出，光軌軌也。從旦、放聲。"① "放""軌"
"戟"古音近。"旗"所從之"戋"，戈、半常共用筆畫。

例1：

> 窮（句）歔王之新族旗（戟）。（窮歔王戟，16977，春秋早期）

例2：

> 十三年，皮氏旗（戟）。（皮氏戟，16817，戰國晚期）

例3：

> 七年，盧氏命（令）軌（韓）闕帀＝（工帀—師）司旦（馬）隊乍
> （作）集旗（戟）。（盧氏令韓闕戟，17205，戰國晚期）

例4：

> 十年洱陽倫（令）長（張）疋，司寇（寇）鳴（粤）相，左庫帀＝
> （工帀—師）重（董）棠，坓（冶）明涑釽（鑄）旗（戟）。（洱陽令張
> 疋戟，17353，戰國晚期）

例5：

> 六年敫（襄）城倫（令）軌（韓）沽，司寇（寇）庥（麻）維、右
> 庫帀＝（工帀—師）甘（邯）丹（鄲）飤、坓（冶）疋散（造）端旗
> （戟）刃。（襄城令韓沽戈，17360，戰國晚期）

K. 旌

由半、放構成，4例，見于戰國中晚期。疑爲"旗"之省。

例1：

> 廿二年邦嗇夫蒽，帀＝（工帀—師）隃，坓（冶）軟，旌（戟）刃。
> （邦嗇夫蒽戈，16134，戰國中期）

例2：

> 正面：六年，邳（塚—冢）子軌（韓）政，邦庫嗇夫軌（韓）狐，
> 大官上庫嗇夫狢賈，庫吏弜，坓（冶）君（尹）糵散（造）支旌（戟）
> 束（刺）。背面：潁陽。（冢子韓政戟刺，21289，戰國晚期）

例3：

> 廿一年邦嗇夫傳，帀＝（工帀—師）参，坓（冶）軟，旌（戟）刃。

---

① 許慎：《説文解字》，岳麓書社，2006年，第140頁。

（郑嗇夫蒽戈，31513，戰國晚期）

例 4：

三年，吳郆端（令）軯（韓）瘉，帀＝（工帀—師）苟狄，坚（冶）廥（慶）武旆（戟）。（吳郆令戟，31515，戰國晚期）

L. 旆

銘文寫作旆、旆，從戈、认聲，共 5 例，見于戰國晚期。疑爲"旛"之省。

例 1：

九年，閦（蘭）命（令）□賜，□釸（鑄）旆（戟）。（蘭令□賜戈，17223，戰國晚期）

例 2：

內部銘：十年宅陽俖（令）陽登，右庫工帀（師）夜疷（瘥），□韓□旆（戟）。（宅陽令陽登戟，17325，戰國晚期）

例 3：

王四年，相邦張義（儀），內史操之造□界旆（戟），□[工師]賤、工夘。（相邦張義戟，17263，戰國晚期）

例 4：

奠（鄭）坒（往）庫旆（戟）朿（刺）。（鄭坒庫戟刺，17698，戰國）

例 5：

二年梁（梁）俖（令）長（張）龡，弖（司）寇（寇）事昔，右庫帀＝（工帀—師）郆墨，坚（冶）鈞散（造）端旆（戟）朿（刺）（梁令張龡戟刺，17703，戰國晚期）

M. 戓

銘文寫作戓，從戈、斤聲，金文僅 1 例，見于春秋時期。

例 1：

瑪（鴻）子圍夒之所（御）戓（戟）。（瑪子圍夒戟，31461，春秋時期）

N. 戠

銘文寫作戠，此種寫法金文 2 例，見于春秋中期。

例 1—例 2：

吕（以）鞋（鄧）之臟（戟）。（以鄧戟，16630—16631，春秋中期）

東周銅器銘文戟類兵器的名稱有車戟、徒戟、萃戟、族戟、散（散）戟、戟朿（刺）。

2. 車戟

例 1：

齊城左，胆（冶）臑□□造車鉞（戟）。（齊城左戟，16971，戰國晚期）

例 2：

齊城右造車鉞（戟），冶中。（齊城右戟，16972，戰國晚期）

例 3：

齊城右造車鉞（戟），胆（冶）臑（腸）。（齊城右戟，17073，戰國晚期）

東周銅器銘文共 3 例“車戟”，爲建于戰車之戟。《周禮・考工記》：“車戟常，崇于殳四呎，謂之五等。”鄭玄注：“皆插車。”[①]據陳夢家考證戰國一尺約爲今之 23 厘米。[②]

3. 徒戟

例 1：

子亘徒戜（戟）。（子亘徒戟，16634，戰國）

例 2：

平堲（阿）左造徒戜（戟）。（平堲左戟，16858，戰國）

“徒戟”，爲步兵所用之戟。

4. 萃戟

例 1：

廿₌（二十）七年，安陽倫（令）苟（敬）章，司寇（寇）㚖

① 阮元校刻：《十三經注疏》，中華書局，1980 年，第 907 頁。

② 陳夢家：《戰國度量衡略説》，《考古》1964 年第 6 期，第 312–314 頁。

（椁—郭）衣□，右庫工師郯（梁）丘，旦（冶）太□右翌（輕）萃戟
（戟）。（安陽令敬章戈，17361，戰國晚期）

"萃戟"，爲步兵使用的戟。

5. 族戟

例1：

窵（句）獻（吳）王之新族旂（戟）。（窵獻王戟，16977，春秋早期）

"族戟"爲公族或國君部屬使用之戟。

6. 斂（散）戟

例1：

墜（陳）豆彝斂（散）戉（戟）。（墜豆彝戟，31414，春秋晚期）

"散戟"義爲用于殺戮之戟。

7. 戟束（刺）

例1：

奠（鄭）生（往）庫族（戟）束（刺）。（鄭生庫戟刺，17698，戰國）

例2：

六年，安陽倫（令）馭（韓）壬，司刑欣（听）餰，右庫帀＝（工
帀—師）艾（若）固，坙（冶）耶散（造）戉（戟）束（刺）。（安陽令
韓壬戟刺，17700，戰國晚期）

例3：

二年，奠（鄭）倫（令）槀（椁—郭）活，弓（司）寇（寇）芌廙
（慶），生（往）庫帀＝（工帀—師）皮耴，坙（冶）肙（尹）皷（坡）
戉（戟）束（刺）。（鄭令槀活戟刺，17701，戰國晚期）

例4：

三（四）年，鍼（截）霤（雍）倫（令）馭（韓）政，司寇（寇）
昶（刑）它，左庫工帀（師）荆（刑）秦，坙（冶）裛（褐）皷（敳、
造）戉（戟）束（刺）。（截雍令韓政戟刺，17702，戰國晚期）

例5：

二年梁（梁）倫（令）長（張）餕，弓（司）寇（寇）事昔，右庫

帀=（工帀—師）郘㞞，坓（冶）鈞歈（造）端旇（戟）束（刺）。（梁令張歈戟刺，17703，戰國晚期）

例 6：

八年，陽采（翟）命（令）愸，司寇□□，右庫工工帀（師）樂臤、坓（冶）㲉歈（造）端戟束（刺）。（陽翟令愸戟刺，17704，戰國晚期）

例 7：

六年，卟（塚—冢）子𪤳（韓）政，邦庫嗇夫𪤳（韓）狐，大官上庫嗇夫狢賈，庫吏䪍，坓（冶）𢆌（尹）𪑛歈（造）支旇（戟）束（刺）。（冢子韓政戟刺，21289，戰國晚期）

《説文》：“束，木芒也，象形，讀若刺。”《方言》：“凡草木刺人，江湘之間謂之棘。”戴家祥認爲，“束能刺人刺物，古人將它用作原始的武器，後又模仿束的形狀制造出橫啄的刺兵武器戟”。① “戟刺”，是“戟”之前端用以刺人的部分，即戟之刺部。

六、矛類

1.“矛”的字詞關係

“矛”是刺兵的一種，戰争中用手握持以攻擊敵人。“矛”產生年代較早，早期爲硬木、骨、象牙所制，新石器時代河姆渡遺址曾出土 12 件木矛②，大汶口文化遺址出土的象牙矛和骨矛均置于男性死者右手。③商周時期的矛多爲青銅所制。

《説文》：“矛，酋矛也。建于兵車，長二丈。象形。”段玉裁注：“見考工記。記有酋矛、夷矛。酋矛常有四呎。夷矛三尋。鄭注：酋夷，長短。酋之言遒也。酋近夷長矣。按許不言夷矛者、兵車所不建。不常用也。魯頌箋云：‘兵車之法。左人持弓，右人持矛，中人御’。”④由段注可知發展到周代矛已經與兵車配套使用，爲車右所持之兵器。常見“酋矛”“夷矛”即長矛和短矛（見圖8—圖11）。

---

① 戴家祥：《金文大字典》（下），學林出版社，1999 年，第 4139 頁。
② 浙江省文物管理委員會：《河姆渡遺址第一期發掘報告》，《考古學報》1978 年第 1 期，第 39-94 頁。
③ 山東省博物館、山東省文物考古研究所：《鄒縣野店》，文物出版社，1985 年，第 36 頁。
④ 段玉裁：《説文解字注》，上海古籍出版社，1988 年，第 719 頁。

圖 8　河姆渡木矛[①]　　圖 9　大汶口骨矛[②]　　圖 10　商代銅矛[③]　　圖 11　西周銅矛[④]

出土文獻"矛"字最早見于西周中期，寫作█，象商周時期銅矛之形。戜簋銘文曰："俾克厥敵，獲馘百，執訊二夫，俘戎兵；盾、矛、戈、弓、箙、矢、裨、胄，凡百有卅有五款。"戜伐戎俘獲 135 件兵器，其中就有矛。春秋時期銅器銘文寫作█（佣矛，17601）、█（有司伯喪矛，17659）。除此之外東周銅器銘文還有"鈘""鏊"兩種字形記錄兵器"矛"。

A. 矛

東周銅器銘文共 14 例，此種寫法與西周一脉相承，爲象形字。

例 1：

公矛，誐徒。（公矛，31551，春秋早期）

例 2—例 3：

又（有）嗣（司）白（伯）喪之車矛。（有司伯喪矛，17659—17660，春秋早期）

例 4：

刐（佣）之用矛。（佣矛，17601，春秋晚期）

例 5：

帀（蔡）弔（叔）麢矛之行。（蔡叔麢矛戟，21170，春秋晚期）

例 6：

公車用矛。（公車矛，31552，春秋）

---

① 浙江省文物考古研究所：《河姆渡——新石器時代遺址考古發掘報告》（上），文物出版社，2003 年，第 135 頁。

② 山東省文物管理處編：《大汶口——新石器時代墓葬發掘報告》，文物出版社，1974 年，第 45 頁。

③ 姜玉濤：《國博近年征集入藏的商代青銅器》，《收藏家》2010 年第 2 期，第 50 頁圖 12。

④ 陳夢家：《西周銅器斷代（六）》，《考古學報》1956 年第 4 期，圖版 8。

例 7：

> 戉（越）王者（諸）旨（稽）自乍（作）用矛。（越王諸稽矛，17623，戰國早期）

例 8：

> 戉（越）王州句，自乍（作）用矛。（越王州句矛，17667，戰國早期）

例 9：

> 於戉（越）昌（台）王旨醫之大（太）子不叵（壽），自乍（作）元用矛。（越王大子不叵矛，17678，戰國早期）

例 10：

> 競（景）媛（寬）自乍（作）輊（萃）矛。用膓（揚）吝（文）諲（德）武剌（烈）。（競媛矛，17695，戰國早期）

例 11：

> 戉（越）王者（諸）旨（稽），自乍（作）用矛。（越王諸稽矛，21281，戰國早期）

例 12：

> 郾（燕）王喜忞（作）□矛，□。（郾王喜矛，17641，戰國晚期）

例 13：

> 新告（造）自司之矛。（新造矛，17615，戰國晚期）

例 14：

> □□□□□所爲□矛。（所爲矛，21284，戰國晚期）

B. 鈺

銘文寫作 **釪**，從金從矛，隸定爲“鈺”。共 3 例見于戰國晚期燕國兵器。商周矛頭多爲青銅所制，疑“金”爲後增之意符。《禮記·曲禮》“進矛戟者”，陸德明釋文“本又作鈺”。[1]《慧琳音義》卷七十六“矛穳”，注：“經從金作鈺，古字也。”[2]

例 1：

> 郾（燕）王職隉（隆）䵍（齊）之秖（獲），台（以）爲雲萃鈺

---

[1] 阮元校刻：《十三經注疏》，中華書局，1980 年，第 1244 頁。

[2] 宗福邦：《故訓匯纂》，商務印書館，2003 年，第 1570 頁。

（矛）。（郾王職矛，17639，戰國晚期）

例2：

郾（燕）王戎人乍（作）翏（戮）鈝（矛）。（郾王戎人矛，31567，戰國晚期）

例3：

郾（燕）王戎人乍（作）雲萃鈝（矛）。（郾王戎人矛，31568，戰國晚期）

C. 鋻

銘文寫作█，上部爲"卯"下部爲"金"，隸定爲"鋻"。僅1例見于戰國晚期燕王晉矛。何琳儀初以爲與卯通，通作鎦，《玉篇》以爲古劉字，訓殺。後讀爲鈝，爲矛之古文。[①]馬承源認爲從金卯聲，是矛字的異體[②]，甚確。《廣韵》："卯，莫飽切，上巧明。幽部。""矛，莫浮切，平尤明。幽部。"二字古音同屬幽部明紐，按例可通，"鋻"是"鈝""矛"之異體，"卯"爲聲符。

例1：

郾（燕）王晉（謹）乍（作）巨牧鋻（矛）。（郾王晉矛，戰國晚期）

東周銅器銘文矛類兵器的名稱有巨牧（御）矛、車矛、萃矛、翏（戮）矛、利。

2. 巨牧（御）矛

例1：

郾（燕）王晉（謹）乍（作）巨牧鋻（矛）。（郾王晉矛，戰國晚期）

"巨牧矛"，"巨"言矛之形制巨大。

3. 車矛

例1—例2：

又（有）嗣（司）白（伯）喪之車矛。（有司伯喪矛，17659—17660，春秋早期）

---

① 兩種觀點分別見于何琳儀：《戰國文字通論》，中華書局，1989年，第105頁；《戰國古文字典》，中華書局，1998年，第264頁。

② 馬承源：《商周青銅器銘文選》第四卷，文物出版社，1990年，第567頁。

例 1—例 2 "伯喪" 又見于秦政伯喪戈，爲人名。黃錫全認爲是秦武公嫡子白。[1] "車矛" 一詞未見于文獻，春秋戰國兵器銘文中常見 "車戈"，"車" 應爲修飾矛、戈之定語。張德光認爲車字在銘文中可能有標明用途之意，説明此戈是戰車上用的兵器。[2] 其説與上文所引《説文》《魯頌》之記載相合，可從。《左傳・襄公二十五年》："賦車兵、徒兵、甲楯之數。" 楊伯峻注："此兩兵字皆指兵器，車上之戰士與車下之徒卒所執兵器不同，故云車兵徒兵。"[3] 亦可爲證。

4. 萃矛

例 1：

> 郾（燕）王職隓（隆）鼇（齊）之秖（獲），台（以）爲雲萃釴（矛）。（郾王職矛，17639，戰國晚期）

例 2：

> 郾（燕）王戎人乍（作）雲萃釴（矛）。（郾王戎人矛，31568，戰國晚期）

例 3：

> 競（景）嬡（寬）自乍（作）輕（萃）矛。用旐（揚）㝦（文）諐（德）武剌（烈）。（競嬡矛，17695，戰國早期）

東周銅器銘文共 3 例 "萃矛"。"萃矛" 一詞不見于文獻，東周銅器銘文除 "萃矛" 之外，還有 "萃鈽" "萃鋸" "萃戟"，皆爲萃+兵名格式，是步兵使用的兵器。

5. 鏐（戮）矛

例 1：

> 郾（燕）王戎人乍（作）鏐（戮）釴（矛）。（郾王戎人矛，31567，戰國晚期）

---

① 黃錫全："據《史記・秦本紀》：'武公卒，葬雍平陽……有子一人，名曰白。白不立，封平陽。立其弟德公。'《正義》'平陽時屬雍，并在歧州。'……考慮到《史記》明明記載武公之子名'白'，在平陽可稱嫡子者只有憲公、武公和白，而戈字又出在寶雞一帶，銘文又稱'政嗣白喪'，所以，我們傾向子器主就是武公之子白，作器時間當在武公繼位後其爲太子之時段內"，《介紹新見秦政嗣白喪戈矛》，《社會科學戰綫》2005 年第 3 期，第 153—157 頁。

② 張德光：《陳渚戈小考》，《考古與文物》1989 年第 2 期。

③ 楊伯峻：《春秋左傳注》，中華書局，1990 年，第 1107 頁。

銘文最後二字最早釋爲"萃釱"①，徐文龍改釋爲"翏釴"，意爲用來擊殺之矛②，可從。

6. 利

例1—例2：

> 郾（燕）王喜忍（作）全詶（長）利。（郾王喜矛，17643—17644，戰國晚期）

"全詶"讀爲百長，爲軍隊職官。《墨子·迎敵祠》："城上步一甲、一戟，其贊三人。五步有五長，十步有什長，百步有百長。"③"利"，銘文寫作🉐，何琳儀認爲是矛的別稱④，沈融認爲是兵器名，僅見于大號矛銘。⑤按：《説文》："利，銛也。從刀，和然後利，從和省，易曰：利者義之和也。"⑥銘文"郾王喜作全長利"，與"郾王喜作御司馬鐱"（郾王喜戈，17036）、"郾王詈作行儀鐱"（郾王詈戈，17020）辭例相同，"利"是矛之別稱。

七、矢、弩、距末

1. 矢

中國古代兵器中弓矢出現的時候比較早，《易·系辭》："弦木爲弧，剡木爲矢。"⑦先民們最早用彎曲柔韌的木條制作弓弧，用鋒利的木條制作箭矢。山西朔縣峙峪村舊石器時期遺址出土過石制的箭鏃⑧，山東大汶口、浙江河姆渡新石器時期遺址出土了大量的骨鏃。⑨田野考古還發現新石器時代就有弓箭射傷、射死人的例證⑩。偃師二里頭遺址中出土過青銅鏃，安陽殷墟小屯遺址中發現了馳弓

---

① 吳鎮烽編著：《商周青銅器銘文暨圖像集成三編》第四卷，上海古籍出版社，2020年，第211頁。
② 徐文龍：《戰國題銘零釋（五則）》，《中國文字研究》2022年第1期，第42—48頁。
③ 孫詒讓：《墨子閒詁》，中華書局，2001年，第576頁。
④ 何琳儀：《戰國文字通論訂補》，江蘇教育出版社，2003年，第105頁。
⑤ 沈融：《燕兵器銘文格式、內容及其相關問題》，《考古與文物》1994年第3期，第9頁。
⑥ 許慎：《説文解字》，岳麓書社，2006年，第91頁。
⑦ 阮元校刻：《十三經注疏》，中華書局，1980年，第87頁。
⑧ 山西朔縣峙峪村舊石器時代遺址發現了一枚石鏃。參見賈蘭坡、盖培、尤玉桂：《山西峙峪舊石器時代遺址發掘報告》，《考古學報》1972年第1期，第39—58頁。
⑨ 山東省文物管理處、濟南市博物館：《大汶口——新石器時代墓葬發掘報告》，文物出版社，1974年，第46頁。浙江省文物管理委員會、浙江省博物館：《河姆渡遺址第一期發掘報告》，《考古學報》1978年1期，第54—56頁。
⑩ 1966年江蘇邳縣大墩子遺址出土一具男尸，其股骨內嵌有一枚骨鏃。參見南京博物院：《江蘇邳縣大墩子遺址第二次發掘》，《考古學集刊》1981年第一輯，第27—81頁。1972—1973年發掘的雲南元謀大墩子遺址中有8處墓葬的死者身體都中過箭。參見雲南省博物館：《元謀大墩子新石器時代遺址》，《考古學報》1977年第1期，第43—72頁。

的遺痕[①]，青銅鏃的出現大大提高了弓矢的威力。

《説文》："弓，以近窮遠，象形。古者揮作弓。周禮六弓；王弓、弧弓以射甲革甚質，夾弓、庾弓以射干矦鳥獸，唐弓、大弓以授學射者。""矢，弓弩矢也。從入。象鏑栝羽之形。古者夷牟初作矢。"[②]甲骨文"弓"寫作（《合集》248 正）、（《合集》22435），象弓之形。兩周銅器銘文"弓"字寫法沿襲甲骨文，作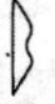（弓父庚壺，12074，西周早期）、（㦰簋，05379，西周中期）。"矢"，甲骨文寫作（《合集》5699）、（《合集》21805），銅器銘文寫作（同卣，13307，西周中期）、（小盂鼎，02516，西周早期），象箭矢之形。

作爲兵器名稱的"弓""矢"多見于西周賞賜金文，且常常一起出現。如：

例 1：

王令（命）虞医（侯）夨曰：䙴（遷）医（侯）于宜，易（錫）豋㔾（鬯）一卣，商鬲（瓚）一□、彤（彤）弓一、矤（彤）矢百、旅弓十、旅矢千；（宜侯夨簋，05373，西周早期）

例 2：

王乎（呼）宰雁（應）易（錫）盛弓、象弭、矢臺、彤欮。（師湯父鼎，02431，西周中期）

例 3：

易（錫）女（汝）弓一，矢束。（不嬰簋，05387，西周晚期）

東周銅器銘文中未見表兵器之"弓"，表兵器之"矢"有 3 例。

例 1：

哾公之矢。（哾公鏃，18417，戰國）

例 2：

郘（卿）公斁翏之矢，顳之蝨（蚚）。（郘公鏃，18420，戰國）

例 3：

二十九年，𥠖（秦）攻𢍁（吾），王㠯（以）子橫質芓（于）齊，又使景鯉、蘇歷（厲）㠯（以）求平。竝（並）令尹乍（作）弩五千，矢卌萬與之。（二十九年弩機，18586，戰國晚期）

---

① 石璋如：《小屯殷代的成套兵器》，《歷史語言研究所集刊》第二十二本，1950 年，第 19−84 頁。

② 許慎：《説文解字》，岳麓書社，2006 年，第 269、110 頁。

2. 弩

《吳越春秋》陳音謂越王曰："臣聞弩生于弓,弓生于彈。"[1] "弩"是由弓演變而來的一種兵器,在弓的基礎上安裝了張弦的裝置,較純粹用人力發射的弓而言射程更遠威力更大。關于弩的形制,《釋名》記載："弩,怒也,有勢怒也。其柄曰臂,似人臂也;鉤弦者曰牙,似齒牙也;牙外曰郭,爲牙之規郭也;下曰懸刀,其形然也。含括之口曰機,言如機之巧也,亦言如門户之樞機開闔有節也。"[2] 目前考古發現最早的弩出土于湖南長沙南郊掃把塘戰國墓葬,爲木臂和青銅機件。[3]

《説文》:"弩,弓有臂者。《周禮》四弩、夾弩、庾弩、唐弩、大弩。從弓,奴聲。"[4] 出土文獻"弩"字最早見于戰國文字。東周銅器銘文中有 2 例"弩",皆見于戰國時期。1 例寫作█,從弓,奴省聲;1 例寫作█,從弓,奴聲。

例1:

> 涑鄸發弨(弩)弩戈,拈(冶)珍。(涑鄸戈,16967,戰國早期)

例2:

> 二十九年,淼(秦)攻吾(吾),王㠯(以)子橫質㺪(于)齊,又使景鯉、蘇歷(屬)㠯(以)求平。竝(並)令尹乍(作)弩五千,矢卌萬與之。(二十九年弩機,18586,戰國晚期)

例 1 之"發弩"常見于秦印、晉印。如秦印"衡山發弩"(《秦封泥集》2.2.8)、晉印"左邑發弩"(《璽匯》0113)等,爲戰國秦、晉之武官,職責是射弩(參見第二章第一節第三部分之 6),可知戰國早期軍隊中已有專門掌管射弩之兵種。例 2 二十九年弩機銘文記載秦攻打楚國,楚王以橫爲質以求平。同時打造五千件弩、四十萬支箭并其他物品送與秦國,由此可見戰國末期軍隊使用弓弩數量之巨。

3. 距末

例1:

> 惇(忓)乍(作)距末,用甹(佐)商國。光(廣)張上[下],四夫(方)是備(服)。(惇距末,18588—18589,戰國晚期)

---

① 趙曄:《吳越春秋》,江蘇古籍出版社,1986 年,第 127 頁。

② 王先謙:《釋名疏證補》,中華書局,2008 年,第七卷第 9 頁。

③ 高至喜:《記長沙、常德出土弩機的戰國墓——兼談有關弩機弓矢的幾個問題》,《文物》1964 年 6 期,第 33—45 頁。

④ 許慎:《説文解字》,岳麓書社,2006 年,第 270 頁。

例 2—例 3：

悍（忓）乍（作）距末，用碞（佐）商國。（悍距末，18590—
18591，戰國晚期）

“距末”一詞未見于傳世文獻，東周銅器銘文共 3 例，皆見于戰國晚期。例 1，
1999 年 1 月出土于湖南常德市德山經濟開發區河家坪村寨子嶺楚墓。例 2 傳出
土于山東曲阜縣，出土時間不詳，原藏于顏運生、陳木庵。例 3 爲我國臺灣高雄
某藏家所收藏，出土時地亦不詳。銘文“悍”爲作器者名①，“距末”二字銘文寫
作𢎤、𦥑、𦥯，最早由吳大澂釋出。②沈心醇引《戰國策・蘇秦説韓王》：“谿
子、少府時力、距來，皆射六百步之外。”疑“距末”爲弩飾。③孔廣森以爲是飾
弓簫者。④阮元認爲銘文“末”字甚明，斷不得疑爲“來”字之訛。他引《荀
子・性惡篇》“繁弱矩黍，古之良弓也”，潘安仁《閑居賦》“谿子巨黍”，認爲
“距末”與《戰國策》“距來”、《荀子》“巨黍”皆通借。“距末”中空，一面有陷
圓而向下，確是弓簫末張弦之處。⑤曹錦炎認爲從形制看，是一件兵器的鐏，稱
“末”，正和鐏作爲兵器柲的末端附件相合。⑥陳松長據常德所出距末實物認爲與
湖南出土的衆多的鐏形制完全不同，仍以孔廣森、阮元之説可從，乃是弓端飾
件，并認爲“距末”爲“距來之末”或“距黍之末”的省稱。⑦按：考銘文之字
形，“距”後確爲“末”字，古文字“末”之寫法與“黍”“來”相差甚遠，訛混
之説不確。常德出土的兩件距末“高 4.4 厘米、口徑 1.8 厘米”⑧，尺寸完全相
同，近口緣外側有一系物的穿孔，一側兩個鍥口，確像弓末之飾，陳松長之説可
從。“距末”爲“距黍之末”的簡稱，是弓弩末端之配件。

---

① 此字阮元釋爲愕，後曹錦炎改釋爲悍。阮元、畢沅：《山左金石志》第二卷第 1 頁，劉慶柱、段志洪、馮時
主編：《金文文獻集成》第十卷，綫裝書局，2005 年，第 15 頁。曹錦炎：《鳥蟲書通考》，上海書畫出版社，
1999 年，第 193 頁。

② 吳大澂：《憲齋集古錄》第二十四册第 7 頁，轉引自劉慶柱、段志洪、馮時主編：《金文文獻集成》第十二
卷，綫裝書局，2005 年，第 430 頁。

③ 阮元、畢沅：《山左金石志》第二卷第 1 頁，轉引自劉慶柱、段志洪、馮時主編：《金文文獻集成》第十卷，
綫裝書局，2005 年，第 15 頁。

④ 阮元、畢沅：《山左金石志》第二卷第 1 頁，轉引自劉慶柱、段志洪、馮時主編：《金文文獻集成》第十卷，
綫裝書局，2005 年，第 15 頁。

⑤ 阮元、畢沅：《山左金石志》第二卷第 1 頁，轉引自劉慶柱、段志洪、馮時主編：《金文文獻集成》第十卷，
綫裝書局，2005 年，第 15 頁。

⑥ 曹錦炎：《鳥蟲書通考》，上海書畫出版社，1999 年，第 193 頁。

⑦ 陳松長：《湖南常德新出“距末”銘文小考》，《古文字研究》第二十四輯，中華書局，2002 年，
第 267-271 頁。

⑧ 陳松長：《湖南常德新出“距末”銘文小考》，《古文字研究》第二十四輯，中華書局，2002 年，
第 267-271 頁。

八、其他

1. 殳

《釋名·釋兵》：“殳，殊也。長丈二尺而無刃，有所撞挃于車上使殊離也。”①《詩經·衛風·伯兮》：“伯也執殳，爲王前驅。”②據以上傳世文獻記載“殳”應是棒形兵器，無刃，裝備于戰車用于開道。

《説文》：“殳，以杸殊人也。《禮》：殳以積竹，八觚，長丈二尺，建于兵車，車旅賁以先驅。從又幾聲。”③出土文獻“殳”字最早見于甲骨文，寫作 （《合集》21868），象手持殳形。④西周銅器銘文寫作 （十五年趞曹鼎，02434，西周中期）。

東周銅器銘文自名爲“殳”的兵器有 5 例。

例 1：

> 曾厌（侯）郕（越）之用殳。（曾侯郕殳，17697，戰國早期）

例 2：

> □□□□造庶長鞅之造殳，睢（雍）驕□。（庶長鞅殳鐏，18551，戰國中期）

例 3：

> 十七年，大良造庶長鞅之造殳，讎，爽。（大良造庶長鞅殳鐏，18549，戰國晚期）

例 4：

> 十九年，大良造庶長鞅之造殳，犛（藜）鄭。（大良造庶長鞅殳鐏，18550，戰國晚期）

例 5：

> 郾（燕）王喜恶（作）寥車鋘。⑤（郾王喜矛，戰國晚期）

曾侯郕殳 1978 年出土于湖北隨縣擂鼓墩曾侯乙墓，殳頭、殳鐏齊備，殳頭

---

① 王先謙：《釋名疏證補》，中華書局，2008 年，第七卷第 14 頁。
② 阮元校刻：《十三經注疏》，中華書局，1980 年，第 327 頁。
③ 許慎：《説文解字》，岳麓書社，2006 年，第 66 頁。
④ 馬叙倫：《説文解字六書疏證》第六卷，上海書店，1985 年，第 99 頁。
⑤ 銘文“寥”釋法，參見楊燦：《“燕王喜殳”銘文補釋及相關自名問題研究》，《出土文獻》2024 年第 1 期，第 23–31 頁。

作三棱矛形①，銘文鑄于殳頭，"殳"寫作▉。例 2—例 4 出土時僅存殳鐓，不知是否有刃。例 5 出土于河北省易縣燕下都遺址，銘文自名爲"鈠"，《廣雅》："鈠，小矛也。""鈠"即"殳"。"車"前一字▉，《銘圖三》未釋，楊爍釋爲"翏"，讀爲"戮"，"翏車殳"意爲用于燕國兵車的擊殺之殳。②按：其説可從，翏生盨（05668，西周晚期）銘文"翏"字寫法▉與之幾乎一致。據例 1、例 5 可知東周銅器銘文自名爲"殳"的兵器有刃，與傳世文獻記載的"殳"形制用途都不相同。

2. 戎械

例 1：

> 盠（蚳）生不（丕）乍（作）戎戒（械），郾（燕）厌（侯）𣲖（載）自洹徠（來），大庇（庇）欽帚（祗），卣（攸）配（熙）。（盠生戈，17323，戰國早期）

盠生戈舊爲羅振玉所藏，出土時間地點不詳。何琳儀認爲，戈銘"戎戒"是名詞。《周禮·春官·巾車》"以即戎"，注："戎，謂兵事。"《説文》："戒，警也。"戈銘"戎戒"顯然與兵事相關。《宋書·禮志》"戎戒淹時"，正指兵事。戈銘"作戎戒"似指製造兵器。③按：《諸子平議·列子》："至人居若死動若械。"殷順敬《釋文》曰："本又作戒。"④《孟子·滕文公上》："以粟易械器者。"趙歧注："械，器之總名。"⑤"戎戒"讀爲"戎械"。《史記·律書》："六律爲萬事根本焉。其于兵械尤所重。"⑥"戎械""兵械"義同，是兵器之統稱。

3. 虢（介）、牽（介）胄

例 1：

> 庚入門之，虢（介）者獻（獻）于霝（靈）公之所。（庚壺，12453，春秋晚期）

例 2—例 4：

> 屬（賞）之台（以）兵虢（介）車馬。庚伐陸寅（渾），其王駟虢

---

① 參見《江漢考古》1980 年第 2 期封裏。

② 楊爍：《燕王喜殳〉銘文補釋及相關自名問題研究》，《出土文獻》2024 年第 1 期，第 23–31 頁。

③ 何琳儀：《戰國兵器銘文選釋》，《考古與文物》1999 年第 5 期，第 83–96 頁。

④ 宗福邦：《故訓匯纂》，商務印書館，2003 年，第 1106 頁。

⑤ 阮元校刻：《十三經注疏》，中華書局，1980 年，第 2706 頁。

⑥ 司馬遷：《史記》，岳麓書社，1988 年，第 131 頁。

（介）方綾，縢（縢）相乘駐＝（駐，駐—牡，牡）創不也。其王乘駐（牡），興台（以）□虤蒒（師），庚戠（捷—接）其兵虢（介）車馬，獻（獻）之于臧（莊）公之所。（庚壺，12453，春秋晚期）

例5：

賈恋（願）從杜（士）大夫，呂（以）請（靖）郾（燕）疆，氏（是）呂（以）身蒙铧（介）冑，呂（以）戕（誅）不恐（順）。（中山王響壺，12455，戰國中期）

"虢"，不見于《説文》，西周銅器銘文有𧆌（小盂鼎，02516，西周早期）、▧（昌鼎，02395，西周中期）、▧（伯晨鼎，02480，西周中期），東周銘器銘文寫作𧆌（庚壺，12453，春秋晚期），此字有"𧆌""虢""𧆌"等不同隸定[1]，字形和本義皆有多種説解。孫詒讓認爲是"皋"的本字，張光遠從之[2]，馬承源隸定爲"𧆌"，認爲是包有虎皮非弓衣，爲皋的古文。皋從本諧聲，𧆌，從系從虎會意。[3]張政烺認爲："此字從幸從虎。幸象一種刑具（手栝），虎是野生動物不可以梏致，這裏的虎表示凶狠的人頭戴'虎冠'者，那麽這個字會帶有驚猛的意思。殷墟甲骨文有𧆌（《甲骨文編》225頁，字號620），皆廩辛、康丁時卜辭。從字形、字義看都和執字相近。按：一期卜辭常見'來執''用執'，而且意義相同……我把虢讀爲摯。《説文》卷十二'摯，握持也'，《廣雅·釋詁三》：'摯，很也。'義皆可通。在本銘中則假爲介。……《廣雅·釋器》'甲、介，鎧也'。"[4]按：甲骨文之"幸"寫作𧆌（《合集》6332）、𧆌（《合集》5830）；從"幸"之"執"字，西周晚期虢季子白盤作𧆌、戰國代相吏微劍作𧆌；戰國文字寫作𧆌（《璽匯》0393）。詳審小盂鼎、伯晨鼎、庚壺之拓片，三個字形右邊之構件皆爲"虎"。小盂鼎左邊之構件與甲骨文寫法相似，庚壺之寫法與戰國文字相似。對比"幸"字形之演變，可知銅器銘文之𧆌、▧、𧆌隸定爲"虢"，不誤。故形義説解從張政烺説，從幸從虎，以"虎"爲形符，指示戰甲之材質，河南安陽殷墟侯家

---

① 伯晨鼎之▧《金文編》隸定爲𧆌，參見容庚、張振林、馬國權：《金文編》，中華書局，1985年，附337頁。小盂鼎之𧆌《商周青銅器銘文選》隸定爲𧆌，《金文形義通解》隸定爲𧆌。參見馬承源主編：《商周青銅器銘文選》，文物出版社，1988年，第108頁。張世超等：《金文形義通解》，京都：中文出版社，1996年，第1196頁。庚壺之𧆌《金文形義通解》隸定爲𧆌，張政烺隸定爲𧆌。參見張世超等：《金文形義通解》，京都：中文出版社，1996年，第1196頁。張政烺：《庚壺釋文》，《出土文獻研究》，文物出版社，1985年。小盂鼎之𧆌，庚壺之𧆌吳鎮烽隸定爲虢，吳鎮烽：《商周青銅器銘文暨圖像集成》第二十二卷，上海古籍出版社，2012年，第433頁。

② 張光遠："此字從幸從虎，孫詒讓謂即皋字，其意爲用虎皮包制之戰甲"，《春秋晚期齊莊公時庚壺考》，《故宮季刊》1982年第3期。

③ 馬承源：《商周青銅器銘文選》，文物出版社，1988年，第108頁。

④ 張政烺：《庚壺釋文》，《出土文獻研究》第一輯，文物出版社，1985年，第128頁。

莊 1004 號墓出土過疑似皮甲的物品。①讀爲“摯”，假借爲“介”。考“虩”出現之文例，昌鼎、伯晨鼎皆有“虩冑”之語，讀爲“介冑”。

東周銅器銘文表兵器的“虩”有 4 例，皆見于春秋晚期庚壺。例 1 “虩者”義爲甲者，即披鎧甲之士。例 2—例 4 “虩”義爲戰甲。例 5 “冑”前一字銘文寫作 军，爲“虩”之异體字，省略形旁“虎”。“身蒙牟冑”即身披甲冑。

4. 干

例 1：

> 白（伯）克父甘嬰（娶）凶（妯）執干戈，用伐我遂（仇）敔（敵），凶（妯）旻（得）吉金，用自乍（作）寶鼎，用言（享）于其皇考，用易（錫）冟（眉）喜（壽）黃耉，忱（其）邁（萬）年子₌（子子）孫₌（孫孫）永寶用言（享）。（伯克父鼎，30285，春秋早期）

《説文解字》：“干，犯也。從反入，從一。”古文獻中“干”常表示“盾”，《詩經·大雅·公劉》“干戈戚揚”，鄭玄箋：“干，盾也。”金文中“干”表示“盾”的用例常見于西周時期，如“厌（侯）釐（賚）昌虩（皐）冑、干、戈、弓、矢束、貝十朋”（昌鼎，02395，西周中期），“易（錫）乎（厥）臣弟廞幷五量（糧），易（錫）袁（祈）冟（冑）、干戈”（廞簋，05173，西周中期），多與冑、戈、弓、矢等兵器同時出現。東周金文中表“盾”的“干”僅 1 例，見于春秋早期曾國伯克父鼎，銘文記曾伯克父甘嬰執干戈討伐仇敵。

5. 戉（鉞）

例 1：

> 曾伯陭盉（鑄）戥（殺）戉（鉞），用爲民；貿非歷殹。井（型）用爲民政。（曾伯陭鉞，18250，春秋早期）

考古學家認爲“鉞”是從斧演變而來的，形制較斧頭更爲扁薄，且背部中央有圓形穿孔，作用是砍斲。②石器時代已經廣泛使用，最早爲石制，是生產、狩獵的工具，大汶口、河姆渡等文化遺址中皆出土過石鉞③，後演變成戰爭中使用

---

① 梁思永、高去尋：《侯家莊（河南安陽侯家莊殷代墓地）第五本 1004 號大墓》，臺灣“中央研究院”歷史語言研究所，1970 年，第 31—33 頁。

② 傅憲國：《試論中國新石器時代的石鉞》，《考古》1985 年第 9 期，第 820—833 頁。

③ 山東省文物管理處、濟南市博物館：《大汶口——新石器時代墓葬發掘報告》，文物出版社，1974 年，第 37 頁。浙江省文物管理委員會、浙江省博物館：《河姆渡遺址第一期發掘報告》，《考古學報》1978 年 1 期，第 39—94 頁。

的兵器。河南偃師二里頭遺址出土的青銅戉是考古發現最早的銅戉①，目前出土的青銅戉多爲殷商時代器物。商周時代"戉"主要用于征戰和刑罰。《詩經・商頌》："武王載旆，有虔秉鉞。"②《國語・吳語》："王親秉鉞，載白旗以中陳而立。左軍亦如之，皆赤裳、赤旃、丹甲、朱羽之矰，望之如火。"③是"鉞"用于征戰之例。《國語・魯語》："大刑用甲兵，其次用斧鉞，中刑用刀鋸，其次用鑽笮，薄刑用鞭撲，以威民也。"④是"鉞"用于刑罰之例。西周晚期師克盨銘文記載周王任命師克："命汝更乃祖考兼嗣左右虎臣。錫汝秬鬯一卣，赤市、五衡、赤舃、牙僰、駒車、雕較、朱虢、靷靳、虎冟、緟裏、畫轉、畫轅、金甬，朱旂，馬四匹、鋚勒，素戉。""虎臣"爲周王之禁衛部隊⑤，周王賜給師克的賞賜物中就有"素戉"。西周晚期虢季子白盤銘文記載："丕顯子白，壯武于戎功，經維四方，搏伐玁狁，于洛之陽，折首五百，執訊五十，是以先行，桓桓子白，獻馘于王，王孔嘉子白義，王格周廟宣榭，爰饗，王曰：白父，孔戭有光，王錫乘馬，是用佐王，錫用弓，彤矢其央，錫用戉，用征蠻方。"子白因征伐玁狁有軍功見賞，周王賞賜物中有"戉"，并言明用途是"征蠻方"。

出土文獻"鉞"寫作"戉"。《説文》："戉，大斧也。從戈レ聲。"段玉裁注："俗多金旁作鉞。"⑥甲骨文作 ⎋（《合集》6566 正）、⎋（《合集》6376），象斧戉之形。兩周銅器銘文作 ⎋、⎋，皆無金旁。

東周銅器銘文表兵器之"戉"僅 1 例，見于春秋早期曾伯陭戉。"歷"，韓宇嬌認爲通"厤"，訓爲治。刑，訓爲法⑦，其説可從。"用爲民刑，非歷殷刑，用爲民政。"可知此"戉"用于刑罰。

6. 軍鈲

例 1：

> 天子建邦，中山医（侯）忿（㤅）乍（作）丝（茲）軍鈲，㠯（以）敚（儆）厇（宅—庶）眔。（中山侯忿鉞，18249，戰國中期）

中山侯忿鉞 1977 年出土于河北平山縣三汲鄉七汲村中山王礜墓。鉞之形制

---

① 許宏、陳國梁：《河南偃師市二里頭遺址發現一件青銅鉞》，《考古》2002 年第 11 期，第 31–34 頁。

② 阮元校刻：《十三經注疏》，中華書局，1980 年，第 627 頁。

③ 徐元誥：《國語集解》，中華書局，2002 年，第 549 頁。

④ 徐元誥：《國語集解》，中華書局，2002 年，第 152 頁。

⑤ 劉雨、張亞初：《西周金文官制研究》，中華書局，1986 年，第 15 頁。

⑥ 段玉裁：《説文解字注》，上海古籍出版社，1988 年，第 632 頁。

⑦ 韓宇嬌：《曾國銅器銘文整理與研究》，清華大學博士學位論文，2014 年，第 70 頁。

寬體弧刃，中部圓孔并多有紋飾。銘文"軍"後一字銘文寫作⿰，張守中隸定爲"釬"①，黃盛璋釋爲"釱"，讀爲"斧"。②吳振武認爲釋釬、釱皆不確，"第一，'千'字本從人，同銘'衆'字下部所從的三個人字旁均作⿰，與此不類。第二，'千'字一般都正書向左作⿰，況且銘文中其他十五個字也都正書，爲何唯獨此旁反書向右。第三，如把它釋爲'千'，不僅'釬'字不見于字書，就是把它置于銘文中恐怕也很難解釋。至于把它釋爲'父'，就更缺乏證據了。古文字資料中'父'字的出現不計其數，從未見有作⿰形的。"他認爲⿰是一個從金瓜聲的形聲字，左旁⿰當即瓜字，并舉戰國文字"狐"（作⿰、⿰）、"弧"（作⿰）爲證。③後何琳儀、徐海斌等亦從其說，何琳儀認爲釽乃斧鉞之別名，疑讀鈷，《集韵》："鈷，斷也。"④按：吳振武所説可從。包山楚簡有⿰字（《包山》265），左旁爲"金"，右旁與銘文字之左旁同，張守中亦隸定爲"釽"。⑤戰國文字中從"瓜"之字寫作⿰形的，除"狐""弧"之外還有"⿰"寫作⿰（《湖南博物館藏古璽印集》24）、"⿰"寫作⿰（《璽匯》2670），皆與銘文"瓜"之寫法相同。據銘文内容"釽"應是"鉞"之別名，銘文曰"軍釽"，可知此鉞用于軍事。

第二節 鼓 樂 器

一、隼（晉）鼓

"鼓"是古代主要樂器之一。《説文》："鼓，郭也，春分之音，萬物郭皮甲而出，故謂之鼓。從壴、支，象其手擊之也。《周禮》六鼓：靁鼓八面，靈鼓六面，路鼓四面，鼖鼓、皋鼓、晉鼓皆兩面。"⑥仰韶文化和馬家窰文化遺址中就曾經出土過陶鼓。⑦河南安陽侯家莊商代大墓中出土了皮鼓和鼓架遺迹⑧，新中國成立以

---

① 張守中：《中山王𰯼器文字編》，中華書局，1981 年，第 53 頁。

② 黃盛璋：《關于戰國中山國墓葬遺物若干問題辨正》，《文物》1979 年第 5 期，第 43–45 頁。

③ 吳振武：《釋平山戰國王墓器物銘文中的"釽"和"私庫"》，《史學集刊》1982 年第 3 期，第 68–69 頁。

④ 何琳儀：《戰國文字聲系》，中華書局，1998 年，第 481–482 頁。徐海斌：《"中山侯鉞"器名小考》，《南方文物》2008 年第 1 期，第 93–94 頁。

⑤ 張守中：《包山楚簡文字編》，文物出版社，1996 年，第 210 頁。

⑥ 許慎：《説文解字》，岳麓書社，2006 年，第 102 頁。

⑦ 趙世綱：《仰韶文化陶鼓辨析》，《華夏考古》1993 年第 1 期，第 69–73 頁。

⑧ 梁思永、高去尋：《侯家莊·1217 號墓》，臺灣"中央研究院"歷史語言研究所，1968 年，第 25 頁。

後還陸續出土了多件春秋戰國時期的青銅鼓座。①

"鼓"的用途有多種,爲軍民兩用樂器。《管子·桓公問》:"禹立建鼓于朝,而備訊矣。"②民有謁告則擊鼓爲訊。《國語·吳語》:"十行一嬖大夫,建旌提鼓,挾經秉枹。十旌一將軍,載常建鼓,挾經秉枹。"韋昭注"嬖,下大夫也"③,"嬖"以辟爲聲符,與辟可通假。戰國辟大夫虎節銘文有"辟大夫"爲分管軍事營壘等防御工事修築工作的職官(參見第二章第二節第一部分),"嬖大夫"爲軍事職官,鼓有軍事用途。成都百花潭中學十號墓出土的戰國鑲嵌畫像紋壺畫像之作戰圖中出現了建鼓④,從畫像中看此鼓用于戰爭(見圖12)。

圖12　百花潭中學十號墓出土的戰國鑲嵌畫像紋壺畫像⑤

"鼓"在軍事行動中主要用于發布命令、鼓舞士氣。《左傳·僖公二十二年》"不鼓不成列",孔穎達疏:"軍法鳴鼓以戰,因謂交戰爲鼓。"⑥《左傳·莊公十年》:"夫戰,勇氣也,一鼓作氣,再而衰,三而竭。"⑦《左傳·成公二年》:"師之耳目,在吾旗鼓。"⑧

東周銅器銘文中可明確爲軍事用途的"鼓"有1例,見于童鹿公鈌鼓座。

例1:

> 隹(唯)正月初吉庚午,余□乑(厥)于之玄孫,童(鍾)鹿(離)公鈌睪(擇)其吉金,幺(玄)鏐鈍(純)呂(鋁),自乍(作)雟

---

① 1980 年安徽舒城九里墩出土 1 件青銅鼓座、1981 年湖北隨縣擂鼓墩二號墓出土 1 件青銅鼓座、1996 年陝西太原金勝村出土蟠龍紋鼓座、2002 年河北葉縣四號墓出土青銅鼓座、保利博物館藏蟠龍鼓座。參見安徽省文物工作隊:《安徽舒城九里墩春秋墓》,《考古學報》1982 年第 2 期,第 229 頁。湖北省博物館:《曾侯乙墓》(上),文物出版社,1989 年,第 152 頁。湖北省博物館、隨州市博物館:《湖北隨州擂鼓墩二號墓發掘簡報》,《文物》1985 年第 1 期,第 16 頁。平頂山市文物管理局、葉縣文化局:《河南葉縣舊縣四號春秋墓發掘簡報》,《文物》2007 年第 9 期,第 4–37 頁。孫機:《蟠螭紋鼓座》,《保利藏金》,嶺南出版社,1999 年,第 248 頁。

② 黎翔鳳:《管子校注》,中華書局,2004 年,第 1047 頁。

③ 徐元誥:《國語集解》,中華書局,2002 年,第 549 頁。

④ 四川省博物館:《成都百花潭中學十號墓發掘記》,《文物》1976 年第 3 期,第 40–46 頁。

⑤ 四川省博物館:《成都百花潭中學十號墓發掘記》,《文物》1976 年第 3 期,圖版貳。

⑥ 阮元校刻:《十三經注疏》,中華書局,1980 年,第 1814 頁。

⑦ 阮元校刻:《十三經注疏》,中華書局,1980 年,第 1767 頁。

⑧ 阮元校刻:《十三經注疏》,中華書局,1980 年,第 1894 頁。

（隼）鼓，□从若愷，咷□聞于□。□□谷，逆（迎）□郐（徐）人陳□□达（却）希（蔡），寺（持）其神□。□□□□□□□□□□□□□□□□□吕（以）□埜帀（師）□□□山之下。① （童鹿公𫘤鼓座，春秋晚期）

"鼓"前一字銘文寫作 ，有"隼""𡓾""隼"等不同的隸定，一般認爲假借爲"晉"，"晉鼓"即"建鼓"。②按：詳審字形，釋"隼"頗爲迂曲，不確。此字包山楚簡數見，除單字" "外，還作爲偏旁，如" "" "（《包山》183）。後兩字爲"準"。何琳儀釋" "爲"𡓾"，認爲是"隼"之繁文，其說甚確。"隼鼓"即文獻之"晉鼓"。銘文"逆□郐人陳□□达（却）希（蔡）"，孫合肥認爲"逆"釋爲迎。"郐"，金文或作余，典籍作徐，古國名。③"达蔡"，曹錦炎認爲"达"讀爲却，意思爲退蔡。蔡，古國名，在今河南省上蔡、新蔡等地。④"以□埜帀□□□山之下"，此段銘文殘泐較多但"埜帀"二字清晰可辨，疑指某國軍隊。鼓座銘文雖多有銹蝕，不能完整釋讀，但綜合上下文可知此自名爲"隼鼓"之器用于戰爭。

二、桴

例1：

含（今）𧆨（吾）老賈，𣂏（親）遂（率）𥃈（三）匐（軍）之眾，吕（以）征不宜（義）之邦，敓（奮）桴晨（振）鐸，閌（闢）啟敔（封）彊（疆），方𦥑（數）百里，刺（列）城𦥑（數）十，皮（克）𠈈（敵）大邦，（中山王𦎫鼎，02517，戰國中期）

《說文》："桴，棟名。從木，孚聲。"⑤戰國中期中山王𦎫鼎銘文"桴"寫作 ，從木孚聲。"桴"前一字寫作 ，究其字形或以爲從攴𦎫聲；或以爲從隹從

---

① 銘文"隼"字釋讀參考何琳儀：《九里墩鼓座銘文新釋》，《出土文獻研究》第三輯，中華書局，1998年，第67-73頁。

② 楊鳩霞釋爲建，參見《安徽舒城九里墩春秋墓》，《考古學報》1982年第2期，第229-242頁。陳秉新："'建'字金文多從聿從辵，此字從隹從田，與建字形體懸殊。應釋爲隼，讀作晉。'隼'字從同，從隹。同，《說文》以爲門之古文，或體作垧，從土凹聲。本銘隼字下作凹，從土凹聲，乃凹之異構"，《舒城鼓座銘文初探》，《江漢考古》1984年第2期，第73-78頁。殷滌非："釋爲隼，假借爲晉，即爲晉鼓"，《九里墩墓的青銅鼓座》，《古文字研究》第十四輯，中華書局，1986年，第27-43頁。何琳儀："隸定爲'𡓾'或'隼'，即'隼'之繁文，可讀'晉'"，《九里墩鼓座銘文新釋》，《出土文獻研究》第三輯，中華書局，1998年，第67-73頁。單育辰：隸定爲"𨾱"，釋爲"𪃾"，《談戰國文字中的"𪃾"》，《簡帛》第三輯，上海古籍出版社，2008年，第21-29頁。

③ 孫合肥：《舒城九里墩鼓座銘文校注》，《古籍研究》第五十九卷，安徽大學出版社，2013年，第184頁。

④ 曹錦炎：《舒城九里墩鼓座銘文補釋》，《中國文字》新十七期，1993年。

⑤ 許慎：《說文解字》，岳麓書社，2006年，第120頁。

甲從攴；或以爲左旁下部從申；有"奮""獲""奪""擁"等不同釋法。[①]按：從張政烺、趙誠說，隸定爲"攲"，爲"奮"之异體。此字右旁爲"攴"，左旁上部爲"隹"，下部或以爲"申""甲"，不確。"申"銅器銘文寫作█（上郡守錯戈，17287，戰國晚期）、█（簹太史申鼎，02350，春秋晚期）。"甲"銅器銘文寫作█（員鼎，02293，西周早期）、█（新郪虎符，19176，戰國晚期），皆與銘文左下不類。戰國曾侯乙墓竹簡"█"字寫作█，"田"字寫法與銘文相同，故銘文左下仍應隸定爲"田"。《玄應音義》卷二十二"奮戈"，注："奮，謂揮振也。"[②]《左傳·成公二年》"左并轡，右援枹而鼓，馬逸不能止，師從之。齊師敗績"，陸德明釋文："枹，鼓槌也。"[③]"枹"實爲與"鼓"配合使用以發聲之物。"奮枹"即揮動鼓槌以擊鼓，爲戰爭中發布號令之用。

三、鉦鐃

"鉦"爲古代軍旅樂器。《周禮·地官·鼓人》曰："鼓人，掌教六鼓、四金之音聲，以節聲樂，以和軍旅，以正田役。"又曰："以金錞和鼓，以金鐲節鼓，以金鐃止鼓，以金鐸通鼓。……軍動則鼓其衆，田役亦如之。"鄭玄注："鐲，鉦也。形如小鐘，軍行鳴之，以爲鼓節。"[④]《詩經·小雅·采芑》"鉦人伐鼓"，毛傳："鉦以靜之，鼓以動之。"可知"鉦"的主要作用是爲鼓之節，控制軍隊進退之節奏。

"鉦"與另外兩種古代樂器——"句鑃""鐸"多有混淆，關于三者的關係歷來説法不一，現將主要觀點羅列如下：

A. 漢代

許慎："鉦，鐃也，似鈴，柄中，上下通，從金正聲。""鐸，大鈴也。軍法五人爲伍，五伍爲倆，兩司馬執鐸。從金睪聲。"[⑤]

---

① 張政烺、趙誠認爲"攲從攴，█聲，蓋奮之异體"。張政烺：《中山王舋壺及鼎銘考釋》，《古文字研究》第一輯，中華書局，1979 年，第 227 頁。趙誠：《〈中山壺〉〈中山鼎〉銘文試釋》，《古文字研究》第一輯，中華書局，1979 年，第 257 頁。張忠忠"釋攲爲獲"，《中山王墓青銅器銘文簡釋——附論墓主人問題》，《故宮博物院院刊》1979 年第 1 期。黃盛璋："《説文》：'奮，從奞在田上。'細審此字左邊所從實是從隹在甲上，并不是'田'，如此釋奮即失去依據，義也難通。'俘'不應與'奮'連用。此字從'隹'從'甲'從'攴'，又與'俘'連，當是'奪'字。"《關于戰國中山國墓葬遺物若干問題辨正》，《文物》1979 年第 5 期，第 43–45 頁。徐中舒、伍士謙："枹前一字，隸定爲█，當釋爲擁。金文雍、盂鼎作█，此處從申，乃█形之訛變"，《中山三器釋文及宮堂圖説明》，《中國史研究》1979 年第 4 期，第 85–98 頁。

② 宗福邦：《故訓匯纂》，商務印書館，2003 年，第 501 頁。

③ 阮元校刻：《十三經注疏》，中華書局，1980 年，第 1894 頁。

④ 阮元校刻：《十三經注疏》，中華書局，1980 年，第 720、721 頁。

⑤ 許慎：《説文解字》，岳麓書社，2006 年，第 297 頁。

B. 清代

段玉裁："鐲、鈴、鉦、鐃四者相似而有不同。鉦似鈴而异于鈴者，鐲、鈴似鐘有柄，爲之舌以有聲，鉦則無舌。柄中者，柄半在上，半在下，稍稍寬其孔爲之抵拒，執柄搖之，使與體相擊爲聲。"①

C. 現代

王國維："古音翟聲與睪聲同部，又翟鐸雙聲字，疑鐲即鐸也。"②

唐蘭："器銘句鑃，而實與徐尹鉦同形。"引用《鹽鐵論·利議》："吳鐸以其舌自破。"反駁王國維"句鑃即鐸"的觀點，認爲"而句鑃則無舌，可以知其誤也矣"。③

郭沫若："鉦與句鑃實一物而二名。……今知句鑃即是鉦，則于王説又當有所推進矣。余謂凡説文所列鐲鉦鐃鐸諸字，均一器之异名也。"④

于省吾："鉦即句鑃即大鐸也。"⑤

馬衡："（句鑃）形制與鐸相類，……鐲、鐃、鐸、鉦四者同物而异名，其區別僅在大小之間。"⑥

沙孟海："春秋時代越國的鈎鑃，也就是鉦屬。"⑦

杜廼松："晚近一些相關的文字材料常常將'句鑃'與樂器'鉦'混爲一談，認爲句鑃即是鉦，這是一種誤解。無論從兩者形制抑或銘文及文獻記載看，二者都是有區別的。"⑧

馬國偉："鐸是軍陣樂器或信號器，主要用于軍旅、田獵等。……句鑃爲成組編列樂器，主要用于祭祀和宴享娛樂樂器。……鉦主要應用在軍事、狩獵方面，有時兼作樂器或警示器之用。"⑨

舊多以"鉦""句鑃""鐸"爲一器。隨着越來越多的器物出土，學者們從形制、紋飾、發音方式、出土和使用範圍等更多的角度進行對比，使三者的區分更加清晰。⑩

---

① 段玉裁：《説文解字注》，上海古籍出版社，1981 年，第 708 頁。

② 王國維：《古禮器略説·説句鑃》，《雪堂叢刻》第十一册，上虞羅氏排印本，1915 年，第 147 頁。

③ 唐蘭：《古樂器小記》，燕京學報，1933 年；又《唐蘭先生金文論集》，紫禁城出版社，1995 年，第 367–370 頁。

④ 郭沫若：《雜説林鐘、句鑃、鉦、鐸》，《殷周青銅器銘文研究》，人民出版社，1954 年，第 90–92 頁。

⑤ 于省吾：《雙劍誃諸子新證·淮南子新證》第三卷第四，《雙劍誃群經新證》，中華書局，1962 年，第 419 頁。

⑥ 馬衡：《凡將齋金石叢稿》，中華書局，1977 年，第 20 頁。

⑦ 沙孟海：《配兒鈎鑃考釋》，《考古》1983 年第 4 期，第 340–342 頁。

⑧ 杜廼松：《金文"句鑃""左守"討論》，《故宮博物院院刊》2003 年第 3 期，第 43–47 頁。

⑨ 馬國偉：《句鑃與鐃、鐸、鉦》，《天津音樂學院學報》2015 年第 3 期，第 59–67 頁。

⑩ 馬國偉：《句鑃的功能和用途》，《中國音樂》2016 年第 2 期，第 56–62 頁。朱國偉：《鉦與句鑃辨析》，《天津音樂學院學報》2011 年第 1 期，第 69–79 頁。馬國偉：《句鑃研究》，中國藝術研究院碩士學位論文，2012 年。閆艷：《釋古代軍旅樂器"鉦"》，《安徽理工大學學報（社會科學版）》2013 年第 3 期，第 53–56 頁。

例 1：

正月初吉，日才（在）庚，郐（徐）酓（醓—沈）尹者故罇，自乍（作）征城，次卷升狷，徽至鎗（劍）兵，枼（世）萬子孫，釁（眉）壽（壽）無彊（疆），皿皮（彼）吉人亯（享），士余是尚（常）。（徐酓尹鉦，15988，春秋早期）

例 2：

嵩（臺）君淲盧與朕（朕）呂（以）嬴（裎）乍（作）無者俞寶鑼（鉦）屋（鐲），其萬年用亯（享）用考（孝），用旂（祈）眚（眉）壽（壽），子＝（子子）孫永寶用之。（臺君鉦，15987，春秋晚期）

例 3—例 4：

唯正月初吉丁亥，余□□之孫冄（冉）羃（擇）其吉金，自乍（作）鉦鋮，呂（以）□□船其朕（朕），□□□大川。□□其陰其陽，□□盂（盂）。余呂（以）行訇（司）師，余呂（以）政（征）訇（司）徒，余呂（以）伐郘，余呂（以）伐郐（徐），燹子孫，余冄（冉）盞（鑄）此鉦鋮，女（汝）勿襄（喪）勿敗（敗）。余處此南疆（疆），萬枼（世）之外，子＝（子子）孫＝（孫孫），友塴（塴、朋）乍（作）呂（以）永鼓。（冄鉦，15989，戰國）

例 1 銘文 、 ，隸定爲"征城"。"征""鉦""鋮""城"聲符相同，可爲通假。例 2"寶"後二字銘文寫作 、 。前一字從金從三黽，郭沫若認爲："疑黽亦聲，以繩字及澠字（澠字有二音，一讀如繩，一讀如黽。）例之，則此字音當讀如純，與丁征音音俱相近。……似爲鎛于之省稱。"[1]後一字馬承源隸定爲屋，"從金 聲。《說文》屋之古文作 ，其上所從與本銘同。……屋即屋省聲。所以可定爲鋸，假爲鐲。《說文·金部》：'鐲，鉦也，從金蜀聲。'"[2]按：臺君鉦于 1962 年 4 月發現于安徽宿縣許村公社蘆古城子遺址，出土時共有兩件樂器，其中"鉦"置于"鎛于"之內，"鎛于"無銘。[3]推敲銘文辭例，"鑼""屋"應指兩樂器之名。例 3—例 4"鉦鋮"銘文寫作 、 ，二字皆從金指示器物之材質。

考自名爲"鉦（鉦鋮）"之器物銘文，其中有 3 例可明確用于軍事。例 1 徐酓尹鉦鋮銘文曰"郐（徐）酓（醓）尹者故罇，自乍（作）征城，次卷升狷，徽至鎗（劍）兵"，《廣韵》："徽，徽慎。"《莊子·盜跖》："此至德之隆也。"成玄

---

① 郭沫若：《曾子斿鼎、無者俞鉦及其它》，《文物》1964 年第 9 期，第 6–7 頁。

② 馬承源：《商周青銅器銘文選》第四冊，文物出版社，1990 年，第 408 頁。

③ 胡悅謙：《安徽省宿縣出土兩件銅樂器》，《文物》1964 年第 7 期，第 30–32 頁。

英疏：“至，致也。”①“懲至劍兵”義爲用兵謹慎。例 3—例 4 冄鉦銘文直接言明鉦鍼之用途爲征伐作戰。反觀東周銅器銘文中自名爲“句鑃”之器物銘文，或曰“台（以）㖶（享）台（以）考（孝）”（其次句鑃，15981—15982，春秋晚期），或曰“㠯（以）樂賓客，及我父㲽（兄）”（姑馮昏同之子句鑃，15983，春秋晚期），或“余台（以）宴賓客，台（以）樂我者（諸）父”（配兒句鑃，15984—15985，春秋晚期）。可見“鉦鍼”與“句鑃”用途確有分別，前者用于軍事，後者用于宴享祭祀。

四、鐸

“鐸”在戰爭中用于發號施令。《釋名·釋兵》：“鐸，度也，號令之限度也。”②《周禮·夏官·大司馬》：“鼓人皆三鼓，司馬振鐸，群吏作旗，車徒皆作鼓行。”鄭玄注：“司馬，兩司馬也。振鐸以作衆。作，起也。”③《國語·吳語》：“昧明，王乃秉枹，親就鳴鐘鼓、丁寧、錞于，振鐸，勇怯盡應，三軍皆嘩釦以振旅，其聲動天地。”④

《說文》：“鐸，大鈴也。軍法，五人爲伍，五伍爲兩，兩司馬執鐸。從金睪聲。”⑤出土文獻“鐸”字最早見于東周，有三種寫法：第一種從金睪聲，如【字形】、【字形】，共 3 例；第二種寫作“鎍”，【字形】，僅 1 例；第三種從金㕙聲，作【字形】，僅 1 例。

例1：

> 隹（唯）正月初吉庚午，敶子弅（登）𢍰（擇）其吉金，自乍（作）龢鑾（鐸），申（中、終）輪（翰）敭（且）陽（颺），元鳴孔鍠（皇），㠯（以）征（征）㠯（以）行，尃（敷）𩁈（聞）四方，子＝（子子）孫＝（孫孫），永保（寶）是尚（常）（登鐸，21048，春秋中期）

例2：

> 鄴（養）子白（伯）受之鎍（鐸）。（鄴子伯受鐸，15960，春秋中期）

例3：

> 郊（鄢）郢遂（率）鐸。（郊郢率鐸，15958，戰國）

例4：

> □外卒鐸，鐘（鐘）㝨（尹）。（外卒鐸，15959，戰國早期）

---

① 阮元校刻：《十三經注疏》，中華書局，1980 年，第 995 頁。
② 王先謙：《釋名疏證補》，中華書局，2008 年，第 7 卷，第 18 頁。
③ 阮元校刻：《十三經注疏》，中華書局，1980 年，第 838 頁。
④ 徐元誥：《國語集解》，中華書局，2002 年，第 550 頁。
⑤ 許慎：《說文解字》，岳麓書社，2006 年，第 297 頁。

例5：

> 含（今）膚（吾）老賈，斯（親）逆（率）叄（三）匍（軍）之眾，吕（以）征不宜（義）之邦，敓（奮）桴晨（振）鐸，閈（闢）啟叡（封）畺（疆），方礬（數）百里，剌（列）城曡（數）十，皮（克）㐰（敵）大邦（中山王嚳鼎，02517，戰國中期）

東周銅器銘文共5例"鐸"，其中有 3 例可以明確用于軍事。例1"　"字發掘報告釋爲"鐸"①，後謝明文改釋爲"鐸"②。登鐸銘文曰"以征以行"，謝明文以爲"是講'鐸'之用途"。③例5中山王嚳鼎銘文"今吾老賈，親率三軍之眾，以征不義之邦，奮桴振鐸"，言明"桴""鐸"在征戰中使用。出土墓葬中"鐸"多與兵器放置在一起，登鐸出土時"放置于椁内東側南端，位于車馬器以南，壓于戈、鉞等兵器之下"。④例2 鄝子伯受鐸 1994 年 2 月出土于河南桐柏縣月河鎮一號春秋墓，此墓葬共出土 29 件青銅器，其中鼎、缶、盤、匜、壺、盂、杯皆置于南陪葬坑，鐸和刀、劍、戈、鉞、鏃一起置于北陪葬坑⑤，亦可説明"鐸"之軍事用途，其餘 2 例尚不能明確爲軍用。

第三節　其　　他

一、舟

例1：

> 庚衡（率）百乘舟，入薈（筥）從洌（河），台（以）亟（殛）伐虣晁丘，敓（殺）其毆（鬬）者，孚（俘）其士女。□昀（旬）夨（矢）舟羿緜（陶）丘，□□于梨（梁），歸獻（獻）于厵（靈）公之所。（春秋晚期，12453，庚壺）

---

① 襄陽市文物考古研究所：《湖北襄陽沈崗墓地 M1022 發掘簡報》，《文物》2013 年第 7 期，第 4–19 頁。

② 謝雨田："'　'字'金'形上的部分作'　'，比較'　'（師酉簋，《集成》04289）、'　'（瘚鐘，《集成》00247）、'　'（晉侯蘇鐘，《新收》883）、'　'（遺小子𤔲簋，《集成》03848）、'　'（史𩵦盨，《集成》04366）、'　'（𩵦伯鼎，《商周》02357）等形，可知它顯然是'龜'形，'　'字應隸作'鑫'。'龜'聲字與'墨'聲字關係密切，如傳抄古文中，'莽'字古文作'蒞'……'澤'字古文作'象'，據此，我們認爲'　'字應分析爲從金、龜聲，即'鐸'字異體"，《新出登鐸銘文小考》，復旦大學出土文獻與古文字研究中心網，2013 年 9 月 12 日，http://www.fdgwz.org.cn/Web/Show/2111。

③ 謝雨田：《新出登鐸銘文小考》，復旦大學出土文獻與古文字研究中心網，2013 年 9 月 12 日，http://www.fdgwz.org.cn/Web/Show/2111。

④ 襄陽市文物考古研究所：《湖北襄陽沈崗墓地 M1022 發掘簡報》，《文物》2013 年第 7 期，第 4–19 頁。

⑤ 南陽市文物研究所、桐柏縣文管辦：《桐柏月河一號春秋墓發掘簡報》，《中原文物》1997 年第 4 期，第 8–23 頁。

《説文》："舟，船也。古者共鼓、貨狄，剡木爲舟，剡木爲楫，以濟不通。象形。"① "舟"，甲骨文寫作　（《合集》641 正）、　（《合集》4925），象舟船之形。周代銅器銘文繼承甲骨文寫法，作　（舟簋，04114，西周中期）、　（楚簋，05284，西周中期）。

早在春秋時期戰爭中就屢見使用"舟"者，臨近江、河、湖、海的楚、吳、越、齊國更陸續建立了進行水上作戰的"舟師"。《左傳·襄公二十四年》："夏，楚子爲舟師以伐吳，不爲軍政，無功而還。"杜預注："舟師，水軍。"②《左傳·哀公十年》："齊人弑悼公，赴于師。吳子三日哭：于軍門之外。徐承帥舟師，將自海入齊，齊人敗之，吳師乃還。"③

東周銅器銘文可明確用于戰爭的舟有 1 例，見于春秋晚期庚壺。銘文曰："庚衝（率）百乘舟，入鄑（莒）從洰（河），台（以）亟（殛）伐虡晁丘"。《左傳·昭公十七年》："子魚先死，楚師繼之，大敗吳師，獲其乘舟余皇……使長鬣者三人，潛伏于舟側，曰：'我呼余皇，則對，師夜從之。'三呼皆迭對。楚人從而殺之，楚師亂，吳人大敗之，取余皇以歸。"杜預注："余皇，舟名。"④《竹書紀年》："四月，越王使公師隅來獻乘舟始罔及舟三百。"楚國奪了吳國名爲余皇的乘舟，後吳國專門策劃行動奪回此舟。越王獻舟于秦，除了舟三百還單獨強調乘舟始罔，可見"乘舟"爲某類舟之專名，有別于普通舟。"鄑"也見于孝子平壺和公孫潮子鐘，即"莒"字，文獻作"莒"，國名。"洰"，張政烺釋爲"河"。⑤齊國大將庚率領乘舟，從河入莒國進行討伐。

二、節、符

1. 節

例1：

> 填丘牙（與）塿綌，弁（偏）牁（將）軍信節。⑥（偏將軍虎節，戰國時期）

---

① 許慎：《説文解字》，岳麓書社，2006 年，第 176 頁。

② 阮元校刻：《十三經注疏》，中華書局，1980 年，第 1980 頁。

③ 阮元校刻：《十三經注疏》，中華書局，1980 年，第 2166 頁。

④ 阮元校刻：《十三經注疏》，中華書局，1980 年，第 2085 頁。

⑤ 張政烺："當是河，同簋河作　，國差　，何作　（《金文編》571 頁，及 978 頁），可以爲證。"《庚壺釋文》，《出土文獻研究》第一輯，文物出版社，1985 年，第 126—133 頁。

⑥ 釋文參考裘錫圭、李家浩説。詳見裘錫圭：《推動古文字學發展的當務之急》，《學術史與方法學的省思——"中研院"歷史語言研究所七十周年研討會論文集》，"中研院"歷史語言研究所，2000 年；收入《裘錫圭學術文集·金文及其他古文字卷》，復旦大學出版社，2012 年，第 511 頁。李家浩：《貴將軍虎節與辟大夫虎節——戰國符節銘文研究之一》，《中國歷史博物館館刊》1993 年第 2 期，第 50—55 頁。

例2：

> 填丘牙（與）壜綷，辟（壁）大夫信節。① （辟大夫虎節，戰國時期）

《說文》："節，竹約也。從竹即聲。"②銅器銘文寫作 ▨、▨。"節"是傳達命令的憑證。《周官·地官·序官》："掌節上士二人。"鄭玄注："節，猶信也，行者所執之信。"③制作"節"的材料有玉、銅、竹，《周禮·地官·掌節》："守邦國者用玉節。"④《周禮·秋官·小行人》："達天下之六節，山國用虎節，土國用人節，澤國用龍節，皆以金爲之。道路用旌節，門關用符節，都鄙用管節，皆以竹爲之。"⑤不同形制的節用途有別。目前出土的節多爲戰國時期器物，有馬、熊、龍、雁、虎等形制，多爲貿易往來通行、通關之用⑥，其中可明確用於軍事的有2例：例1、例2銘文皆自名爲"信節"。"偏將軍"是掌管營丘（即齊都臨淄）與壜綷（齊地名）軍務的最高軍事長官（參見第二章第一節），"辟大夫"爲分管"壜綷"一地軍事營壘等防禦工事修築工作的職官（參見第二章第二節第一部分），虎節爲傳達命令之憑證。

2. 符

例1：

> 甲兵之符，右才（在）王，左才（在）新郪。凡興士被（披）甲，用兵五十人以上，[必]會王符，乃敢行之。燔燧事，雖母（毋）會符，行殴。（新郪虎符，19176，戰國晚期）

例2：

> 甲兵之符，右才（在）君，左才（在）杜。凡興士被（披）甲，用兵五十人以上，必會君符，乃敢行之。燔燧之事，雖母（毋）會符，行殴（也）。（杜虎符，19177，戰國中期）

《說文》："符，信也。漢制以竹，長六寸，分而相合。從竹，付聲。"⑦東周

---

① 釋文從李家浩說，見李家浩：《貴將軍虎節與辟大夫虎節——戰國符節銘文研究之一》，《中國歷史博物館館刊》1993年第2期，第50—55頁。

② 許慎：《說文解字》，岳麓書社，2006年，第95頁。

③ 阮元校刻：《十三經注疏》，中華書局，1980年，第699頁。

④ 阮元校刻：《十三經注疏》，中華書局，1980年，第739頁。

⑤ 阮元校刻：《十三經注疏》，中華書局，1980年，第893頁。

⑥ 李家浩："傳遽鷹節用途爲'通過津、關時官吏見到持此契者不得扣留。'"《傳遽鷹節銘文考釋》，《著名中年語言學家自選集·李家浩卷》，安徽教育出版社，2002年，第100頁；"王命龍節是驛傳雇傭人員供應飲食的憑證。"《傳賃龍節銘文考釋》，《著名中年語言學家自選集·李家浩卷》，安徽教育出版社，2002年，第116頁。

⑦ 許慎：《說文解字》，岳麓書社，2006年，第96頁。

銅器銘文自名爲"符"的有 2 例，寫作⬚、⬚，爲戰國中晚期器。銘文内容大致相似，表明爲"甲兵之符"，爲調兵時合驗之憑證。其中例 1、例 2 新郪虎符和杜虎符銘文曰："凡興士被（披）甲，用兵五十人以上，必會君符，乃敢行之。燔燧之事，雖母（毋）會符，行殹（也）。"言明調兵五十人以上，需將"符"與君符合驗，可見戰國調兵管理之嚴格。"燔燧事"指夜間烽火報警，《漢書・賈誼傳》"斥候望烽燧不得卧"，顏師古注："張晏曰：晝舉烽、夜燔燧也。"①此處當指突發之敵情。若遇，則事可從權，不必會符亦可用兵。

三、戎壺

例 1：

> 厌（侯）母乍（作）厌（侯）父戎壺，用征行，用求裪（福）無彊（疆）。（侯母壺，12323，春秋早期）

"戎壺"一詞見于春秋早期侯母壺，此壺 1977 年出土于山東曲阜魯國故城望父台春秋墓。發掘報告認爲："可能是出征時的盛水器皿。"②《説文》："戎，兵也，從戈從甲。"③西周晚期翏生盨銘文曰："王征南淮夷，伐角津，伐桐遹，翏生從，執訊折首，俘戎器。"《禮記・王制》"戎器不粥于市"，鄭玄注："戎器，軍器也。"④《左傳・襄公二十五年》："鄭子産獻捷于晉，戎服將事。"杜預注："戎服，軍旅之衣，异于朝服。"⑤"戎壺"爲行軍專用之壺，銘文"用征行"是其用途。

結　語

通過以上分析，我們發現東周銅器銘文中的軍事物資名詞以兵器名詞最爲多見，每一類兵器下又根據其使用者、功能、形制有具體命名。以戈和鈥爲例，東周銘文中有根據使用者命名的徒戈、車戈、族戈，有根據功能命名的馘戈、殺戈、行戈，有根據形制命名的巨牧（御）鈥。兵器命名亦具有區域特征，部分

---

① 班固：《漢書》，中華書局，1983 年，第八卷，第 2241 頁。

② 魏文華、孔祥仁：《曲阜縣發掘兩周時期的幾座大墓，出土一批珍貴文物》，《破與立》1978 年第 4 期，第 74 頁。

③ 許慎：《説文解字》，岳麓書社，2006 年，第 266 頁。

④ 阮元校刻：《十三經注疏》，中華書局，1980 年，第 1344 頁。

⑤ 阮元校刻：《十三經注疏》，中華書局，1980 年，第 1985 頁。

兵器名稱只出現在某一國銘文中，例如"鋸""鐷""鉳""鐷鉳""鈇"五種兵器名稱只見于燕國兵器銘文。東周時期戰爭頻繁，兵器門類細化是兵器制造水平大發展和製造行業發達的表現。銘文反映出的詞匯狀況與當時歷史情況吻合，此外東周時期文字從統一走向分化的時代特征在記錄兵器名詞的文字上也有體現，部分兵器名詞用多種字形來記錄，以兵器"戟"爲例就有 14 種字形之多，部分字形能體現出時代、國別的差异。

第四章　銘文中的軍事賞賜類名詞研究

　　兩周時期戰争在國家政治生活中占有很大比重。爲激勵將士們的鬥志，諸侯國君十分重視對在戰争中有軍功的將士進行獎賞。賞賜提高了將士的社會地位，使他們獲得經濟利益，從而大大提高了軍隊的戰鬥力。傳世文獻中有許多軍事賞賜的記載，《尚書·甘誓》：“用命，賞于祖；弗用命，戮于社。”[①]明確將士在戰場中的表現與賞賜之間的關係。《國語·晉語》：“軍伐有賞，善君有賞，能其官有賞。”[②]晉文公將軍功列在賞賜的首位。不同時期軍事賞賜的内容有所不同，陳夢家考證，“西周初期多是金、貝之賜，中期漸趨于無，自共王起，最多的是命服、武具和車具”；[③]凌宇認爲，“春秋到戰國初期有許多因軍功賜田的史實，但到戰國中後期多被賜金所代替”。[④]東周銅器銘文中也有關于軍事賞賜的記載，内容包括土地、民人和物資。土地類名詞有釐都、會、劇、縣、邑、号邑、土田；民人類名詞有或徒、釐僕、舊人；物資類名詞有馬、駐、車、輅車、玄衣、衣裘、衣常、市（韍）、冠、虢（甲）、戎兵、兵。

第一節　賜　　土

　　商代銅器銘文中并無賞賜土地的記載[⑤]，周代賜土比較常見，國家機構還設立了職官專門掌管土地賞賜，《周禮·夏官》：“司勛掌六鄉賞地之灋以等其功。”[⑥]西周早期遣卣銘文：“隹（唯）十又三月辛卯，王才（在）庍（斥），易（錫）趞（遣）采曰趙。”陳夢家認爲，“此器之采爲采地、采邑。故着采地之名曰某”。[⑦]亳鼎銘文：“公庆（侯）易（錫）亳杞土、稟土。”“杞土”指杞國之地，“稟”亦指

　　① 阮元校刻：《十三經注疏》，中華書局，1980年，第155頁。

　　② 阮元校刻：《十三經注疏》，中華書局，1980年，第358頁。

　　③ 陳夢家：《西周銅器斷代》，中華書局，2004年，第415頁。

　　④ 凌宇：《金文所見西周賜物制度及用幣制度初探》，武漢大學碩士學位論文，2004年，第22頁。

　　⑤ 黄然偉：“殷器無賞賜土田奴僕之記載”。《殷周青銅器賞賜銘文研究》，《殷周史料論集》，香港三聯書店，1995年，第184頁。嚴志斌：“商代記事銘文中出現的賞賜物的類别不是很多，有如下諸項：貝、玉、積、犰、户、厘”，《商代賞賜金文研究》，《南方文物》2008年第4期，第100–103頁。

　　⑥ 阮元校刻：《十三經注疏》，中華書局，1980年，第841頁。

　　⑦ 陳夢家：《西周銅器斷代》，中華書局，2004年，第60頁。

地名，《左傳·隱公四年》"莒人伐杞"，孔穎達疏："《譜》云：'杞，姒姓，夏禹之苗裔，武王克殷，求禹之後，得東樓公而封之于杞，今陳留雍丘縣是也。'"①"杞土""麋土"爲公侯賞賜亳之土地。

　　兩周時期賞賜土地的事由很多，軍功是其中之一。《左傳·閔公元年》"趙夙御戎，畢萬爲右，以滅耿、滅霍、滅魏。還，爲大子城曲沃。賜趙夙耿，賜畢萬魏"，杜預注："平陽皮氏縣東南有耿鄉。永安縣東北有霍大山。三國皆姬姓。"②趙夙、畢萬滅耿、霍、魏三國有功，晉侯賜耿、魏兩地給趙夙和畢萬。《左傳·僖公元年》："公子友敗諸酈，獲莒子之弟拏。非卿也，嘉獲之也。公賜季友汶陽之田及費。"杜預注："汶陽田，汶水北地。"③季友打敗酈，俘獲莒子之弟，魯僖公賜他汶陽田。

　　西周記載軍事賞賜土地的銘文多見于西周晚期器物。多友鼎銘文："武公命多友銜（率）公車，羞追于京自（師）。……廼曰武公曰：'女（汝）既靜京自（师），赞（賚）女（汝），易（錫）女（汝）土田。'"李學勤考證此鼎爲周厲王時器，"多友"爲武公之下屬。④因獫狁侵伐京師王命武公派遣下屬追擊，武公派遣多友追擊獫狁，多友大敗獫狁并俘獲戰車、俘虜，獻于武公，武公獻之于王，王賜予武公土田。敔簋銘文："王蔑敔（敔）歷，事（使）尹氏受（授）贄（賚）敔：圭、鬲（瓚）、塑貝五十朋，易（錫）田于敔（拎）五十田，于早五十田。"陳夢家認爲："銘記十月伐南淮尸，十一月告禽于成周大廟。敔以'馘百訊卌'告禽于王，王嘉勉之而有使尹氏受其禽獲。"⑤賞賜物分別是圭、瓚、貝和土田。

　　東周銅器銘文賞賜土地皆與軍事有關，具體內容如下。

一、某地

1. 釐（萊）都

　　《說文》："釐，家福也，從里犛聲。"甲骨文有𢑒（《合集》28173）、𢎨（《合集》26899）、𢒰（《合集》37382），從攴從來。多以爲本義是"獲麥之喜"，"犛"爲"釐"之初文，後增加聲符"里"，孳乳爲"釐"。⑥

---

① 阮元校刻：《十三經注疏》，中華書局，1980年，第1724頁。

② 阮元校刻：《十三經注疏》，中華書局，1980年，第1786頁。

③ 阮元校刻：《十三經注疏》，中華書局，1980年，第1791頁。

④ 李學勤：《論多友鼎的時代及意義》，《人文雜志》1981年第6期，第87—92頁。

⑤ 陳夢家：《西周銅器斷代》，中華書局，2004年，第782頁。

⑥ 張標："本義爲獲麥之喜，引申有福祉義。爲犛之初文，……甲骨文、金文犛、釐、釐初爲一字，後分化爲三，來（與人）下有又或朮者後爲犛。無聲旁者後加'里'爲聲而釐。"參見李學勤主編：《字源》，天津古籍出版社，2012年，第262頁。黃德寬："釐，從犛，里爲迭加聲符。釐乃犛、犛之後起字"，《古文字譜系疏證》，商務印書館，2007年，第6頁。

作爲賞賜物的"釐"見于春秋晚期齊國叔夷鐘、叔夷鎛。銘文曰："公曰：……余命女（汝）政于朕（朕）三甸（軍），箭（肅）成朕（朕）師旟之政遶（德），……敫（勍）穌三甸（軍）徒遶，雩（與）乓（厥）行師，……女（汝）婜（鞏）袋（勞）朕（朕）行師，女（汝）肇劼（敏）于戎攻（功），余易（錫）女（汝）釐（萊）都，會（糇）、劅（勞）其㭇（縣）三百"。銘文"公"，孫詒讓、郭沫若、楊樹達、陳夢家皆以爲是齊靈公。[1]"叔夷"是齊靈公的臣子。銘文"箭（肅）成朕（朕）師旟之政遶（德）""敫（勍）穌三甸（軍）徒遶，雩（與）乓（厥）行師""女（汝）婜（鞏）袋（勞）朕（朕）行師，女（汝）肇劼（敏）于戎攻（功）"是公對叔夷治軍功勞的肯定，也是賞賜叔夷的主要原因。"釐都"，孫詒讓認爲，"蓋齊之大都。釐疑即萊，故萊國。左襄六年傳'齊侯滅萊'，又哀五年傳'齊置群公子于萊'是也，字亦作郲，襄十五年傳：'齊人以郲寄衛侯'，萊郲并從來聲，來釐古音同，經傳多通用。叔弓蓋爲釐大夫，故以其屬縣爲采邑"。[2]陳夢家認爲："萊與釐，賚與釐是相通假的，《説文》'萊，蔓華'，《爾雅·釋草》'釐，蔓華'；《説文》'賚，賜也'，《詩·江漢傳》'釐，賜也。'"[3]其説甚確，《戰國策·魏策》："齊，伐釐、莒。"吳師道注："此釐字即萊。"[4]《史記·齊太公世家》："武王已平商而王天下，封師尚父于齊營丘。……萊侯來伐，與之爭營丘。營丘邊萊。萊人，夷也，會紂之亂而周初定，未能集遠方，是以與太公爭國。"[5]依據這段記載萊國在西周建國之初已經存在，并與齊太公尚爭奪齊都營丘。齊萊矛盾由來已久，春秋時期萊爲齊所滅，考萊滅國時間正是齊靈公執政期間，故靈公賜叔夷萊都。萊都之地望，舊多以爲在山東黃縣[6]，王獻唐經考證改爲在山東東部臨朐一帶[7]，後多從之。

2. 會、劅

"釐都"後二字銘文作🐚、🐚，説解不一。🐚，薛尚功釋爲"亂"[8]，孫星衍

① 孫詒讓：《古籀拾遺》（上），掃葉山房，1918 年，第 15 頁。楊樹達：《積微居金文説》，科學出版社，1952 年，第 46 頁。郭沫若：《兩周金文辭大系圖録考釋》（三），科學出版社，1957 年，第 413 頁。陳夢家：《叔尸鐘鎛考》，《陳夢家學術論文集》，中華書局，2016 年，第 611 頁。

② 孫詒讓：《古籀拾遺》（上），掃葉山房，1918 年，第 10 頁。

③ 陳夢家：《叔尸鐘鎛考》，《陳夢家學術論文集》，中華書局，2016 年，第 615–616 頁。

④ 諸祖耿：《戰國策集注匯考》，江蘇古籍出版社，1985 年，第 1301 頁。

⑤ 司馬遷：《史記》，岳麓書社，1988 年，第 193 頁。

⑥ 《左傳·宣公七年》"夏，公會齊侯伐萊"，杜預注："萊國，今東萊黃縣。"《元和郡縣志》："黃縣，古萊子之國。"

⑦ 王獻唐："黃縣人考萊國舊都在臨朐附近大抵正確"，《黃縣曩器》，山東出版社，1960 年，第 11 頁。

⑧ 薛尚功：《歷代鐘鼎彝器款識法帖》，遼沈書社，1985 年 7 月，第 60 頁。

釋爲"胤"①，王俅釋爲"脒"②，孫詒讓認爲即"霸"之或體③。《説文·月部》："霸，古文或作𩁹，即其字也。……霸勞蓋釐都所屬縣名。"于省吾、郭沫若隸定爲"菁"④，何琳儀隸定爲"曶"，《釋名·釋姿容》："寐，謐也。"《古尚書》"昧"作"脒"，與"曶"形體最近，此"曶"讀"密"之證。⑤"𧆥"，薛尚功釋爲"爵"⑥，王俅釋爲"勞"⑦，孫詒讓認爲"叔弓蓋爲釐大夫，故以其屬縣爲采邑"⑧，郭沫若："曶劇當是厘之子邑，齊侯所以錫夷者。"⑨何琳儀："曶劇，讀爲密膠，朱駿聲謂獿字經傳多以狡爲之，'膠水'和'密水'（均見《水經注》卷二十六）屬古萊國，這與鑄銘'釐（萊）都曶（密）劇（膠）'地望正合。"⑩按：何琳儀之隸定與銘文寫法一致，但二字之形義關係尚没有定説，據上下文推測，此二字當爲萊所屬之邑名，是齊靈公賞賜叔夷土地的一部分。

二、縣

《説文》："縣，系也。從糸持県。"徐鉉："此本是縣挂之縣，借爲州縣之縣，今俗加心，別作懸義無所取。"⑪西周銅器銘文作𥄂（縣改簋，05314，西周中期），春秋時期作𥄳（仲義君簠，05885，春秋晚期）、𥄞（叔夷鎛，15829，春秋晚期）。從木從糸從首，會懸首于木下之意。春秋晚期邵黛鐘銘文："大鐘（鐘）既檔（縣、懸），玉鑵鼉鼓。"即用其本義。除此之外，周代銅器銘文中還假借作州縣之縣。除"縣"字之外，銅器銘文中還用"還"字表示州縣之縣，西周中期免簋銘文："令（命）免乍（作）嗣（司）土，嗣（司）奠（鄭）還斂（廩）。"阮元曰："'還'通'寰'，'寰'古縣字。"⑫文獻"縣"常寫作"寰"，如《穀梁傳·隱公元年》"寰内諸侯"，陸德明《釋文》："寰，音縣，古縣字。"⑬或以爲

---

① 孫星衍：《續古文苑》第一卷，商務印書館，1937年，第70頁。

② 王俅：《嘯堂集古録》，中華書局，1985年6月，第76頁。

③ 孫詒讓：《古籀拾遺》（上），掃葉山房，1918年，第10頁。

④ 于省吾：《雙劍誃吉金文選》上一.四，中華書局，2009年，第88頁。郭沫若：《兩周金文辭大系圖録考釋》（三），科學出版社，1957年，第203頁。

⑤ 何琳儀：《古璽雜識續》，《古文字研究》第十九輯，中華書局，1992年，第487頁。

⑥ 薛尚功：《歷代鐘鼎彝器款識法帖》，遼沈書社，1985年，第60頁。

⑦ 王俅：《嘯堂集古録》，中華書局，1985年，第76頁。

⑧ 孫詒讓：《古籀拾遺》（上），掃葉山房，1918年，第10頁。

⑨ 郭沫若：《兩周金文辭大系圖録考釋》（三），科學出版社，1957年，第205頁。

⑩ 何琳儀：《古璽雜識續》，《古文字研究》第十九輯，中華書局，1992年，第487頁。

⑪ 許慎：《説文解字》，岳麓書社，2006年，第184頁。

⑫ 阮元：《積古齋鐘鼎彝器款識》第七卷，商務印書館，1937年，第4頁。

⑬ 阮元校刻：《十三經注疏》，中華書局，1980年，第2366頁。

州縣之"縣"本字爲"還"，又寫作"睘""𦙃"，後假表懸之縣字表示。[①]

"縣"，最初指都城城邑附近的區域。《周禮·秋官·序官》"縣士"，鄭玄注："距王城三百里至四百里曰縣。"[②]後逐漸演變爲行政機構名稱。春秋時期楚、晉、齊都已設縣。《左傳·莊公十八年》"初，楚武王克權，使鬭緡尹之"，杜預注："權，國名，南郡當陽縣東南有權城。鬭緡，楚大夫。"孔穎達正義："尹訓正也。楚官多以尹爲名。"[③]《左傳·襄公二十六年》州伯犂曰："此字爲穿封戍，方城外之縣尹也。"[④]可知尹爲楚縣之長。《國語·齊語》："管子對曰：'十卒爲鄉，鄉有鄉帥；三鄉爲縣，縣有縣帥；十縣爲屬，屬有大夫。'"[⑤]

因軍功賜縣文獻頗多記載。《左傳·僖公三十三年》，襄公"以再命命先茅之縣賞胥臣，曰：'舉郤缺，子之功也。'"[⑥]胥臣向襄公舉薦郤缺，郤缺伐狄俘虜白狄之子，故襄公以先茅之縣賞賜胥臣。晉國對于軍功賞賜還有十分詳細的規定，《左傳·哀公二年》："克敵者，上大夫受縣，下大夫受郡，士田十萬，庶人工商遂，人臣隸圉免。"

東周銅器銘文因軍功賜縣之例見于春秋晚期齊國叔夷鐘銘文："余易（錫）女（汝）釐（萊）都，會、劇其楇（縣）三百"。郭沫若認爲："'鄫、劇'，當是釐之子邑。齊侯所以賜夷者，其下有縣而至三百之多，則知古之縣甚小。"[⑦]

三、邑、号邑

"邑"之所指，文獻説法不盡相同。《説文》："邑，國也。從口；先王之制，尊卑有大小，從卪。"[⑧]《左傳·莊公二十八年》："有宗廟先君之主曰'都'，無曰'邑'。"[⑨]甲骨文寫作 𠱸（《合集》6678）、𠱸（《合集》13513 反），商周銅器銘文寫作 𠱸（邑爵，06767，商代晚期）、𠱸（元年師兌簋，05324，西周晚期）。學界多

[①] 李家浩："古代從'睘'聲之字多有環繞義。《漢書·食貨志》'還廬樹桑'，顏師古注：'還，繞也。'《國語·越語下》：'環會稽三百里者以爲範蠡地。'韋昭注：'環，周也。'《漢書·高五王傳》：'乃割臨淄東圜悼惠王冢園邑盡以予菑川。'顏師古注：'圜，謂周饒之。'"'縣'指環繞國都或大城邑的地區，本是由還（環）派生出來的一個詞，所以古人就寫作'還'，或寫作'睘''𦙃'；因爲是區域名，……用來表示這一意義的'縣'則是一個假借字。"《先秦文字中的"縣"》，《文史》第二十八輯，第 55 頁。

[②] 阮元校刻：《十三經注疏》，中華書局，1980 年，第 867 頁。

[③] 阮元校刻：《十三經注疏》，中華書局，1980 年，第 71 頁。

[④] 阮元校刻：《十三經注疏》，中華書局，1980 年，第 1989 頁。

[⑤] 徐元誥：《國語集解》，中華書局，2002 年，第 228 頁。

[⑥] 阮元校刻：《十三經注疏》，中華書局，1980 年，第 1834 頁。

[⑦] 郭沫若：《兩周金文辭大系圖録考釋》，科學出版社，1957 年，第 205 頁。

[⑧] 許慎：《説文解字》，岳麓書社，2006 年，第 131 頁。

[⑨] 阮元校刻：《十三經注疏》，中華書局，1980 年，第 1782 頁。

認爲此字上部象城墻、城邑之形，下部象人踞坐于城下，會"人聚居之所"義。[①]"邑"在卜辭和銅器銘文中多用作本義。如卜辭"貞作大邑"（《合集》13513反）、"余其乍邑"（《合集》13503），"乍邑""作邑"意思是修築城邑。西周早期㳂司土送簋"王來伐商邑"，馬承源認爲"商邑指武庚之封國"[②]。

西周早期已有賞賜城邑的記載，宜侯夨簋銘文："王令（命）虞医（侯）夨曰：鄉（？）医（侯）于夨（宜），易（錫）鬯邑（鬯）一卣，商瑞（瓚）一□、弜（彤）弓一、彤（彤）矢百、旅弓十、旅矢千；易（錫）土：氒（厥）川三百□，氒（厥）□百又廿，氒（厥）宅邑卅又五。"周王賞賜虞侯夨的土地，其中包括賜宅邑三十五。《爾雅·釋言》："宅，居也。"邢昺疏："宅，謂居處也。"[③]即賜居住地三十五邑。

東周銘文賞賜城邑的記載有3例，都見于齊國器物，其中有2例賞賜的原因爲軍功。例1春秋早期復丰壺銘文："公命遝（復）丰衛（率）徒伐者（諸）剢（割），武又（有）工（功）。公是用大畜（畜）之，鹵（酒）嗣（司）者（諸）剢（割—葛）。易（錫）之幺（玄）衣仸（黼）剢（純）、車馬、衣裘、号邑、土田"。復丰征伐剢有功，齊公對他的賞賜中包括"城邑"，"邑"前一字銘文寫作
🔲，上部與邑字之上部相同可隸定爲"囗"，下部爲"十"。吳鎮烽隸定爲"号"。[④]此字疑爲某邑之名。銅器銘文中"某邑"多指地名，如臣卿鼎之"新邑"[⑤]，柞伯鼎之"昏邑"。例2春秋晚期庚壺銘文："齊三軍圍釐（萊），衰（崔）子𢼅（執）鼓，庚大門之，虢（介）者獻（獻）于霛（靈）公之所。公曰：'甬₌（甬甬—勇勇）!'䞷（賞）之台（以）邑，嗣（司）衣裘、車馬"。庚伐萊有功，齊靈公賞賜他城邑。

四、土田

《説文》："土，地之吐生物者也。二象地之下、地之中物出形也。""田，陳也。樹穀曰田。象四口。十，阡陌之制也。"[⑥]甲金文之"土"爲指事字，象地上

---

① 羅振玉認爲："凡許書所謂邑字，考之卜辭及古金，文皆作邑，象人跽形。邑屬人所居，故從口從人。"《增訂殷虛書契考釋》中，藝文印書館，1969年，第7頁。陳夢家認爲："邑是聚族而居之處。"《殷虛卜辭綜述》，中華書局，1988年，第322頁。葉玉森認爲："邑字從囗象畺城，從邑，象人跽形，乃人之變體，即指人民，有人有土，斯成一邑。"《殷虛書契前編集釋》第六卷，藝文印書館，1966年。俞偉超："邑字的形體作封域下有人居，本義不僅僅是一般的聚落。"《中國古代公社組織的考察——論先秦兩漢的單、僤、彈》，文物出版社，1988年，第53頁。

② 馬承源：《商周青銅器銘文選》，文物出版社，1986年，第31頁。

③ 阮元校刻：《十三經注疏》，中華書局，1980年，第2584頁。

④ 吳鎮烽：《商周青銅器銘文暨圖像集成》第二十二卷，上海古籍出版社，2012年，第412頁。

⑤ 楊樹達："新邑即'洛邑'之別稱"，《積微居金文説》，科學出版社，1952年，第80頁。

⑥ 許慎：《説文解字》，岳麓書社，2006年，第286、290頁。

有土塊之形；"田"爲象形字，象阡陌縱橫交錯之形。"土田"一詞常見于文獻，《左傳·莊公三十二年》："虢公使祝應、宗區、史嚚享焉。神賜之土田"①。西周晚期多友鼎銘文："迺曰武公曰：'女（汝）既静京自（師），贅（賚）女（汝），易（錫）女（汝）土田。'"玁狁侵占周之京自，武公奉周王之命令多友率軍阻止，多友不僅大敗玁狁還大有俘獲。武公將俘獲獻于周王，周王賞賜武公土田。東周銅器銘文有 1 例因軍功賞賜土田的記載見于春秋早期復丰壺，齊王因復丰伐剌之軍功，賜予他土田。

第二節　賜　民

李零指出："在古人心目中，土地與民人總是連在一起。"②吕文郁認爲："大量的文獻資料和青銅器銘文表明：周王在向臣下封賞土地時，往往把土地上的居民連同土地一起封授給受封者。"③周代土和民常常一起賞賜，《左傳·定公四年》記載周初分封諸侯時："分魯公以大路，大旂，夏后氏之璜，封父之繁弱，殷民六族，條氏、徐氏、蕭氏、索氏、長勺氏、尾勺氏。……分之土田倍敦，祝、宗、卜、史，備物、典策，官司、彝器。""分康叔以大路、少帛、綪茷、旃旌、大吕，殷民七族，陶氏、施氏、繁氏、錡氏、樊氏、饑氏、終葵氏；封畛土略，自武父以南，及圃田之北竟，取于有閻之土，以共王職。取于相土之東都，以会王之东搜。聃季授土，陶叔授民。"④周王賞賜魯侯"殷民六族"和"土田"，賞賜康侯"殷民七族""封畛土略"。周代賜民和賜田分別由专人執行："聃季授土，陶叔授民"。西周早期大盂鼎銘文康王曰："𤰞（零）我𢦏（其）遹省先王受民受疆（疆）土"。西周晚期大克鼎銘文："易（錫）女（汝）田于埜，易（錫）女（汝）田于渒，易（錫）女（汝）丼（邢）寓（宇）𪋻，田于㕙（峻）㠯（与）氒（厥）臣妾，易（錫）女（汝）田于康，易（錫）女（汝）田于匽，易（錫）女（汝）田于陴原（原），易（錫）女（汝）田于寒山，易（錫）女（汝）史、小臣"，周王賜予克多處土地，其中"田于峻"連同峻地的臣妾，并賜予他"史""小臣"等官員。

西周銅器銘文周王賜民的原因或爲分封諸侯，如西周早期宜侯夨簋銘文："王令（命）虞侯（侯）夨曰：𦁱（遷）侯（侯）于宜，……易（錫）才（在）宜

---

① 阮元校刻：《十三經注疏》，中華書局，1980 年，第 1783 頁。

② 李零：《西周金文中的土地制度》，《李零自選集》，廣西師範大學出版社，1998 年，第 89 頁。

③ 吕文郁：《西周采邑制度述略》，《金景芳學案》卷中，綫裝書局，2003 年，第 1012–1023 頁。

④ 阮元校刻：《十三經注疏》，中華書局，1980 年，第 1786、2134、2135 頁。

王人十又七生（姓），易（錫）奠（奠、甸）七白（伯），罕（厥）盧□又五十夫，易宜庶人六百又□六夫”，或因册命，如西周早期榮簋銘文：“隹（唯）三月，王令焚（榮）眔（暨）内史曰：菁（介）井（邢）厌（侯）服（服），易（錫）臣三品：州人、重人、章（鄘）人”；或因軍功，如西周中期箸簋銘文：“隹（唯）十月初吉壬申，駿（馭）戎大出于楷（楷、黎），箸専（搏）戎，執嘞（訊）隻（獲）喊（馘）。楷（楷、黎）厌（侯）犛（釐）箸馬三（四）匹、臣一家、貝五朋。”所賜之民既有地位較高的官員（如史、小臣等），又有地位較低的奴僕、庶人。不同時期賞賜原因和賜民的種類有差異。林美娟考察：“早期落實分封制度，故周王往往在分封諸侯的過程中賜予臣屬、奴僕，諸侯國疆土上的庶民百姓，甚至是殷商遺民等。至中、晚期，王朝政局已漸趨穩定，所能分封的土地也漸趨飽合，故取而代之的是在册命，獎勵軍功，或陪同周王行射禮有功等因素的影響下，周王或公卿等身份地位崇高的貴族才會賜予王臣、臣屬‘奴僕’作為賜物。”①

東周銅器銘文賜民的原因和賜民的種類與西周相比有同有異。其中賞賜原因皆為軍功，賜民的種類大部分為地位較低之人，也有部分官員，具體有以下三類。

一、或徒

“或”，見于西周早期或伯鼎和或者簋，分別寫作█、█，《金文編》隸定為“戡”。②《古文字類編》隸定為“或”③，《商周》隸定為“或”④。按：詳審拓片之字形，此字由“戈”“呈”構成。郊郢率鐸“郢”寫作█、戰國古璽“呈”寫作█（《璽匯》，4517），與█之構件“呈”寫法一致，故從《類編》隸定為“或”。

“或徒”見于春秋晚期齊國叔夷鐘、叔夷鎛銘文，孫詒讓釋為“國徒”⑤，孫海波釋為“域徒”⑥，意義相近。按：“徒”在青銅器銘文和傳世文獻中常常表示“步卒”，銘文言賞賜叔夷四千步卒。

“或”前一字鐘銘寫作█，鎛銘寫作█，從“辶”“匋”“女”。薛尚功釋為“造”，孫詒讓、郭沫若從之。⑦按：此字《說文》無，構形不明。《說文》：“造，

---

① 林美娟：《西周册命金文研究》，臺灣中正大學中國文學研究所博士學位論文，2011年，第244頁。

② 容庚、張振林、馬國權：《金文編》，中華書局，1985年，第829頁。

③ 高明、塗白奎：《古文字類編》（增訂本），上海古籍出版社，2008年，第692頁。

④ 吳鎮烽：《商周青銅器銘文暨圖像集成》第二十八卷，上海古籍出版社，2012年，第529頁。

⑤ 孫詒讓：《古籀拾遺》（上），掃葉山房，1918年，第10頁。

⑥ 孫海波：《齊弓鎛考釋》，《師大月刊》第一卷第22期，1935年，第52—101頁。

⑦ 孫詒讓：《古籀拾遺》（上），掃葉山房，1918年，第10頁。郭沫若：《兩周金文辭大系圖録考釋》（三），科學出版社，1957年，第413頁。

就也，從辵告聲。"春秋銅器銘文"造"异體頗多，例如：⿰⿱(淳于公戈，16851，春秋晚期)、⿰⿱(曹公子沱戈，17045，春秋早期)。此字聲符作"訇"，與"告"同屬幽部，聲紐相近，或爲"造"改換聲符之异體字。"敵寮"，郭沫若、夏麥陵釋爲嫡僚[1]，其説可從。朱駿聲《説文通訓定聲》："敵，經傳多以適、以嫡爲之。"[2]《詩經·大雅·板》"及爾同寮"，毛傳："僚字又作寮。"[3]可知齊靈公賞賜叔夷土地的同時賞賜四千步卒作爲叔夷的嫡系部隊。

二、鏊僕

《説文》："僕，給事者。從人，從業，業亦聲。㒒，古文從臣。"[4]甲骨文寫作⿰(《合集》17961)，商代銅器銘文與甲骨文寫法同，周代寫作⿰(隩仲僕盤，14410，西周早期)、⿰(師旅鼎，02462，西周早期)、⿰(五年琱生簋，05340，西周晚期)、⿰(公孼里脽戈，17359，戰國晚期)。羅振玉認爲卜辭"僕"象"人形而後有尾，許君所謂古人或飾系尾，西南夷亦然是也"，本義爲"俘奴之執賤役瀆業之事者"。[5]其説甚確。西周銅器銘文訛變爲從"人""業""廾"(或"又")，東周文字省略"廾"或"又"，從"人""業"，如⿰(者僕故匜，14916，春秋早期)、⿰(公孼里脽戈，17359，戰國晚期)。

西周銘文賜僕很常見，早期旅鼎銘文"隹(唯)八月初吉，屖(辰)才(在)乙卯，公易(錫)旅僎(僕)"，言公賜予旅僕。中期伯克壺銘文"白(伯)大(太)師易(錫)白(伯)克僕卅夫"，伯太師賜予伯客僕三十夫。晚期幾父壺銘文"易(錫)幾父丅(开)辇(載)六、僕三(四)家"，同仲賜予幾父僕四家。可見賜僕可以以"一夫"或"一家"爲單位。

東周銅器銘文有 2 例賜僕的記載，見于春秋晚期齊國叔夷鐘、叔夷鎛銘文："余易(錫)女(汝)馬、車、戎兵，釐(萊)僎(僕)三百又五十家。"孫詒讓考證此器作器時間爲齊靈公二十八年之五月望日，即魯襄公十九年。[6]《左傳·襄公六年》："十一月，齊侯滅萊。"[7]鑄器之時萊國已被齊國所占。叔夷治軍有功齊侯將萊邑賜予叔夷，并將萊地之僕共三百五十家一起賜予叔夷，與西周相比較賜僕的人數更多。

① 郭沫若："嫡僚，言爲夷直系之徒屬"，《兩周金文辭大系圖録考釋》(三)，科學出版社，1957 年，第 413 頁。夏麥陵："敵寮即嫡僚，亦嫡系"，《叔夷鐘銘與齊侯滅萊》，《管子學刊》1993 年第 2 期，第 84~90 頁。

② 宗福邦：《故訓匯纂》，商務印書館，2003 年，第 972 頁。

③ 阮元校刻：《十三經注疏》，中華書局，1980 年，第 549 頁。

④ 阮元校刻：《十三經注疏》，中華書局，1980 年，第 1786 頁。

⑤ 羅振玉：《增訂殷虚書契考釋》(卷中)，藝文印書館，1969 年，第 431 頁。

⑥ 孫詒讓：《古籀拾遺》(上)，掃葉山房，1918 年，第 15 頁。

⑦ 阮元校刻：《十三經注疏》，中華書局，1980 年，第 1937 頁。

三、舊人

《説文》：“舊，雎舊，舊留也。從萑臼聲。”①甲骨文寫作 （《屯》2350）、（《合集》20390），西周銅器銘文寫作 （兮甲盤，14539，西周晚期），東周銅器銘文寫作 （邾公華鐘，15591，春秋晚期）。甲骨文上部爲“鳥”，下部爲“臼”，孫常叙認爲“本義爲雎舊，角鴞屬，臼爲聲符”②。銅器銘文“舊”常表示新舊之舊，西周早期盠尊銘文“王弗望（忘）乎（厥）舊宗小子，埜皇盠身”，吳世昌曰：“銘文曰‘舊宗小子’，或姬姓遠祖之子孫。”③

賞賜舊人見于春秋早期復丰壺銘文：“易（錫）之玄（玄）衣、攸（鋚）勒、車馬、衣裳、号邑、土田，返其舊人。”《尚書·盤庚》“古我先王，亦惟圖任舊人共政”，孔安國傳：“先王謀任久老成人共治其政。”④可知舊人爲舊臣。復丰伐諸剌，齊公賞賜他号邑、土田，并賞賜舊臣幫助他治理賞賜之土地。

第三節　賜　物　資

一、馬、駐

《説文》：“馬，怒也，武也。象馬頭髦尾四足之形。凡馬之屬皆從馬。”⑤甲金文“馬”寫作 （《合集》5716）、（《合集》26899），西周銅器銘文作 （御正衛簋，04994，西周早期）、（九年衛鼎，02496，西周中期）。“象馬首長髦二足及尾之形”⑥，爲象形字。“馬”作爲賞賜物傳世文獻早有記載。《左傳·莊公十八年》：“虢公、晉侯朝王，王饗醴，命之宥，皆賜玉五瑴，馬三匹。”孔穎達疏“蓋于酬酒之時賜之幣也，所賜之物，即下文‘玉’‘馬’是也”⑦，虢公、晉侯朝見周王，周王設饗禮，賜予虢公、晉侯玉和馬。

兩周銅器銘文中，賞賜“馬”最早見于西周早期，最晚見于春秋晚期，戰國銅器銘文中未見賜“馬”。西周銅器銘文賜馬比較常見，西周早期的小臣夌鼎、大盂鼎，西周中期的詧簋、引簋，西周晚期的虢季子白盤、兮甲盤、克鐘等銘文皆

---

① 許慎：《説文解字》，岳麓書社，2006 年，第 77 頁。

② 孫常叙：《假借形聲和先秦文字性質》，《古文字研究》第十輯，中華書局，1983 年，第 327–349 頁。

③ 吳世昌：《對“盠器銘考釋”一文的幾點意見》，《考古通訊》1958 年第 1 期，第 90–91 頁。

④ 阮元校刻：《十三經注疏》，中華書局，1980 年，第 169 頁。

⑤ 許慎：《説文解字》，岳麓書社，2006 年，第 199 頁。

⑥ 徐中舒：《甲骨文字典》，四川辭書出版社，2014 年，第 1067 頁。

⑦ 阮元校刻：《十三經注疏》，中華書局，1980 年，第 1786、1773 頁。

有記載。西周時期周王賜馬的原因比較多元化，林美娟將其歸納爲"出使，助祭有功，治理封國，治理公室，征戰有功，用于酬幣，用于賓獻，召賜、册命"八類[1]。西周賜馬的種類不一：有賜"白馬"（召卣，13325，西周早期）、"大白馬"（作册大鼎，02393，西周早期）、"乘馬"（虢季子白盤，14538，西周晚期）；數量也不一：有"馬兩"（小臣夌鼎，02411，西周早期）、"馬三（四）匹"（耆簋，05179，西周中期）、"馬十匹"（卯簋蓋，05389，西周中期）。

與西周相比，東周時期賞賜馬的原因比較單一，多與征戰有關。

春秋早期復丰壺銘文："公命遭（復）丰衒（率）徒伐者（諸）剌（割），武又（有）工（功）。公是用大畜（畜）之，卤（酒）嗣（司）者（諸）剌（割—葛）。易（錫）之幺（玄）衣黹（黼）劗（純）、車馬、衣裳、号邑、土田，返其舊人。""者"，銅器銘文常讀爲"諸"，表示衆多。"剌"銘文寫作，從索從刀，此字亦見于剌册父癸壺，寫作。發掘報告釋爲"索"，認爲即殷民六族之索氏。[2]文獻有"諸戎""諸夏"，銅器銘文有"者楚荆"（子犯鐘，15200，春秋中期）、"者夷"（越邾莒盟辭鎛，15785，春秋晚期），與銘文"者索"例同。銘文爲復丰率徒討伐的對象。復丰因伐諸剌有功，齊公賜給他車馬。

春秋中期子犯鐘銘文："子軋（犯）宕（佑）晉（晉）公左右，來復其邦。者（諸）楚叝（荆）不聖（聽）令（命）于王所，子軋（犯）及晉（晉）公遂（率）西之六自（師），博（搏）伐楚叝（荆），孔休，大工（攻）楚叝（荆）喪聶（厥）自（師），滅聶（厥）年子軋（犯）宕（佑）晉（晉）公左右，燃（燮）者（諸）厌（侯）旻（得）朝（朝）王，克奠（奠）王立（位）；王易（錫）子軋（犯）輅車、三（四）駐（牡）。"此段銘文記載子犯的兩大功績。第一，"率西之六自，搏伐楚荆"，"搏伐"之"搏"銘文寫作，從"十""尃"。裘錫圭先生認爲實爲"搏擊、搏鬥"的本字。[3]按：裘説甚確。彧簋銘文："師氏奔追御戎于棫林，博戎献。""博"義爲"搏鬥"。"楚荆"，張光遠認爲："泛稱楚國統御出戰的一些附庸小國。"[4]黃錫全認爲："無疑是指南方大邦楚國。"[5]子犯率領西之六師，攻打楚荆，喪厥師，滅厥年，此第一功。第二，"佑晉公左右，燮者侯得朝，王克奠王位"。"燮"，張光遠釋爲"協調"[6]，"燮諸侯得朝"意思是協調各地

① 林美娟：《西周册命金文研究》，臺灣中正大學中國文學研究所博士學位論文，2011 年，第 164 頁。

② 郭克煜、孫華鐸、梁方建、楊朝明：《索氏器的發現及其重要意義》，《文物》1990 年第 7 期，第 36—38 頁。

③ 裘錫圭：《關于子犯編鐘的排次及其它問題》，《中國文物報》1995 年 10 月 8 日。

④ 張光遠：《故宮新藏春秋晉文稱霸"子犯和鐘"初釋》，《故宮文物月刊》1995 年第 145 期。

⑤ 黃錫全：《新出晉"搏伐楚荆"編鐘銘文述考》，《長江文化論集》第一輯，湖北教育出版社，1995 年，第 326—333 頁。

⑥ 張光遠：《故宮新藏春秋晉文稱霸"子犯和鐘"初釋》，《故宮文物月刊》1995 年第 145 期。

諸侯朝見周王。"克奠王立","立"讀爲"位",使周王的統治得到鞏固,此爲第二功。所以周王賜予子犯"四駐","駐"亦見于戰國中期奸盜壺"三(四)駐沑沑"。徐中舒、伍士謙認爲"駐"讀爲"牡"。①按:其説可從。《説文·牛部》:"牡,畜父也。"②"四駐"爲四匹公馬。

春秋晚期庚壺銘文:"齊三軍圍釐(萊),衰(崔)子翯(執)鼓,庚大門之,虢(介)者獻(獻)于霝(靈)公之所。公曰:'甬=(甬甬—勇勇)!'裔(賞)之台(以)邑,嗣(司)衣裘、車馬,……裔(賞)之台(以)兵虢(介)車馬。"銘文"者"前一字寫作㲋,張政烺認爲從幸從虎,隸定爲"虢",義爲介甲,"虢者"爲披甲之士。③庚爲"殷王之孫","商"讀爲賞。《廣雅·釋詁》:"商者,常也。"《説文·巾部》:"常,下裙也。從巾尚聲。"《説文·貝部》:"賞,賜有功也。從貝尚聲。""商""賞"按例可通。此段銘文"公"兩次賞庚"馬",皆因軍功。第一次齊三軍攻打萊國,庚將俘虜的披甲之士獻于靈公之所;第二次庚率領二百乘舟從河道進入莒,迅速進攻嵒地,俘虜了人員物資,獻于靈公。

除征戰有功之外,輔佐國君、治理封地有功亦是賞賜馬的原因。春秋晚期叔夷鐘、叔夷鎛銘文:"女(汝)尸(夷)母(毋)曰:余少(小)子,女(汝)專余于囏(艱)卹(恤),虔卹(恤)不易,左右余一人,余命女(汝)裁叞(佐)正卿(卿),爲大事(吏),歖(毈—總)命于外内之事,申(中)專盟(盟、明)井(刑),女(汝)台(以)專戒公家,雁(膺)卹(恤)余于盟(盟—明)卹(恤),女(汝)台(以)卹(恤)余朕(朕)身,余易(汝)女(汝)馬、車、戎兵","專",孫詒讓讀爲"俌",輔也,此句言汝夷輔我于艱憂④。"余命汝職差正卿,爲大吏","汝"後一字,銘文寫作㰱,舊釋爲緘,孫詒讓改釋爲織字之省,"織,古文《尚書》作㦰,與此相似,織與職通"。⑤按:孫詒讓所説甚確。《説文》:"緘,束篋也,從糸咸聲。"⑥文獻多用此義,用在此句中與文義不合。此字還見鄂君啓舟節,寫作㦰,于省吾釋爲"織",銘文"命集尹悤糈,織尹逆","織尹"係主管文織綉錦之長。⑦《管子·侈靡》:"布織不可得而衣。"戴

---

① 徐中舒、伍士謙:《中山三器釋文及宮堂圖説明》,《中國史研究》1979 年第 4 期。

② 阮元校刻:《十三經注疏》,中華書局,1980 年,第 1786、29 頁。

③ 張政烺:《庚壺釋文》,《出土文獻研究》第一輯,文物出版社,1985 年,第 126–133 頁。

④ 孫詒讓:《古籀拾遺》(上),掃葉山房,1918 年,第 12 頁。

⑤ 孫詒讓:《古籀拾遺》(上),掃葉山房,1918 年,第 12 頁。

⑥ 許慎:《説文解字》,岳麓書社,2006 年,第 276 頁。

⑦ 于省吾:《鄂君啓節考釋》,《考古》1963 年第 8 期,第 442–447 頁。

望校正："宋本作職，古字通。"①此段銘文是齊公稱贊夷的話，夷輔佐國君于艱憂之時，國君命夷職掌正卿，夷處理内外事宜，十分勤慎，故賞賜夷馬、車等。

與西周相比春秋賞賜"馬"更傾向于軍功。西周賞賜"馬"不一定賞賜"車"，西周早期小臣夌鼎賞賜"貝"和"馬兩"，春秋"馬""車"往往一起賞賜。種種不同究其原因，可能與春秋時期戰争的特點有關。考古學家們證實目前最早用于軍事的馬車出土于安陽殷墟遺址，屬商代晚期，但并不發達未成規模。②西周車戰進一步發展，成爲戰争的主要形式。③春秋是車戰發展的巔峰，《左傳·莊公二十八年》："秋，子元以車六百乘伐鄭，入于桔秩之門。"④單次征戰的戰車數量皆以數百乘計。《論語·先進》："千乘之國，攝乎大國之間。"⑤國家以擁有戰車的數量作爲衡量實力的標準。軍事的發展使"車""馬"與戰争緊密相連，"馬"與"戰車"配合使用，故戰功賞"馬"亦賞"車"。

從賜馬的種類和數量來看，西周早期多賞賜"馬兩"，中期和後期多賞賜"馬三（四）匹"。春秋賞賜或籠統稱"馬"，或指出賜"馬"的種類，如"公馬"，并不言明賜馬的數量。這種變化與使用習慣有關，商代晚期多一車配備二馬，這種習慣延續到西周早期⑥，到了西周中晚期一車多配四馬。春秋時期各諸侯國戰車規模擴大，甚至出現一車六馬。⑦由此推之，春秋時期爲了滿足戰争的需要，各諸侯國對戰馬數量和質量的要求也遠遠超過西周，故國君賞賜馬匹的數量更多，或特别賜"駟"這類體力更强的馬匹。

二、車、輅車

《説文》："車，輿輪之總名。夏后時奚仲所造。象形。凡車之屬皆從車。䡬，籀文車。"甲骨文寫作▦（《合集》11449）、▦（《花東》416），銅器銘文寫作▦

---

① 黎翔鳳：《管子校注》，中華書局，2004 年，第 702 頁。

② 楊泓："商代晚期馬車制造工藝有很大發展，雙轅木車較多地用于軍事，但缺乏適用于作戰的專用車輛，又未形成適用于車戰的組合兵器，所以戰車并不發達"，《戰車與車戰二論》，《故宮博物院院刊》2000 年第 3 期，第 36—52 頁。

③ 閻鑄："戰車成爲陸軍的主要兵種和主要的突擊力量，大約是在西周時代。西周時統計兵力，往往把戰車列在步兵之前，在計算戰争俘獲時，甚至只計車馬，不計步兵"，《漫話中國古代車戰》，《軍事歷史》1985 年第 3 期，第 59—61 頁。

④ 阮元校刻：《十三經注疏》，中華書局，1980 年，第 1781 頁。

⑤ 阮元校刻：《十三經注疏》，中華書局，1980 年，第 2500 頁。

⑥ 楊英杰："殷代一輛戰争多配備二馬，考古發掘的實物提供了證明。殷墟宗廟遺址北組葬坑共 5 車，其中 M204、M202、M40 坑中都是駕二馬"，《先秦車戰述略》，《遼寧師範大學學報》1985 年第 5 期，第 74 頁。

⑦ 《荀子·議兵》："六馬不和，則造父不能以致遠"，王先謙：《荀子集解》，中華書局，1988 年，第 266 頁。《韓非子·外儲説右》："夫獵者托車輿之安，用六馬之足。"陳奇猷校注：《韓非子集釋》，上海人民出版社，1974 年，第 717 頁。

（車盤，14307，商代晚期）、▨（作車簋，04236，西周早期）、▨（同卣，13307，西周中期），甲骨文和早期銅器銘文象車之形。《説文》籀文從二車二戈，或以爲甲金文▨一類字形所訛①，或以爲是兵車之專字②。按：後一種觀點可從。《説文》籀文字形又見于傳抄文字▨（《汗簡》6.77 义）、▨（《古文四聲韵》2.11 义）。"戋"甲骨文作▨、▨，商代銅器銘文作▨，與側車之右側構件皆不類。兩"戈"上下相叠之"戋"出現的時間較晚，見于戰國文字，如▨（《睡虎地·治獄》36）、▨（《詛楚文》）。戰國文字"車"基本都簡化爲▨形，不寫作▨。若説《説文》籀文右邊之"戋"（出現于戰國時期）從戰國時已經基本消失的字形▨訛變而來似乎不妥，不若解釋爲從"車""戈"、爲戰車之專字穩妥。車卣之"車"作▨（13207，西周早期），從"車""戈"，構形理據與籀文二車二戈同。且金恒祥引用銅器銘文"建▨于車上者，作▨，從車▨之例"③，可爲旁證。

"車"的歷史最早可追溯到帝舜時期。《史記·夏本紀》："禹乃遂與益、后稷奉帝命，命諸侯百姓興人徒以傅土，行山表木，定高山大川……陸行乘車，水行乘船，泥行乘橇，山行乘樏。"④夏朝已設專門司"車"的職官，《左傳·定公元年》："薛宰曰：'薛之皇祖奚仲，居薛以爲夏車正。'"目前考古發現最早的"車"見于商代後期，出土于河南安陽殷墟遺址。⑤"車"何時用于戰爭？《尚書·甘誓》："左不攻于左，汝不恭命；右不攻于右，汝不恭命；御非其馬之正，汝不恭命。"鄭玄注："左，車左，……右，車右。"⑥或以爲夏啓與有扈氏之戰時已有戰車，但缺乏考古材料的證明。楊泓根據已發表的田野考古發掘資料考證：

---

① 王筠："車之籀文▨，積古齋吳彝作▨。證知今本乃傳寫之訛"，《説文釋例》，中華書局，1987 年，第125 頁。羅振玉："説文解字車籀文作▨，毛公鼎作▨。象側視形，許書從戋，乃由▨而訛"，《增訂殷虛書契考釋》卷中，藝文印書館，1969 年。季旭昇："《説文》籀文實爲宅簋一類字形（▨）之訛形"，《説文新證》，福建人民出版社，2010 年，第 977 頁。

② 段玉裁："從戈者，車所建之兵莫先于戈也。從重車者，象兵車連綴也。重車則重戈矣"，《説文解字注》，上海古籍出版社，1988 年，第 2878 頁。王國維："古者戈建于車上，故畫車形，乃并畫所建之戈，説文車之籀文作▨，即從此出"，轉引自李圃：《古文字詁林》第十卷，上海教育出版社，2004 年，第 699 頁。金恒祥："余疑建戈于車上者，兵車也。金文中有建▨于車上者，如咎作父癸簋作▨"，《釋車》，《中國文字》第四期，第425—426 頁。商承祚："古有乘車與兵車，金文車卣之車字作▨，兵車也"，《江陵望山二號楚墓竹簡遣策考釋》，《戰國楚竹簡匯編》，齊魯書社，1995 年，第 104 頁。

③ 金恒祥：《釋車》，《中國文字》第四期，第 425—426 頁。

④ 司馬遷：《史記》，岳麓書社，1988 年，第 7 頁。

⑤ 楊寶成："早在 20 世紀 30 年代發掘殷墟時，曾在后岡大墓和侯家莊西北岡大墓的南墓道中發現了一些車馬器，……1935 年春在王陵區東區 7 組小墓之南部，發現一座車馬坑（編號 1136—1137）。坑口呈不規則長方形，長約 5.8 米，寬約 3 米，底深 1.4 米。坑的東西兩頭各有一小坑。車子木質構件已朽，僅存六輛車的青銅零件"，《商代馬車及其相關問題研究》，《華夏考古》2002 年第 4 期，第 54—64 頁。

⑥ 阮元校刻：《十三經注疏》，中華書局，1980 年，第 155 頁。

"雖然商代晚期車已經用于戰爭，但尚處于一車多用的初起階段，缺乏專爲作戰而制作的戰車，到了西周時期車才開始在戰場上顯示威力。"[①]

兩周銅器銘文中"車"是常見的賞賜物品。所賜之車有"金車""旬車""駒車"等，賞賜原因常與軍事有關。西周早期保員簋："隹（唯）王既盠（燎），乒（厥）伐東尸（夷）。才（在）十又一月，公反（返）自周。已卯，公才（在）虞，保鼎（員）遷，儚公易（錫）保鼎（員）金車"，"保員"隨公伐東夷，公賜予保員"金車"。西周早期大盂鼎："王曰：余廼翼（詔）夾死（尸）嗣（司）戎，⋯⋯雩（雩）我才（其）遹省先王受民受彊（疆）土，易（錫）女（汝）鬯一卣，冂（裳）、衣、市（韍）、舃、車、馬。"周王命盂協理有關兵戎的事務，推測下文賜"車""馬"與此有關。

東周時期賜"車"銘文共 7 例，皆見于春秋時期。其中 5 例賞賜原因爲征戰有功，餘 2 例爲輔佐國君、治理封地有功。

A. 征戰有功

例1—例2：

> 公命遻（復）丰衞（率）徒伐者（諸）剌（割），武又（有）工（功）。公是用大畜（畜）之，鹵（鹵）嗣（司）者（諸）剌。易（錫）之幺（玄）衣仅（黼）剚（純）、車馬（復丰壺甲、乙，12447—12448，春秋早期）

復丰伐諸剌有功，公賜予復丰車。

例3—例4：

> 子軘（犯）及晉（晉）公遂（率）西之六自（師），博（搏）伐楚胁（荊），孔休。大工（攻）楚胁（荊），喪（喪）乒（厥）自（師），滅乒（厥）年。子軘（犯）宕（佑）晉（晉）公左右，燃（燮）者（諸）戾（燮）昙（得）朝（朝）。王，克奠（奠）王立（位）；王易（錫）子軘（犯）輅車、三（四）駐（牡）、衣、常（裳）、鬐（帶）、市（韍）、佩。（子犯鐘，春秋中期）[②]

子犯從晉公征伐楚荊，大敗楚師，并協調諸侯朝見周天子，周王賜予子犯輅車。

例5：

> 齊三軍圍葌（萊），衰（崔）子뢵（執）鼓，庚大門之，虢（介）

---

① 楊泓：《戰車與車戰二論》，《故宮博物院院刊》，2000 年第 3 期，第 36—52 頁。

② 釋文參考羅衞東師：《子範編鐘補釋》，《古漢語研究》2000 年第 2 期，第 7—9 頁。

者獻（獻）于霛（靈）公之所。公曰："甬＝（甬甬—勇勇）！"爾（賞）之台（以）邑，嗣（司）衣裘、車馬……爾（賞）之台（以）兵戟（介）車馬。（庚壺，12453，春秋晚期）

銘文庚參加滅萊、伐廩丘兩次戰爭，并將俘獲獻于靈公，靈公兩次賞賜庚，賞賜物中都包括車。

B. 輔佐國君、治理封地有功

例1：

（汝）尸（夷）母（毋）曰：余少（小）子，女（汝）專余于韅（艱）卹（恤），虔卹（恤）不易，左右余一人，余命女（汝）戠差（佐）正卿（卿），爲大事（吏），歕（顈—總）命于外内之事，中（中）專盟（盟、明）井（刑），……余易（汝）女（汝）馬、車、戎兵，（叔夷鐘，15555，春秋晚期）

例2：

汝尸（夷）母（毋）曰：余少（小）子，女（汝）專余于韅（艱）卹（恤），虔卹（恤）不易，左右余一人，余命女（汝）戠差（佐）正卿（卿），爲大事（吏），歕（顈—總）命于外内之事，中（中）專盟（盟、明）井（刑），……余易（汝）女（汝）馬、車、戎兵，（叔夷鎛，15829，春秋晚期）

叔夷輔佐國君治理封地有功，公賜予叔夷車。

銅器銘文賞賜之車有一些專名，西周有"金車""甸車""駒車"。陳漢平認爲"金車"，即"以銅爲飾物之馬車。古稱金者，今稱爲銅。"[1]按：金文之"金"多指後世之銅，"擇其吉金"爲金文習見之語。"金車"，文獻又稱爲"金路"。《周禮·春官·巾車》"王之五路，一曰玉路，……金路，鉤，樊纓九就，建大旂以賓，同姓以封"，鄭玄注："王在焉曰路。"[2]《詩經·大雅·韓奕》"維禹甸之"，孔穎達疏："甸者，田也。"[3]"甸車"即文獻之"田車"，《詩經·小雅·車攻》："田車既好，田牡孔阜。東有甫草，駕言行狩。"[4]可知"甸車"爲田獵行狩所乘之車。《説文》："馬二歲曰駒。"[5]《詩経·陳風》"乘我乘駒"，鄭玄注："馬六尺以下曰駒。"[6]"駒車"或爲小馬所駕之車。

---

① 陳漢平：《西周册命制度研究》，學林出版社，1986年，第239頁。

② 阮元校刻：《十三經注疏》，中華書局，1980年，第822、823頁。

③ 阮元校刻：《十三經注疏》，中華書局，1980年，第470頁。

④ 阮元校刻：《十三經注疏》，中華書局，1980年，第428頁。

⑤ 許慎：《説文解字》，岳麓書社，2006年，第199頁。

⑥ 阮元校刻：《十三經注疏》，中華書局，1980年，第379頁。

以上三種專名不見于東周銅器銘文。東周銘文有 1 例專車名——"輅車"，見于春秋中期子犯鐘。"輅"，銘文寫作▨，從"車""各"。《説文》："輅，車鈴前横木也。從車各聲。"[①]黄錫全認爲，"輅車"即"路車"，是古代諸侯所乘之車。"按古代禮制，天子大路，諸侯路車，大夫大車，士飾車。周天子賜文公大輅，賜子犯輅車，可謂特别重視"[②]。蔡哲茂："'輅車'一詞見于《晏子春秋·内篇·雜下第六》：'晏子出，公使梁丘據遺之輅車乘馬'，吳則虞集釋：'孫星衍云：説文：輅，車鈴前横木也。此當爲"路車"借字，言大車。蘇輿云：《治要》作"路輿乘馬"下同'。則虞案：《指海》本改作'輅車'。輅車文獻作'路車'。"[③]江林昌認爲："輅車，即路車，原是古代諸侯所乘之車。"[④]按：諸家所説甚確，"輅""路"古通，除吳則虞所引《指海》之證據外，文獻中尚有其他證據，《尚書·顧命》"大輅在賓階面"，劉逢禄《今古文集解》引段云："輅，經傳皆作路。"[⑤]"路車"文獻常見，爲諸侯之車，等級略低于天子之大路。文獻中有周天子因軍功賞賜大路之記載，《左傳·襄公十九年》："于四月丁未，鄭公孫蠆卒，赴于晉大夫。範宣子言于晉侯，以其善于伐秦也。六月，晉侯請于王，王追賜之大路，使以行禮也。"[⑥]鄭公孫蠆去世，因其伐秦有功，故晉平公向周王請求賞賜公孫蠆大路。子犯鐘銘文王賜子犯輅車與此例同。

三、玄衣、衣裘、衣常（裳）、市（韍）、冠

1. 玄衣、衣裘、衣常（裳）

《説文》："衣，依也。上曰衣，下曰裳。象覆二人之形。"[⑦]甲骨文"衣"寫作▨（《甲》337）、▨（《甲》1549），西周銅器銘文寫作▨（叔夨鼎，02419，西周早期）、▨（庚嬴鼎，02379，西周早期），東周銅器銘文寫作▨（復丰壺，12447，春秋早期）、▨（安陽令敬章戈，17361，戰國晚期）。從甲金文字形來看"衣"并不象覆二人之形，一般認爲象上衣交衽之形。[⑧]許慎"象覆二人之形"的

---

① 阮元校刻：《十三經注疏》，中華書局，1980 年，第 301 頁。

② 黄錫全：《新出晉"搏伐楚荆"編鐘銘文述考》，《長江文化論集》第一輯，湖北教育出版社，1995 年，第 329 頁。

③ 蔡哲茂：《再論子犯編鐘》，《故宫文物月刊》1995 年第 150 期。

④ 江林昌：《新出子犯編鐘銘文史料價值初探》，《文獻》1997 年第 3 期，第 96-101 頁。

⑤ 宗福邦：《故訓匯纂》，商務印書館，2003 年，第 2251 頁。

⑥ 阮元校刻：《十三經注疏》，中華書局，1980 年，第 1968 頁。

⑦ 許慎：《説文解字》，岳麓書社，2006 年，第 170 頁。

⑧ 羅振玉："象襟衽左右掩覆之形。"《增訂殷虚書契考釋》卷中，藝文印書館，1969 年，第 468 頁。林義光："象領、襟、袖之形。"《文源》第一卷，中西書局，2012 年，第 20 頁。

說解有誤，已爲許多學者所指出。許慎所依據之字形出現得比較晚。"衣"字下部象左右衽交領之構件或寫作相交之形，如⿱（庚嬴鼎，02379，西周中期），或寫爲相離之形如⿰（《甲》337），覆二人之"衣"字疑從後一寫法訛變而來，變化軌迹或爲⿰（甲骨文）—⿰（金文）—⿰（戰國陶文）—⿰（戰國楚簡）—⿱（汗簡）。

甲骨文"衣"或讀作殷，如"貞翌甲：刕自上甲衣亡蚩七月"（後下 34.1）。王國維認爲："衣祀疑即殷祀，爲合祭之名。"[1]或表示地名，如"貞王其田衣逐亡灾"（《合集》27146）。郭沫若認爲，"衣讀爲殷，殷地在河南沁陽附近"[2]。西周銅器銘文"衣"除了讀爲"殷""卒"[3]，絕大部分都表示本義，且都出現在賞賜銘文中。西周早期大盂鼎銘文周王賞賜盂"易（錫）女（汝）鬯一卣，冂（冕）、衣、市（韍）"，西周中期采隻簋銘文周王"易（錫）女（汝）戠（織）衣、赤⿱市（韍）"。

東周銅器銘文以"衣"作爲賞賜物共 7 例，皆見于軍事銘文。賞賜的種類有玄衣、衣常（裳）、衣裘。

例 1—例 4：

> 公命遘（復）丰衛（率）徒伐者（諸）剢（割），武又（有）工（功）。公是用大畜（畜）之，鹵（酒）嗣（司）者（諸）剢（割—葛）。易（錫）之幺（玄）衣仪（黼）剬（純）、車馬、衣裘（復丰壺甲、乙，12447—12448，春秋早期）

例 5：

> 公曰："甬＝（甬甬—勇勇）！"商（賞）之台（以）邑，嗣（司）衣裘、車馬，（庚壺，12453，春秋晚期）

銅器銘文"玄衣"作爲賞賜物品，最早見于西周中期。敔簋、救簋蓋、弭伯師耤簋等銘文都有賞賜"玄衣"，與之相關的還有"玄袞衣"。《周禮·春官·宗伯》："祀四望山川則毳冕，祭社稷五祀則希冕，祭群小祀則玄冕。"鄭玄注："玄者，衣無紋，裳刺黹而已，是以謂玄焉。"[4]何樹環認爲："玄衣之形制，依據鄭

---

① 王國維：《殷禮徵文》，《王國維全集》第五卷，浙江教育出版社、廣東教育出版社，2010 年，第 54 頁。

② 郭沫若：《卜辭通纂》，《郭沫若全集·考古編》第二卷，科學出版社，2002 年，第 635 頁。

③ 西周早期沈子它簋蓋銘文："烏呼，唯考取又念自先王、先公，乃昧克衣告烈成工"，李學勤："'自'訓爲在。'衣'也讀爲'卒'，訓爲終。"《多友鼎的'卒'字及其他》，《新出青銅研究》，文物出版社，1990 年，第 134–137 頁。西周中期天亡簋銘文："丕肆王則庸，丕克訖衣王祀"，張日昇："衣假爲殷商之殷。"《金文詁林》第八卷，香港中文大學，1975 年，第 5215 頁。

④ 阮元校刻：《十三經注疏》，中華書局，1980 年，第 781 頁。

玄所云，蓋爲上身無紋飾，下裳衣緣繪有一道黻紋的玄色命服。"①陳漢平認爲："玄衣爲玄色之衣。"②按：文獻"玄色"多指黑色。《説文》："黑而有赤色者爲玄。"③《詩經·小雅·何草不黃》"何草不玄"，鄭玄箋："玄，赤黑色也。"④"玄衣"爲黑色無刺綉紋飾的命服。西周賞賜"玄衣"的原因主要是册命，東周賞賜原因爲軍功。齊靈公因復丰伐諸剠有功，賞賜他玄衣。

《説文》："裘，皮衣也。從衣，象形，與衰同意。"段注："各本作從衣求聲，一曰象形，淺人之妄增之也。裘之制毛在外，故象毛文，皆從衣而象其形也。……（求）此本古文裘字，後加衣爲裘，而求專爲干請之用，亦猶加艹爲蓑，而衰爲等差之用也。"⑤按："求"非裘之古文。"裘"，甲骨文作𧚍（《合集》4537），象裘衣之形。⑥銅器銘文或增"求"作𧚍（不壽簋，05008，西周早期），或增"又"作𧚍（次卣，13314，西周中期），"求""又"爲後增之聲符。

西周王室盛行穿裘服并設有專司裘服的職官，九年衛鼎和五祀衛鼎之"裘衛"，李學勤認爲正是掌管皮裘生産之官吏。⑦銅器銘文賞賜"裘"見于西周早期不壽簋銘文："王姜錫不壽裘。"未言及賞賜原因。西周中期師酉鼎、乖伯簋、敔簋，西周晚期庀戒鼎等銘文中都有賞賜"裘"的記載，所賜之"裘"種類有"虎裘""豹裘""鼬裘""狐裘"等。其中"虎裘""豹裘"的賞賜對象一般爲軍事職官，大師虘簋銘文："王乎（呼）宰曶易（錫）太師虘虎裘。"庀戒鼎銘文："觮白（伯）慶易（錫）庀戒賷（簟）弢（弼）、鼠雁（膺）、虎裘、豹裘。用正（政）于六𠂤（師）。"庀戒鼎銘更言明賜予虎裘、豹裘用于六師之政。

東周銅器銘文賞賜"裘"見于庚壺和復丰壺，賞賜對象庚和復丰都是在戰爭中獲軍功之人。東周銘文記載籠統并不言明裘的種類，"裘"常與"衣"一起賞賜。

例6—例7：

> 王易（賜）子軋（犯）輅車，三（四）駐（牡），衣常（裳）（子犯鐘，15201—15203，15209—15211，春秋中期）

---

① 何樹環：《西周錫命銘文新研》，臺灣文津出版社，2007年，第194頁。
② 陳漢平：《西周册命制度研究》，學林出版社，1986年，第226頁。
③ 許慎：《説文解字》，岳麓書社，2006年，第84頁。
④ 阮元校刻：《十三經注疏》，中華書局，1980年，第501頁。
⑤ 段玉裁：《説文解字注》，上海古籍出版社，1988年，第398頁。
⑥ 阮元："裘字象毛在衣外之形"，《積古齋鐘鼎彝器款識卷五》，商務印書館，1937年，第11頁。楊樹達："裘字甲文作𧚍，象衣裘之形，此純象形字也"，《積微居金文説》，科學出版社，1952年，第201頁。
⑦ 李學勤："'裘'的本義是皮衣，在這裏是一種官名，即《周禮》的司裘。《周禮》記載，司裘的職務是'掌爲大裘，以共（供）王祀天下之服。中秋獻良裘，王乃行羽物。季秋獻功裘，以待頒賜。……凡邦之皮事掌之。'……所以裘衛是西周王朝一名掌管皮裘生産的小官"，《試論董家村青銅器群》，《新出青銅器研究》，文物出版社，1990年，第98頁。

"衣"後一字，銘文作🔲。張光遠、李學勤、裘錫圭、蔡哲茂、黃錫全等皆隸定爲"常"，讀爲裳。① 按：銘文"常"由"尚"和"巾"構成，此種寫法亦見于戰國文字，如🔲（《九店》56.20）、🔲（《陶匯》3.426）。"常""裳"古爲一字，《説文》："常，下羣也。從巾尚聲。裳，或從衣。"② 戰國簡帛文字"衣裳"多寫作"衣常"，如《睡虎地·日書·衣裝》："丁丑在亢，裝衣常。""丁酉，裝衣常，以西有以東行以坐而飲酒。""裝"饒宗頤釋爲"制"，曰："秦簡以裝爲制，從折爲聲。"③ "裝衣常"義爲制作衣裳。銘文子犯隨晉公打敗楚國，協調諸侯朝見周王，獲周王賞賜"衣裳"。

2. 市（韍）

子犯鐘銘文記載王賞賜子犯的物品中有一項爲"市"，此字銅器銘文一般寫作🔲（大盂鼎，02514，西周早期）、🔲（利鼎，02452，西周中期）、🔲（頌壺，12451，西周晚期），子犯鐘寫作🔲。張光遠、李學勤認爲此字即文獻的"黻"，"黼市"爲黑白相間刺繡的蔽膝。④ 裘錫圭認爲："'黼黻'是禮服上繪繡的花紋非指蔽膝，'市'不應該釋讀爲'黻'，應釋爲'韍'。"⑤ 按：從字形來看"市"正象蔽膝之形，結合銅器銘文中的用例，"市"字本義爲"蔽膝"應無疑問。"蔽膝"在文獻中常常用"韍""黻""韠"記載。《左傳·桓公二年》："臧哀伯諫曰：'君人者，將昭德塞違，以臨照百官，猶懼或失之。故昭令德以示子孫，是以清廟茅屋，大路越席，大羹不致，粢食不鑿，昭其儉也。袞冕黻珽，帶裳幅舄，衡紞紘綖，昭其度也。藻率韠鞛，鞶厲游纓，昭其數也，火龍黼黻，昭其文也。'"杜預注："黻，韋韠，以蔽膝也。""火龍黼黻"，杜預注："白與黑謂之黼，形若斧。黑與青謂之黻，兩己相戾。"⑥ 同一段經文中"黻"有兩解。關于"黻"的記載最早見于《尚書·益稷》："予欲觀古人之象，日、月、星辰、山、龍、華、蟲，作會；宗彝、藻、火、粉米、黼、黻、絺、繡，以五采彰施于五

① 張光遠：《故宮新藏春秋晉文稱霸"子犯和鐘"初釋》，《故宮文物月刊》1995 年第 145 期。李學勤：《子犯編鐘續談》，《中國文物報》1996 年 1 月 7 日。裘錫圭：《也談子犯編鐘》，《故宮文物月刊》1995 年第 149 期。黃錫全：《新出晉"搏伐楚荆"編鐘銘文述考》，《長江文化論集》第一輯，湖北教育出版社，1995 年，第 329–330 頁。蔡哲茂：《再論子犯編鐘》，《故宮文物月刊》1995 年第 150 期。

② 許慎：《説文解字》，岳麓書社，2006 年，第 159 頁。

③ 饒宗頤：《雲夢秦簡日書研究》，香港中文大學出版社，1982 年，第 26 頁。

④ 張光遠：《故宮新藏春秋中期晉國子犯龢鐘的新證、測音與校釋》，《故宮文物月刊》2000 年第 206 期。李學勤：《補論子犯編鐘》，《中國文物報》1995 年 5 月 28 日。

⑤ 裘錫圭：《也談子犯編鐘》，《故宮文物月刊》1995 年第 149 期。

⑥ 阮元校刻：《十三經注疏》，中華書局，1980 年，第 1741、1742 頁。

色，作服。"①這段話是對古代服飾十二種圖案和紋飾的描述，後世天子之禮服多沿用此十二章紋。

《説文》："黼，黑與青相次文，從黹𢁼聲。""黼"字從"黹"，"黹"金文寫作𠎥（頌鼎，02494，西周晚期），"象刺繡花紋形"。②從字形來看"黼"字本義應與紋飾圖案有關，但是何種形狀的紋飾，許慎并無詳解。《尚書·益稷》孔安國傳"黼爲兩己相背"，《爾雅》郭璞注"黼文如兩己相背"，兩解都與《左傳》杜預注一致。"兩己相背"大致是"弜"形的紋飾。清人阮元認爲："鐘鼎文多作亞，乃兩弓相背之形，言兩己者，訛也。"③明定陵出土的兩件緙絲袞服織有龍、日、月、星辰、群山、華蟲、宗彝、藻、火、粉米、黼、黻十二種紋飾④，與《尚書》記載一致。其中"黼"爲"亞"形，確象"兩弓相背"之形。可知"黼"本義是古代禮服十二章紋之一，爲黑色和青色相間的"亞"形圖案。邢昺注《爾雅》説該圖案"取善惡相背"，提醒爲君者背惡向善之意。

"黼"爲何又有"蔽膝"之意？杜預注："黼，韍韠。"《説文》："韠，韍也，所以蔽前以韋，下廣二尺上廣一尺，其頸五寸，一命緼韠，再命赤韠，從韋畢聲。"⑤"韠""韍"都從"韋"，是形符。"韋"甲骨文寫作𢁼（商乙，2118），銅器銘文寫作𠭰（子衛爵，07351），本義爲"圍"，多表"皮韋"之義。"韠""韍"在文獻中都表示"蔽膝"，即古代祭祀時遮在膝前，用熟皮所制。兩者爲同義詞，且常常互訓。徐廣《軍服儀制》："古者韍如今蔽膝。"⑥《禮記·雜記下》"韠長三尺"，孔穎達疏："韠，韍也。"⑦

《説文》"韍，篆文市，從韋從犮"，段玉裁："犮聲也。"⑧"黼""韍"聲符相同，且都是服飾相關物品，疑"黼"假借表示"韍"，從而有"蔽膝"之義。"黼""韍""韠"雖皆表"蔽膝"，但所指有微異，"黼"專指祭服的蔽膝，"韠""韍"指其他服飾中的蔽膝。"黼"爲赤色，"韍""韠"的顏色隨衣服的顏色而改變。《左傳·宣公十六年》"以黼冕命士會將中軍"，孔穎達疏："黼，蔽膝也，祭服謂之黼，其他服謂之韠，俱以韋爲之，制同而色異，韠各從裳色，黼則其色皆赤，尊卑以深淺爲異。"⑨

---

① 阮元校刻：《十三經注疏》，中華書局，1980年，第141頁。
② 黄德寬：《古文字譜系疏證》，商務印書館，2007年，第2956頁。
③ 徐灝：《説文解字注箋》，轉引自丁福保《説文解字詁林》七下，中華書局，1988年，第3459頁。
④ 中國社會科學院考古研究所：《定陵》（下），文物出版社，1990年，圖版66、67。
⑤ 許慎：《説文解字》，岳麓書社，2006年，第113頁。
⑥ 宗福邦：《故訓匯纂》，商務印書館，2003年，第2485頁。
⑦ 阮元校刻：《十三經注疏》，中華書局，1980年，第1569、1570頁。
⑧ 段玉裁：《説文解字注》，上海古籍出版社，1988年，第362頁。
⑨ 阮元校刻：《十三經注疏》，中華書局，1980年，第1888頁。

綜上所述，銅器銘文"市"爲象形字，本義爲蔽膝。文獻"韠""韍"本義也是"蔽膝"，爲形聲字，形旁"韋"指示早期制作蔽膝的材料，"畢""发"是聲旁。"市""韠""韍"是同義詞的關係。"黻"本義是古代禮服上黑色和青色相間的"亞"形紋飾。"黻"表蔽膝，是假借用法。後來文獻中三個字在表"蔽膝"一義時產生了分工："黻"專指祭服的蔽膝，"韠"和"韍"指其他服飾中的蔽膝。"黻"爲赤色，"韍"和"韠"的顏色隨衣服的顏色而改變。

西周銅器銘文賞賜"市"常見，賞賜原因多種多樣，不僅是軍功。如早期大盂鼎銘文"余廼詔（詔）夾死（尸）嗣（司）戎，……易（錫）女（汝）鬯一卣，冂（堂—裳）、衣、市（韍）"，西周中期利鼎銘文"王乎（呼）乍（作）命內史册命利，曰：易（錫）女（汝）赤㶊市（韍）"。東周銅器銘文賞賜"市"僅1例，見于子犯鐘，子犯伐楚荆，滅楚師，變諸侯得朝，周王賞賜子犯物品中有"市（韍）"。

3. 冠

子犯鐘銘文周王賞賜子犯的最後一項物品爭議較大。此字銘文作🔲，張光遠《初釋》隸定爲"佩"，李學勤、裘錫圭俱同，但未有詳說。[1]蔡哲茂釋爲"冕"，認爲："釋佩是可疑的，……佩字俱從人，而且🔲與🔲亦不同，金文寓鼎亦見有佩字。見《殷周金文集成》二七一八……此篇銘文中有🔲字與🔲之差別僅差一'巾'，很可能是同一字，巾可能是義符，猶冒字後來加巾作帽（九年衛鼎有冒字作🔲而佩字見于同一銘中，很明顯的🔲非佩字，如果説🔲與🔲一字，那么🔲很可能是冕字），金文冕字作🔲，象意字，🔲字從🔲爲曰字，從又，又再增巾作義符。《左傳》宣公十六年：'晉侯請于王，戊申以黻冕命士會將中軍。'《孔疏》：'黻，蔽膝也。'《左傳》桓公二年：'袞、冕、黻、珽、帶、裳、幅，舄，昭其度也。'《論語·泰伯》：'惡衣服而致美乎黻冕。'子犯編鐘之'市'即'黻'，'🔲'即'冕'，後代冕變成形聲字，從曰免聲。"[2]黃錫全隸定爲"冠"，釋爲冠帶，認爲："《字匯》有字作衻，同冠。古從巾與從衣義同，……從又與從寸同。鐘銘🔲當即《字匯》之衻，乃冠之异體。是周王不僅賜子犯車、馬，還賜有衣服冠帶。"[3]

張光遠《校釋》改釋爲"冠"，認爲："《東周列國志》第四十一回，在敘述晉文公獻楚俘于王後，周襄王除策命晉文公爲方伯，尚有厚賜：賜大輅之服，服鷩冕，式輅之服，服韋弁；彤弓一，彤矢百，玈弓十，玈矢千，秬鬯一，虎賁之

---

① 張光遠：《故宮新藏春秋晉文稱霸"子犯龢鐘"初釋》，《故宮文物月刊》1995年第145期。李學勤：《補論子犯編鐘》，《中國文物報》1995年5月28日。裘錫圭：《也談子犯編鐘》，《故宮文物月刊》1995年第149期。

② 蔡哲茂：《再論子犯編鐘》，《故宮文物月刊》1995年第150期。

③ 黃錫全：《新出晉"搏伐楚荆"編鐘銘文述考》，《長江文化論集》第一輯，湖北教育出版社，1995年，第330頁。

士三百人。所稱‘鷩冕’，是用錦鷄羽毛制作的禮帽；‘韋弁’則是柔軟的皮帽。據此乃悟周襄王厚賜子犯之物中，也應有冠冕，銘文此字上部象帽冠，其下從巾、手，是以手持冠巾會意爲‘冠’的本字，而‘冠’字上部即象帽冠，其下從元（含人），寸（即手），結構雖稍异而實同，‘冕’字則不從手，故鐘銘以釋‘冠’字爲是。”①

　　按：此字從黄錫全、張光遠釋爲“冠”理由如下。其一，從已有古文字材料來看，“佩”銅器銘文寫作 （寓鼎，02327，西周早期）、 （瘐簋，05189，西周中期）、 （善夫山鼎，02490，西周晚期），戰國秦簡作 （《睡虎地·日甲》146），從“人”“凡”“巾”。或省“凡”作 （獄簋，05315，西周中期），皆與銘文字形不類，與“冕”字寫法亦不相同。黄錫全所引《字匯》之“冠”字，與銘文字形十分近似。現補充兩例字形，魏正始三年《元思墓志》“弱冠從政”之“冠”寫作 ②，魏武泰三年《元子永墓志》“冠軍將軍”之“冠”寫作 ③，與子犯鐘銘和黄錫全所引之字寫法同， 確應隸定爲“冠”。其二，從用例來看，《左傳·宣公十六年》：“三月，獻狄俘。晉侯請于王。戊申，以黻冕命士會將中軍。”④《尚書·太甲》“伊尹以冕服奉嗣王歸于亳”，孔安國傳：“冕，冠也。”⑤“黻冕”即“黻冠”，與銘文例同。銘文子犯有軍功，故周王賜子犯冠。

四、虢（甲）

　　“虢”讀爲“摯”，假借爲“介”（參見第三章第一節第八部分之 3）。考“虢”出現之文例，昌鼎、伯晨鼎皆有“虢胄”之語，讀爲“介胄”，即甲胄。“虢”作爲賞賜物品最早見于西周早期小盂鼎銘文：“王令盂吕（以）□□伐鬼（鬼）方，□□□或（馘）□，執嘼（酋）三人，只（獲）或（馘）四千八百又二或（馘）……，往（誕）王令賞盂，□□□□□，弓一、矢百、畫虢（介）一、貝胄一”。盂奉王命征伐鬼方，大有俘獲，王賞賜盂弓、矢、介、胄等物。

　　東周銅器銘文賞賜“虢”僅 1 例，見于春秋晚期齊國庚壺。

五、戎兵、兵

　　《說文》：“兵，械也。從廾持斤，并力之皃。”⑥甲骨文寫作 （《合集》7204），

① 張光遠：《春秋中期晉國子犯龢鐘的新證、測音與校釋》，《故宮文物月刊》2000 年第 206 期。
② 趙萬里：《漢魏南北朝墓志集釋》（上），科學出版社，1956 年，第 457 頁、圖版第 155 頁。
③ 趙萬里：《漢魏南北朝墓志集釋》（上），科學出版社，1956 年，第 472 頁、圖版第 167 頁。
④ 阮元校刻：《十三經注疏》，中華書局，1980 年，第 1888 頁。
⑤ 阮元校刻：《十三經注疏》，中華書局，1980 年，第 164 頁。
⑥ 阮元校刻：《十三經注疏》，中華書局，1980 年，第 59 頁。

銅器銘文寫作（*或*簋，05379，西周中期）、（徐郱酷尹鉦，15988，春秋早期），象雙手合握武器之形，"兵器"是其本義。

東周銅器銘文有 3 例賞賜兵器的記載，1 例見于庚壺銘文："鬲（賞）之台（以）兵虢（介）車馬。"餘 2 例見于叔夷鎛、叔夷鐘銘文"余易（賜）女（汝）馬、車、戎兵"，3 例賞賜皆因軍功。庚壺"賞之兵虢車馬"，《孟子·離婁上》："城郭不完，兵甲不多，非國之災也。"①銘文"兵虢"與"兵甲"義同，與"車馬"皆爲軍事裝備。"戎兵"又見于西周中期*或*簋"孚（俘）戎兵；輂（盾）、矛、戈、弓、僃（箙）、矢、裛（裈）、胄，凡百又（有）卅又（有）五叜（戙）"，*或*率有司、師氏追擊戎，克敵并俘獲人員和物品。其中"戎兵"，唐蘭認爲是兵器總稱②，其説甚確。《詩經·大雅·蕩之什》："脩爾車馬，弓矢戎兵，用戒戎作，用遏蠻方。"③銘文"戎兵"之後列舉各類兵器名稱，"戎兵"爲兵器之統稱。叔夷鐘、鎛銘文齊公因軍功將兵器賜予叔夷。

結　語

通過分析東周銅器銘文，我們發現記載軍事賞賜的銘文集中在春秋時期，戰國銘文中尚未發現相關記載。春秋時期軍事賞賜內容多元，既有與戰爭緊密相關的各類軍用物品，又有代表財富和地位的土地、民人和物資。與西周相比較，春秋時期軍事賞賜也發生了一些變化，主要有：①西周所賜之民既有地位較高的貴族官員（如史、小臣、夐七伯等），又有地位較低的奴僕、庶人。春秋時期賜民的種類大部分爲地位較低之人，雖也有部分官員，但高級官員較少。②西周賞賜"馬"不一定賞賜"車"，如西周早期小臣夌鼎賞賜"貝"和"馬兩"，春秋時期"馬""車"往往一起賞賜，考其原因可能是隨着軍事的發展"馬"與"戰車"配合作戰關係更緊密，故戰功賞"馬"亦賞"車"。從賜馬的種類和數量來看，西周早期多賞賜"馬兩"，中期和後期多賞賜"馬三（四）匹"，春秋賞賜或籠統稱"馬"，或指出賜"馬"的種類，如公馬，没有言明賜馬的數量。我們推測春秋時期爲了滿足戰爭的需要，各諸侯國對戰馬數量和質量的要求更高，國君賞賜馬匹的數量更多，而不言明數量，或特別賜"駐"這類體力更强的馬匹。

---

①　阮元校刻：《十三經注疏》，中華書局，1980 年，第 2717 頁。

②　唐蘭："原作戎兵，兵器總稱。"《書·立政》："其克詰爾戎兵。"《用青銅器銘文來研究西周史——綜論寶雞市近年發現的一批青銅器的重要歷史價值》，《文物》1976 年第 6 期，第 31–39 頁。

③　阮元校刻：《十三經注疏》，中華書局，1980 年，第 555 頁。

第五章　銘文中的戰争對象類名詞研究

　　本章討論東周銅器銘文中的戰争對象名詞，具體有夷、淮夷、戎、蠻等。我們結合字形、銘文和文獻討論這些名詞在東周時期所指代的部族或國家。

第一節　夷、淮夷

　　《説文》："尸，陳也，象臥之形。"①甲骨文寫作 弓（《合集》831）、弓（《合集》6456），西周銅器銘文寫作 弓（旅鼎，02353，西周早期）、弓（窖鼎，02365，西周早期），東周銅器銘文寫作 尸（曾伯霥簠蓋，05979，春秋早期）、尸（文公之母弟鐘，15277，春秋晚期）、尸（越王旨翳劍，21330，戰國中期）。甲金文以"尸"表示"夷"，此字歷來説法不一：或以爲是象形，陳夢家認爲"象人橫陳之形"②，容庚認爲"象曲之形，意東方之人，其居如此"③，林義光認爲"象人箕踞形"④，李孝定認爲"疑象高坐之形，蓋當時東夷之人其坐如此，故即名之曰尸（夷）"⑤，陳初生認爲"'尸'爲夷之初文，其形象曲身稱臣狀"⑥。或以爲是某字之分化，張世超認爲："疑'尸'爲'人'之分化字，即初始借'人'爲'尸（夷）'，後分化爲二字。二者不唯形近，且古音亦甚近可轉。"⑦或以爲是假借，郭沫若認爲："唯尸夷尼遟古音相近，故得通用耳。"⑧季旭昇認爲："陳説字形不像，容、李二家以東方之人坐姿似尸，恐受《説文》'東方之人也'一語之影響，恐未必是。疑卜辭名夷爲尸，但爲假借，人、尸、夷三字上古音極近，……而人、尸恐爲一字之分化。"⑨按：考"尸"之字形并不似橫臥之形，而"高坐之形"與"夷人"之義也無明確關聯，"尸"恐非"夷"之本字。郭沫若、季旭昇

---

① 許慎：《説文解字》，岳麓書社，2006 年，第 174 頁。
② 陳夢家：《殷虚卜辭綜述》，中華書局，1988 年，第 285 頁。
③ 容庚：《金文編》，中華書局，1985 年，第 602 頁。
④ 轉引自于省吾主編：《甲骨文字詁林》第一册，中華書局，1996 年，第 7–12 頁。
⑤ 李孝定：《甲骨文字集釋》，臺灣"中央研究院"歷史語言研究所，1970 年，第 2745 頁。
⑥ 陳初生：《金文常用字典》，陝西人民出版社，2004 年，第 821 頁。
⑦ 張世超等：《金文形義通解》，京都：中文出版社，1996 年，第 2119 頁。
⑧ 郭沫若：《兩周金文辭大系圖録考釋》（三），科學出版社，1957 年，第 15 頁。
⑨ 季旭昇：《説文新證》，福建人民出版社，2010 年，第 695 頁。

從古音係聯認爲二字乃音近假借之用，或可從。《周禮·天官·凌人》"大喪共夷盤冰"，鄭玄注："夷之言尸也者。"[1]

"夷"之所指，多以爲是東方部族。《説文》："夷，平也。從大，從弓。東方之人也。"[2]《漢語大字典》："我國古代東部民族名。"[3]《漢語大詞典》："夷人，指古代中國東部地區各部族之人。"[4]實際上出土文獻記載的"夷"并非都居于東方，西周中期師酉簋銘和西周晚期詢簋銘文記載有"西門夷""京夷""秦夷"，商艷濤認爲："（諸'夷'）在西周王畿一帶，并受周人統轄、管理……王畿一帶的這些'夷'人應當是和周人雜居相處的一類部族，其所處方位大致在中國西部地區。"[5]《孟子·離婁下》："舜生于諸馮，遷于負夏，卒于鳴條，東夷之人也。文王生于歧周，卒于畢郢，西夷之人也。"[6]《史記·周本紀》："申侯怒，與繒、西夷犬戎攻幽王。"[7]"夷"應泛指中原以外的部族。

"夷"常出現于兩周軍事銘文中，是戰爭的參與者。西周銅器銘文除上文提到的"西門夷""秦夷""京夷"之外，還有"髳夷""弁身夷""東反夷""反夷""東夷""淮夷""南淮夷""南夷""尿夷"等，諸夷所指學界多有討論。[8]東周銅器銘文記載的夷的種類較西周大大減少，有"夷""淮夷"兩類。

---

① 阮元校刻：《十三經注疏》，中華書局，1980年，第671頁。

② 許慎：《説文解字》，岳麓書社，2006年，第213頁。

③ 徐中舒主編：《漢語大字典》，湖北辭書出版社、四川辭書出版社，1986—1990年，第570頁。

④ 羅竹風主編：《漢語大詞典》，漢語大詞典出版社，1986—1993年，第1495頁。

⑤ 商艷濤：《西周軍事銘文研究》，華南理工大學出版社，2013年，第218頁。

⑥ 阮元校刻：《十三經注疏》，中華書局，1980年，第2725頁。

⑦ 司馬遷：《史記》，岳麓書社，1988年，第24頁。

⑧ 主要研究有：黃盛璋：《關于詢段的制作年代與虎臣的身份問題》，《考古》1961年第6期，第330–333頁。李福泉：《詢段銘文的綜合研究》，《湖南師院學報（哲學社會科學版）》1979年第2期，第9頁。劉翔：《周夷王經營南淮夷及其與鄂之關係》，《江漢考古》1983年第3期，第40–46頁。張懋鎔：《西周南淮夷稱名與軍事考》，《人文雜志》1990年第4期，第81–86頁。李修松：《淮夷探論》，《東南文化》1991年第2期，第14–21頁。李學勤：《史密簋銘所記西周重要史實考》，《中國社會科學院研究生院學報》1991年第2期，第5–9頁。李學勤：《兮甲盤與駒父盨——論西周末年周朝與淮夷的關係》，《新出青銅器研究》，人民美術出版社，2016年，第117–123頁。張懋鎔：《盧方、虎方考》，《文博》1992年第2期，第19–22頁。沈長雲：《由史密簋銘文論及西周時期的華夷之辨》，《河北師院學報（社會科學版）》1994年第3期，第23–28頁。馬承源：《晉侯蘇編鐘》，《上海博物館集刊》1996年第7期，第1–7頁。李學勤：《晉侯蘇編鐘的時、地、人》，《中國文物報》1996年12月1日。王世民、李學勤等：《晉侯蘇編鐘筆談》，《文物》1997年第3期，第54–66頁。黃錫全：《晉侯蘇編鐘幾處地名試探》，《江漢考古》1997年第4期，第64–66頁。李仲操：《談晉侯蘇鐘所記地望及其年代》，《考古與文物》2000年第5期，第28–31頁。樂丰實：《論"夷"和"東夷"》，《中原文物》2002年第1期，第16–20頁。童書業：《童書業歷史地理論集》，中華書局，2004年，第169–176頁。李零：《讀〈首陽吉金〉》，《中國古代青銅器國際研討會論文集》，上海博物館、香港中文大學文物館，2010年，第297–298頁。何景成：《應侯視工青銅器研究》，朱鳳瀚主編：《新出金文與西周歷史》，上海古籍出版社，2011年，第248頁。黃鳳春：《族群理論背景下的歷史地理探索——〈從淮夷族群到編户齊民〉述評》，《江漢考古》2012年第2期，第129–132頁。商艷濤：《西周軍事銘文研究》，華南理工大學出版社，2013年，第215–227頁。

一、夷

例1—例3：

□連小禦□□□□□可利之於大□者，連祈小。□於□曰："利小者乍（作）心□，衣（依）余者邨（越）□者，利大□□連者（諸）尸（夷）。"邨（越）禦曰："隹（唯）余□尸（夷）□□。郯曰之，□□乍（作）尸（夷）□"（越郯莒盟辭鎛一，春秋晚期）

例4：

尸（夷）膚（莒）甚□者元作□曰："自祈□曰：□爯（稱）勞日利，連余大郯，大□之宔（主）戉（越）。曰：余内（入）邦，乍（作）利□小，亓（其）者□□□於子子。"行則曰："自余。"（越郯莒盟辭鎛二，春秋晚期）

例5：

尸（夷）□吕（莒）大土，邨（越）立建□□城郯（？），曰：唯余尃（盡）。（越郯莒盟辭鐘，春秋晚期）①

容庚《善齋彝器圖錄》定越郯莒盟辭鎛爲越器，曰："雖略識數字，然不能知其意，故不釋。"②後經曹錦炎、施謝捷、董楚平、王輝等考證，釋文初現輪廓。曹錦炎認爲銘文"反映了越國和郏國的一次會盟"，董楚平從其說。③王輝認爲："内容與越、郏會盟無關，而與公元前529年越大夫常壽過參與楚國内亂有關。"④爭論的關鍵在于郏字。此字從"邑"，"![字]"聲，曹錦炎釋爲"郏"。劉心源、施謝捷釋"郯"，王輝、李學勤從之。王輝認爲此字聲旁與郏字聲旁"朱"寫法不類，而"枼"字鎛鎛作"![字]"、拍敦蓋作"![字]"，皆與之接近。越王者旨于賜鐘二、三"萬枼亡（無）疆"之"枼"作"![字]"，與此幾乎相同。⑤按：詳審銘文拓片此字聲符確與"枼"字更爲接近，故從王輝說。銘文中多次出現"連"字，連劭名釋爲結盟之義⑥，其說可從。"連"文獻中常有連接、聯盟之義，如《孟

---

① 郯字考釋參考王輝：《"能原"鎛臆解》，《故宫博物院院刊》1999年第4期，第9—12頁。

② 容庚：《善齋彝器圖錄》，哈佛燕京學社，1936年，圖版第16，考釋第8頁。

③ 曹錦炎："能原"鎛銘文初探》，《東方博物》第一輯，1997年。董楚平：《吳越徐舒金文集釋》，浙江古籍出版社，1992年。

④ 王輝：《"能原"鎛臆解》，《故宫博物院院刊》1999年第4期，第9—12頁。

⑤ 劉心源：《奇觚室吉金文述》，載劉慶柱、段志洪、馮時主編：《金文文獻集成》，綫裝書局，2006年，第十三冊。施謝捷：《吳越文字匯編》，江蘇教育出版社，1998年，第555—556頁。王輝：《"能原"鎛臆解》，《故宫博物院院刊》1999年第4期，第9—12頁。李學勤：《論"能原鎛"》，《故宫博物院院刊》1999年第4期，第1—3頁。

⑥ 連劭名：《能原鎛銘文新證》，《故宫博物院院刊》1999年第3期，第28—31頁。

子·離婁上》"連諸侯者次之"，趙歧注："連，諸侯合縱者也。"①銘文"連者尸"讀爲"連諸夷"，"諸夷"和"鄭"都與越國結盟，"鄭"王輝考證爲楚地，曰："見于湖北荆門出土的包山楚簡 130 簡：'恒思少司馬屈繄以足金六勻（鈞）聖（聽）命于葉邑大夫'，又 170 簡'鄭人郞遲'簡稱'葉邑''鄭人'，鄭顯然即文獻屢見之楚邑葉。"②其說可從。文獻多次記載楚、越結盟，《左傳·宣公八年》："楚爲衆舒叛，故伐舒蓼，滅之。楚子疆之，及滑汭。盟吳、越而還。"③《左傳·昭公五年》："越大夫常壽過帥師會楚子于瑣。"④越國與"楚""諸夷"結盟，"諸夷"應指與越、楚臨近的國家和部族。

例 6：

> 正面：戉（越）王戉（越）王，背面：者（諸）旨（稽）不光，自乍（作）用僉（劍），劍首：戉（越）王旨殹（翳），自乍（作）用僉（劍）。唯尸（夷）邦旨（稽）大。（越王旨翳劍，21330，戰國中期）

銘文"者旨"讀爲"諸稽"，是越王之姓氏，東周越國兵器銘文常見，"不光"爲越王之名。"旨殹"，曹錦炎認爲是"者旨殹"的省寫，即"諸稽翳"，"不光"和"翳"乃一字一名。⑤按：西周中期佣生簋銘文"格白（伯）遺殹妊"，"殹"用作人名。⑥《方言》："殹，幕也。"戴震疏證："殹，即翳也。"⑦《慧琳音義》"所翳"注引《集訓》云："翳，陰翳也。"《玄應音義》"翳目"，注引《韵集》："翳，目障病也。"⑧與"不光"義同。"越王翳"見于《史記·越王勾踐世家》："王不壽卒，子王翁立。王翁卒，子王翳立。王翳卒，子王之侯立。"⑨銘文"隹（唯）尸（夷）邦旨（稽）大"，曹錦炎認爲"尸邦"讀爲"夷邦"，指越國，爲越王自稱。⑩文獻越國屢被稱爲夷，《左傳·哀公二十六年》："文子使王孫齊私于皋如，曰：'子將大滅衛乎，抑納君而已乎？'皋如曰：'寡君之命無他，納衛君而已。'文子致衆而問焉，曰：'君以蠻夷伐國，國幾亡矣。'"⑪皋如爲越臣，"蠻夷"指越國。《史記·楚世家》："天子賜胙，曰：'鎮爾南方夷越之亂，

---

① 阮元校刻：《十三經注疏》，中華書局，1980 年，第 2722 頁。

② 王輝：《"能原"鎛臆解》，《故宮博物院院刊》1999 年第 4 期，第 9–12 頁。

③ 阮元校刻：《十三經注疏》，中華書局，1980 年，第 1873 頁。

④ 阮元校刻：《十三經注疏》，中華書局，1980 年，第 2041 頁。

⑤ 曹錦炎：《新見越王兵器及其相關問題》，《文物》2000 年第 1 期，第 70–73 頁。

⑥ 吳鎮烽：《金文人名匯編》，中華書局，2006 年，第 284 頁。

⑦ 宗福邦：《故訓匯纂》，商務印書館，2003 年，第 1200 頁。

⑧ 宗福邦：《故訓匯纂》，商務印書館，2003 年，第 1820、1821 頁。

⑨ 司馬遷：《史記》，岳麓書社，1988 年，第 271 頁。

⑩ 曹錦炎：《新見越王兵器及其相關問題》，《文物》2000 年第 1 期，第 70–73 頁。

⑪ 阮元校刻：《十三經注疏》，中華書局，1980 年，第 2182 頁。

無侵中國。'于是楚地千里。"① 亦稱"越"爲"夷"。劍銘之"夷"爲越國,是東方之國。

二、淮夷

例 1：

> 隹（唯）王九月初吉庚午,曾白（伯）霎（漆）慰（哲）聖元₌武₌（元武,元武）孔甹夷,克狄（逖）漼（淮）尸（夷）,印（抑）燮（燮）郫（繁）湯（陽）,金衛（道）鍚（錫）行（曾伯霎簠蓋,05979,春秋早期）

例 2—例 3：

> 王謵（遣）命南公,鷟（營）氒（宅）塗（汭）土,君比（庇）淮尸（夷）,齨（臨）有江灝（夏）。（曾侯膡鐘,21029—21030,春秋晚期）

《説文》："淮,水。出南陽平氏桐柏大復山,東南入海,從水隹聲。"② 銅器銘文寫作淮（录戔卣,13331,西周中期）、淮（駒父盨,05675,西周晚期）,與小篆寫法同。例 1 銘文作淮,從"水""唯"聲。"隹""唯"二字古文通,西周早期旂鼎"唯八月初吉",西周早期我鼎"隹十月又一月丁亥",前者作"唯",後者作"隹"。此字亦見于西周中期彧鼎,銘文曰："逤（率）虎臣御淮戎。""淮"寫作淮。"淮夷"文獻常見,《詩經·江漢》"匪安匪游,淮夷來求",鄭玄注："淮夷,東國,在淮浦而夷行也。"③《尚書·禹貢》"淮夷蠙珠暨魚",孔傳引鄭玄注："淮水之夷民也。"④ 西周銅器銘文"淮夷"多爲周王征伐的對象,录戔卣銘文"王令彧曰：戲淮尸（夷）叙（敢）伐内國",兮甲盤銘文"（淮夷）舊我員（賦）晦人",晉侯銅人銘文"隹（唯）五月,（淮）尸（夷）伐格"。

"淮夷"起源,學界多以爲屬東夷。⑤ 郭沫若認爲"淮夷包含在東夷之中"⑥,楊東辰認爲"淮夷爲東夷的一支"。⑦ 商艷濤對比金文與先秦文獻發現："金文中

---

① 司馬遷：《史記》,岳麓書社,1988 年,第 255 頁。

② 許慎：《説文解字》,岳麓書社,2006 年,第 226 頁。

③ 阮元校刻：《十三經注疏》,中華書局,1980 年,第 573 頁。

④ 阮元校刻：《十三經注疏》,中華書局,1980 年,第 148 頁。

⑤ 顧頡剛：《徐和淮夷的遷、留——周公東征史事考證四之五》,《文史》第三十二輯,中華書局,1990 年。郭沫若：《卜辭通纂》,科學出版社,1983 年,第 462-483 頁。顧孟武：《有關淮夷的幾個問題》,《中國史研究》1986 年第 3 期,第 85-98 頁。逄振鎬：《東夷及其史前文化試論》,《東夷古國史研究》第一輯,三秦出版社,1988 年。黄盛璋：《淮夷新考》,《文物研究》第五輯,黄山書社,1989 年。

⑥ 郭沫若：《卜辭通纂》,科學出版社,1983 年,第 462-483 頁。

⑦ 楊東晨：《淮夷變遷》,《鐵道師院學報》,1996 年第 6 期,第 66-71 頁。

經常發生叛亂、成王周王征伐的‘東夷’文獻則多稱爲淮夷。”[1] “淮夷”之活動地域一般認爲在今淮河流域[2]。東周銅器銘文關于淮夷的記載有 3 例，見于春秋早期曾伯霥簠蓋和春秋晚期曾侯臟編鐘。

例 1 “克”後一字銘文寫作，吳式芬釋爲“狄”，讀爲“剔”，義爲剔治[3]，劉心源、屈萬里從其説。[4]陳秉新、李立芳讀爲“逖”，《説文》：“逖，遠也……逷，古文逖。”《詩・大雅・抑》：“用戒用作，用逷蠻方。”毛傳：“逷，遠也。”[5]按：《方言》：“剔，狄也。”錢繹箋疏：“狄、剔、逖、逷，古字并通。”[6]西周晚期敔狄鐘銘文“敔狄不墜（恭）”，《詩經・魯頌・泮水》“狄彼東南”，皆與銘文例同。銘文“克狄（逖）灘（淮）尸（夷）”義爲戰勝并使淮夷遠離。“鄹湯”即“繁陽”，《左傳・襄公四年》：“楚師爲陳叛故，猶在繁陽。”杜預注：“楚地，在汝南鮦陽縣南。”[7] “金衛”釋爲“金道”。馬承源認爲，“淮夷之金，集中于繁陽，繁陽被淮夷控制，則阻塞金錫的通道”[8]，其説甚確。汝南鮦陽縣在今安徽省阜陽鮦城鎮，是淮夷的勢力範圍。淮夷地區盛產銅金，西周晚期仲偁父鼎“周伯邊盉（及）中（仲）偁（催）父伐南淮尸（夷），孚（俘）金”，西周晚期師袁簋“今余肇令女（汝）遂（率）齊帀（師）、曩、贅（萊）、僰、釐，左右虎臣，正（征）淮尸（夷）……靁（毆）孚（俘）士女、羊牛，孚（俘）吉金”，兩次攻打淮夷的戰爭都俘獲了吉金。《詩經・魯頌・泮水》：“憬彼淮夷，來獻其琛。元龜象齒，大賂南金。”記載淮夷向魯國進獻“金料”。此次戰爭的目的正是打通“繁陽”這一被淮夷控制的運輸銅料的交通樞紐。

例 2、例 3 曾侯臟編鐘銘文，李學勤認爲“南公”即前文之“白（伯）簋（適）”，即《尚書・君奭》之“南宮括”、《論語・微子》之“伯括”。“王謞（遣）命南公，鸑（營）厇（宅）埊（汭）土”意爲在“汭”這個地方建築封國

---

① 商艷濤：《西周軍事銘文研究》，華南理工大學出版社，2013 年，第 222 頁。

② 王應麟撰，張保見校注：《詩地理考校注》，四川大學出版社，2009 年，第 203 頁。楊伯峻：“顧棟高《大事表》三十九謂淮夷當在今江蘇淮安縣與漣水縣之間。”《春秋左傳注》，中華書局，1990 年，第 344 頁。鄢國盛：《西周淮夷綜考》，南開大學碩士學位論文，2009 年，第 21-22 頁。李凱：《周伐淮夷相關問題研究》，北京師範大學碩士學位論文，2007 年，第 27 頁。歐波：《金文所見淮夷資料整理與研究》，安徽大學博士學位論文，2015 年，第 11-13 頁。

③ 吳式芬：《攈古錄金文》，1913 年西泠印社翻刻光緒二十一年吳氏家刻本，載劉慶柱、段志洪、馮時主編：《金文文獻集成》，綫裝書局，2006 年，第十一册第 25 頁。

④ 劉心源：《奇觚室吉金文述》清光緒二十八年自寫刻本，載劉慶柱、段志洪、馮時主編：《金文文獻集成》，綫裝書局，2006 年，第十三册第 132 頁。屈萬里：《曾伯霥簠考釋》，《“中央研究院”歷史語言研究所集刊》第三十三本，1962 年，載劉慶柱、段志洪、馮時主編：《金文文獻集成》，綫裝書局，2006 年，第二十九册第 368-372 頁。

⑤ 陳秉新、李立芳：《出土夷族史料輯考》，安徽大學出版社，2005 年，第 235 頁。

⑥ 錢繹：《方言箋疏》，上海古籍出版社，1984 年，第十二卷第 34 頁。

⑦ 阮元校刻：《十三經注疏》，中華書局，1980 年，第 1931 頁。

⑧ 馬承源：《商周青銅器銘文選》，文物出版社，1990 年，第四册第 450 頁。

都邑。①韓宇嬌認爲銘文既反映了曾國受封的原因，也説明了曾國的具體初封位置。并考證此銘之"淮夷"爲曾國可監管的東北地區，"江夏"爲其監管的西南地區。②

據此，東周銅器銘文6例"夷"前5例指越、楚臨近的國家和部族，後1例指越國；3例"淮夷"第1例在安徽省阜陽銅城鎮，後2例在曾國都城隨州東北部。皆爲東方之國或部族。

第二節　戎、秦戎、洛之戎

《説文》："戎，兵也。從戈，從甲。"③甲骨文"戎"的認定爭議較大，主要觀點有：

A. 𢦏爲"戎"之初文。丁山認爲："左手執戈，右手執盾……結構雖或繁省，其爲戎字則一也。"④徐中舒認爲："象左手持盾，而右執戈之形，當會威武之義，疑即戎之初文。"範毓周："此字正象兩手各持干、戈以從事兵戎之事之形，當爲'戎'之初文，故可釋爲'戎'。"⑤

B. 𢧑、𢧐、𢧒爲"戎"字。陳夢家認爲："象甲胄于盾形，故釋爲從戈從甲之戎。……𢧒，爲戎之或體。"⑥胡厚宣、徐中舒等從此説。⑦

C. 𢦒、𢦓爲"戎"字。羅振玉認爲："𢦒，曰戎，從戈從甲，卜辭與古金文從戈從十，十古文甲字。"⑧于省吾認爲："甲骨文戎字作𢦒或𢦓。"⑨

諸家爭論的焦點在于"戎"究竟"從戈從盾"還是"從戈從甲"。裘錫圭引西周金文證明，認爲："戎所從的十并不是甲字，而是𢎘（冊）的簡化之形。冊本象盾牌，在古代，戈和盾分別是進攻和防衛的主要器械。兵戎的戎字由戈、冊二字組成很合理。"⑩張世超等對這一觀點進行了發展："甲骨文'戎'字作𢦒、𢦓，

---

① 李學勤：《曾侯（月與）（與）編鐘銘文前半釋讀》，《江漢考古》2014第4期，第69頁。

② 韓宇嬌：《曾國銅器銘文整理與研究》，清華大學博士學位論文，2014年，第249頁。

③ 許慎：《説文解字》，岳麓書社，2006年，第266頁。

④ 丁山：《甲骨文所見氏族及其制度》，中華書局，1988年，第95—96頁。徐中舒：《甲骨文字典》，四川辭書出版社，1989年，第1157頁。

⑤ 範毓周：《甲骨文"戎"字通釋》，《紀念殷墟甲骨文發現一百周年國際學術研討會論文集》，社會科學文獻出版社，2003年，第190頁。

⑥ 陳夢家：《古文字中之商周祭祀》，《燕京學報》1936年第19期，第91—155頁。

⑦ 胡厚宣："字從戈從口，口即盾，從戈從盾，當是《説文》之戎。"《甲骨文所見殷代奴隸反壓迫的鬥爭》，《考古學報》1976年第1期，第1—18頁。徐中舒："𢧒，從戈從中，中象盾形，……象人一手持盾，一手持戈形，𢧒即此形省文……乃戎字。"《甲骨文字典》，四川辭書出版社，1989年，第1359頁。

⑧ 羅振玉：《殷虛書契考釋》，中華書局，2006年，第189頁。

⑨ 于省吾：《甲骨文字釋林》，中華書局，1979年，第60頁。

⑩ 裘錫圭：《文字學概要》，商務印書館，1988年，第62頁。

與金文同構，然早期金文如盂鼎、班簋、彧鼎諸器之'戎'字等近于初文形象，字本從戈，從冊，冊寫作▉，乃方盾之象形。遠溯'戎'字之來歷，可尋諸殷商彝器所存圖畫文字之遺迹，如▉、▉等形，象人一手持戈、一手持盾，實兵戎戰爭之寫照。省去人形，有卣文作▉，有鼎文作▉，此即'戎'字所出。甲骨文契刻求簡，方盾形轉換爲簡綫條十，周初金文或承甲文，▉簡作十，與'甲'字初文混同。'甲'字作十，亦作田，至小篆作▉，而'戎'字中之盾形被後人誤認爲甲而亦隨同篆作▉。"①按：其説甚確，"甲""盾"形體相似易混，例如逆鐘"盾"作▉，員方鼎"甲"作"▉"。"▉""▉、▉、▉""▉、▉"三類字形并非異字，而同是"戎"字，李宗焜《甲骨文字編》亦持此種觀點，將三類字形皆列于"戎"字字頭之下。②

春秋晚期和戰國銅器銘文從"盾"或訛作從"十"，如秦王鐘作▉，搏武鐘作▉"十"，戰國中期十四年陳侯午敦作▉、戰國中期中山王嚳鼎作▉，與秦王鐘、搏武鐘所從相同。

"戎"之所指，舊多以爲"西方之部族"。《曲禮》"東夷、北狄、西戎、南蠻"③，《左傳·閔公二年》"虢公敗犬戎于渭汭"，孔穎達疏："西方曰戎。"④《辭源》《漢語大字典》："古代泛指我國西部的少數民族。"⑤《現代漢語詞典》："我國古代稱西方的民族。"⑥從出土文獻來看此説恐非，甲骨文"戎"已有方國之義，但非專指西方。⑦西周銅器銘文表部族之"戎"有"玁狁""西北一帶部族""東方的部族""東南部之淮夷""北方之戎"等不同含義。⑧因此有學者認爲先秦時期戎的分布地域遍及東、南、西、北，西部是其主要活動地域。⑨

---

① 張世超等：《金文形義通解》，京都：中文出版社，1996 年，第 2939-2940 頁。

② 李宗焜：《甲骨文字編》，中華書局，2012 年，第 85、889、890 頁。

③ 阮元校刻：《十三經注疏》，中華書局，1980 年，第 1265 頁。

④ 阮元校刻：《十三經注疏》，中華書局，1980 年，第 1787 頁。

⑤ 商務印書館編輯部：《辭源》（修訂本），商務印書館，1980 年，第 1183 頁。徐中舒主編：《漢語大字典》，四川辭書出版社，2010 年，第 1500 頁。

⑥ 中國社會科學研語言研究所編：《現代漢語詞典》，商務印書館，2012 年，第 1099 頁。

⑦ 陳夢家："戎，于卜辭又爲助動詞戎伐之戎，又爲民族名。"《古文字中之商周祭祀》，《燕京學報》1936 年第 19 期。連劭名："卜辭中的戎可以指少數名族。"《甲骨文字考釋》，《考古與文物》1988 年第 4 期。徐中舒："戎的意思有國族名，……疑爲兵器，……疑爲侵伐之義……疑指兵事，引申之有灾禍之義。"《甲骨文字典》，四川辭書出版社，1989 年，第 1360 頁。姚磊："'戎'在商時就已存在，是商的敵國……殷商時期，戎的分布較廣，西方非戎之專有，東方也可有戎。"《先秦戎族研究》，蘭州大學碩士學位論文，2014 年，第 76 頁。

⑧ 商艷濤：《西周軍事銘文研究》，華南理工大學出版社，2013 年，第 228-235 頁。

⑨ 王暉："儘管西周春秋時古文獻及金文中夷、蠻、戎、狄和東南西北的方國部落不一定有完全對應關係，但相對來看，西北多稱狄戎"，《西周蠻夷"要服"新證》，《民族研究》2003 年第 1 期，第 58-69 頁。姚磊："通過細致梳理有關史料得知：戎的分布，可謂是雜居華夏之間，在不同的歷史階段，不僅西部、北部，甚至在東部、南部，均有戎族的足迹，西部或西方，只是戎族的主要活動地域之一。"《先秦戎族研究》，蘭州大學碩士學位論文，2014 年，第 9 頁。

東周銅器銘文表部族之"戎"共 29 例。

一、戎

例 1：

> 越再穆天子炎霝（靈），用建于丝（兹）外土，僑（遹）嗣（司）
> 繇（蠻）戎，用歎不廷方。（戎生鐘，15239—15240，春秋早期）

"戎生"之祖諡號爲憲公，是周王的臣子。"嗣"前一字銘文寫作，胡長春隸定爲"僑"，有向外的義訓，"僑司蠻戎"義爲對外管理蠻戎。[1]此句言戎生之祖奉周王之命，在周幾外立國管理蠻戎。銘文又曰"辥皇考卲白（伯），遠遠穆穆，憼（懿）次不瞽（僭），醫（詔）匹晉厌（侯），用鞏（鞏）王令（命）"，可知戎生的父親輔佐晉侯，聽命于恭王，繼承了祖父之職，繼續管理蠻戎。晉國多戎，文獻有記載。《春秋·僖公三十三年》："晉人及姜戎敗秦師于殽。"[2]《後漢書·西羌傳》引古本《竹書紀年》："晉人敗北戎于汾隰。"[3]"汾隰"又見于《左傳·桓公三年》"逐翼侯于汾隰"，杜預注："汾隰，汾水邊。"[4]銘文之"蠻戎"不知具體是何戎，但可推測其所居之地應在晉國之周邊，故戎生之父才能輔佐晉侯進行管理。

例 2：

> 隹（唯）智（荆）篇（曆）屈（屈）祭（夕）晉（晉）人救戎於楚
> 竸（境）。（智篇鐘，15155，春秋晚期）

銘文"智篇"舊多以爲是人名[5]，後朱德熙改讀爲"荆曆"，猶言"楚曆"[6]，其說甚確。"智"，從"田""荆"聲，亦見于包山楚簡和望山楚簡。曾憲通認爲："簡文'智尿'讀爲'刑夷'，即《左傳》之'荆尸'。"[7]"篇"，從"竹""鬲"聲，亡智鼎"鬲年萬丕承"，"鬲"讀爲"曆"。"屈（屈）祭（夕）"爲月名，相

---

① 胡長春：《金文考釋四則》，《學術界》2005 年第 6 期，第 5 頁。

② 阮元校刻：《十三經注疏》，中華書局，1980 年，第 1832 頁。

③ 範曄：《後漢書》，中華書局，1973 年，第 2872 頁。

④ 阮元校刻：《十三經注疏》，中華書局，1980 年，第 1746 頁。

⑤ 郭沫若："智是'型'的異文，'智篇'當是人名。"《信陽墓的年代與國別》，《文物參考資料》1958 年第 1 期。顧鐵符："'智篇'，看來是作器人的姓名。"《信陽一號楚墓的地望與人物》，《故宮博物院院刊》1979 年第 2 期，第 76 頁。

⑥ 朱德熙：《智篇屈祭解》，《方言》1979 年第 4 期，第 303 頁。

⑦ 曾憲通：《楚月名初探——兼談昭固墓竹簡的年代問題》，《中山大學學報（哲學社會科學版）》1980 年第 1 期，第 97–107 頁。

當于夏正十一月。① "晉人救戎于楚境"學界多以爲即《左傳·哀公四年》"晉人執戎蠻子赤歸于楚"一事②。銘文"救"有"營救、庇護"和"聚集"兩種不同釋法③，考《左傳》僅言"蠻子赤奔晉陰地"，晉國是被動接受并未主動營救。且後文曰"士蔑乃致九州之戎，將裂田以與蠻子而城之"，杜預注："以詐蠻子。""救"釋爲"營救"可能性不大，釋爲"聚集"更優。

鐘銘記載晉、戎、楚之事，戎即"戎蠻子"。《左傳·昭公十六年》："楚子誘戎蠻子，殺之。"孔穎達疏："四夷之名，在西曰戎，春秋之時，錯居中國。杜言'河南新城縣東南有蠻城'，則是内地之戎，在楚北也。戎是種號，蠻是國名，子爵也。"④可知此銘之"戎"活動範圍在今河南省境内。

二、秦戎、洛之戎

東周銅器銘文共 14 例秦戎，13 例洛之戎。

例 1—例 8：

> 隹（唯）哉＝（式日），王命競（景）之定救淼（秦）戎，大有红（功）于洛之戎，甬（用）乍（作）隡（尊）猕（彝）。（競之定鬲，03015—03022，春秋晚期）

---

① 朱德熙："1978 年江陵天星觀一號楚墓所出竹簡説：'齊客緧賸晤（問）王于栽郢之歲，屈柰之月，己卯之日'。由此可知'屈柰'是月名。雲夢睡虎地秦墓竹簡《日書》有秦楚月名對照的材料，……信陽鐘銘和天星觀簡文的'屈柰'顯然就是與秦月十一月相當的楚月名'屈夕'。"《智篙屈柰解》，《方言》1979 年第 4 期，第 303 頁。

② 顧鐵符："編鐘銘文里所説的，無疑是哀公四年，楚國滅戎蠻子赤而引起的楚晉糾紛。"《信陽一號楚墓的地望與人物》，《故宮博物院院刊》1979 年第 2 期，第 76 頁。趙世綱："晉人救戎于楚境之一史事，牽涉了晉、楚、戎三國。據《左傳》記載，牽涉晉、楚、戎三國的事件共有兩次，一次是晉滅陸渾戎，陸渾戎的首領雖然逃到楚國，然楚國并未作出反應，該事與鐘銘記述不合，另一次是楚伐蠻子，戎蠻奔晉，晉因有内亂，在楚人的威脅下，將戎蠻子送歸楚國，這和鐘銘所記述基本一致。"《楚人在河南的活動遺迹》，《楚文化研究論文集》，中州書畫出版社，1983 年，第 54 頁。董珊："長臺關鈕鐘銘'晉人救戎于境'即《左傳》的'士蔑乃致九州島島之戎，將裂田以與蠻子而城之，且將爲之卜。蠻子聽卜，遂執之與其五大夫，以界楚師于三户'"，《救秦戎銅器群的解釋》，《江漢考古》2012 年第 3 期，第 87—94 頁。

③ 李學勤："朱德熙先生考訂爲楚的屈夕之月，相當于夏正十一月。這時被楚軍圍潰的戎蠻子赤已逃奔晉的陰地，所謂'晉人救戎于楚'，當指庇護戎蠻而言。"《論〈景之定〉及有關史事》，《文物》2008 年第 2 期，第 56—58 頁。趙誠："《左傳·哀公四年》'單浮餘圍蠻氏……而盡俘以歸。'説的是晉國在楚國的威逼下（楊樹達《讀左傳》：'時晉不競，畏楚殊甚，故有此事。'），用計謀詐騙召集九州島之戎，并執蠻子赤及其五大夫，交給楚師（與《春秋經》所説'晉人執蠻于赤歸于楚'相合），遂使得楚師終于'盡俘以歸'。楚大獲全勝，于是産生了《智篙鐘》那一篇銘文以作紀念。由此可知，銘文所説'晉人救戎于楚境'，并非是説'晉人前去營救'，而是説'晉人用計謀詐騙召集'，則救非營救之義，而是聚集之義。則銘文之救用作勼。《集韻·尤韻》：'勼，《説文》"聚也"，古作救，同作鳩。'也可爲證。"《智篙鐘新解》，《江漢考古》1998 年第 2 期，第 67 頁。

④ 阮元校刻：《十三經注疏》，中華書局，1980 年，第 2078 頁。

例 9—例 10：

> 隹（唯）戠＝（弍日），王命競（景）之定救猋（秦）戎，大有卭（功）于洛之戎，甬（用）乍（作）隦（尊）獛(彝)。（競之定簋，04978—04979，春秋晚期）

例 11—例 12：

> 隹（唯）戠＝（弍日），王命競（景）之定救猋（秦）戎，大有卭（功）于洛之戎，甬（用）乍（作）隦（尊）獛(彝)。（競之定豆，06150—06151，春秋晚期）

例 13：

> ……猋（秦），王卑（俾）命競（景）坪（平）王之定，救猋（秦）戎（競平王之定鐘，15154，春秋晚期）

例 14：

> 隹（唯）戠＝（弍日），王命競（景）之定救猋（秦）戎，大有卭（功）于洛之戎，用乍（作）隦（尊）獛（彝）。（競之定熏爐，31721，春秋晚期）

“秦戎”舊釋爲“秦軍”[①]，恐非。楚平王卒于公元前 516 年，其活動時間相當于魯昭公執政期間，檢索典籍未見有楚救秦軍之記載。張光裕《新見楚式青銅器器銘試釋》一文發布競之定鬲銘文之後，學界多以爲“王命競之定救猋（秦）戎”與“王卑（俾）命競（景）坪（平）王之定，救猋（秦）戎”爲同一事件[②]，“競之定”與“競坪王之定”爲同一人，李學勤認爲前者是後者的簡稱。[③]李零據河南新蔡葛陵楚簡説明“競平王”讀爲“景平王”，係楚平王的雙謚。[④]銘文“秦戎”“洛之戎”，李學勤、董珊、吳鎮烽認爲所指皆爲伊洛之戎，“秦”指

① 饒宗頤：《説“競䇂”、“䇂夜君”與“䇂皇”》，《文物》1981 年第 5 期，第 75-77 頁。鄒芙都：《楚國銅器銘文札記七則》，《雲南民族大學學報》2005 年第 2 期，第 107-111 頁。

② 宋華強：“競讀爲景。崇源器銘所記‘景之定救秦戎’，無疑就是救秦戎鐘銘所記‘景平王之定救秦戎’前者的‘景之定’就是後者的‘景平王之定’”，《澳門崇源新見青銅器芻議》，《中文學術前沿》2011 年第 2 期，第 192-201 頁。張光裕：“‘救秦戎’之記述見于 1973 年湖北當陽季家湖出土鐘銘‘秦王卑命’‘競坪王之定救秦戎’。今楚王鬲銘亦云‘救秦戎’，所指當爲同一事件。……‘競’與‘競坪王’所指或系同一人。”《新見楚式青銅器器銘試釋》，《文物》2008 年第 1 期，第 73-84 頁。黃鳳春：“由于確立澳門銅器豆和簋上的銘文與季家湖楚城鐘銘文所記是同一事例，兩相對照就不難發現季家湖楚鐘上的‘平王之定’與澳門銅器豆和簋上的‘競之定’應是一指。”《新見楚器銘文中的“競之定”及相關問題》，《江漢考古》2008 年第 2 期，第 74-79 頁。

③ 李學勤：《論“景之定”及有關史事》，《文物》2008 年第 2 期，第 56-58 頁。

④ 李零：《楚景平王與古多字謚——重讀“秦王卑命”鐘銘文》，《傳統文化與現代化》1996 年第 6 期，第 23-27 頁。

其由秦地遷移而來，"洛"是其現居地。[1]按："秦戎"又見于《管子·小匡》："西服流沙西虞，而秦戎始從。"趙守正釋爲"秦地之戎"[2]。《左傳·文公八年》"公子遂會雒戎"，杜預注："會雒戎，本或作'伊雒之戎'。"[3]《左傳·僖公十一年》"夏，揚、拒、泉、皋、伊、雒之戎同伐京師"，孔穎達疏：《釋例》曰"諸雜戎居伊水、雒水之間者"[4]。"秦戎"即"洛之戎"，其活動範圍爲伊水和洛水流域，在今河南洛陽一帶。

考東周銅器銘文之"戎"與典籍記載有差异，與西周銅器銘文也有所不同。其活動地域既有西部晉國周邊，又有中原地區——河南省境内。

第三節　蠻

《說文》："蠻，南蠻，蛇種。從蟲，䜌聲。"[5]銅器銘文"蠻"寫作"䜌"。"䜌"的構形本義說法很多，主要有：

A. 絲之亂。段玉裁、錢坫、李孝定等持此觀點。[6]

B. 以手治絲。徐鍇、朱駿聲等持此觀點。[7]丁山、陳鐵凡認爲甲骨文 、 爲"䜌"之本字，"象以手治絲形"。[8]

C. 言不絕。張日昇認爲："䜌從言絲，會意乃言之不絕也。"[9]

D. 絲聯不絕。裘錫圭認爲："'䜌'字本身是一個從'言''𢆶'聲的形聲字……𢆶是聯接之'聯'的本字。"[10]

按：裘錫圭之觀點可從。理由如下："系"甲骨文寫作 （《粹》376），銅器

---

① 李學勤：《論"景之定"及有關史實》，《文物》2008 年第 2 期，第 56–58 頁。董珊：《救秦戎銅器群的解釋》，《江漢考古》2012 年第 3 期，第 87–94 頁。吳鎮烽：《競之定銅器群考》，《江漢考古》2008 年第 1 期，第 82–89 頁。

② 趙守正：《管子通解》，北京經濟學院出版社，1989 年，第 324 頁。

③ 阮元校刻：《十三經注疏》，中華書局，1980 年，第 1846 頁。

④ 阮元校刻：《十三經注疏》，中華書局，1980 年，第 1802 頁。

⑤ 許慎：《說文解字》，岳麓書社，2006 年，第 282 頁。

⑥ 段玉裁："從言絲……治絲易棼，絲亦不絕，故從絲會意。"《說文解字注》，上海古籍出版社，1988 年，第 97 頁。錢坫："䜌字與䜌連屬，絲即誃亂之亂，治絲而紊之謂亂也。"《說文解字斠詮》，淮南書局，1883 年，第 74 頁。李孝定："從言絲，林謂言爲絲之紛，其說是也。"《金文詁林讀後記卷三》，轉引自李圃：《古文字詁林》，上海教育出版社，2004 年。

⑦ 徐鍇："從言絲形……古文 象絲亂而爪治之，爪，手反也。"《說文解字系傳》卷五，中華書局，1987 年，第 12 頁。朱駿聲：古文"從爪從三糸省，三糸紊象爪分理之，與 同義，（假借）爲亂"，《說文通訓定聲》，中華書局，1984 年，第 767 頁。

⑧ 丁山：《殷商氏族方國志》，《甲骨文所見氏族及其制度》，中華書局，1998 年，第 68 頁。李圃：《古文字詁林》第三卷，上海教育出版社，2001 年，第 72–73 頁。

⑨ 轉引自李圃：《古文字詁林》第三卷，上海教育出版社，2001 年，第 73 頁。

⑩ 裘錫圭：《戰國璽印文字考釋三篇》，《古文字研究》第十輯，中華書局，1983 年，第 89–90 頁。

銘文寫作🔲（小臣𫝯卣，13284，商代晚期），上部從“爪”，會從爪理絲。而“䜌”各時期的出土材料中都沒有從“爪”的部件。裘錫圭指出：“西周春秋時人們書寫‘䜌’字時，把兩個‘糸’都連綴在‘言’字的斜筆或橫畫上，是由于要借用它們兼充‘🔲’字頂端的橫畫。”①此説甚確，我們收集了一百多例金文“䜌”，發現絶大部分字形兩邊的“糸”都與中間的“言”或“音”的橫筆相連，僅有 1 例🔲（䜌書缶，14094，戰國中期）例外。戰國簡帛璽印文之“䜌”“糸”“言”亦多橫筆相連。“🔲”和“言”共用筆畫，這種現象在古文字中很常見，如“斎”，從“齊”從“示”，“齊”金文常寫作“🔲”（者汈鐘，15336，戰國早期）、🔲（十年陳侯午敦，06079，戰國中期）。小篆寫作“🔲”，“斎”中間的兩橫即是“齊”和“示”共用筆畫。“䜌”的另一個構件“言”上古音中屬疑母元韻，“䜌”屬來母元韻，二者音近，“言”當具有提示“䜌”讀音的作用，是聲符。據此，“䜌”之本義與“蠻”并無關聯，“䜌”爲“蠻”之聲符，銅器銘文以“䜌”表示“蠻”是假借用法。

“蠻”，典籍中多指南方部族。《禮記·王制》：“南方曰蠻，雕題交趾，有不火食者矣。”②《孟子·滕文公上》：“今也南蠻鴃舌之人，非先王之道”③。或指中原地區周邊的民族，《尚書·禹貢》：“五百里荒服，三百里蠻，二百里流。”④西周銅器銘文“蠻”是周王朝征伐和統治的對象。西周中期史墻盤銘文曰：“上帝司𤔲尤保，受（授）天子綰（綰）令（命），厚（厚）福、豐年，方䜌（蠻）亡不祝視，青（静）幽高且（祖）才（在）散（微）靁（靈）處”，“方䜌”即“蠻方”，銘文強調了周天子對“蠻族”的統治。西周晚期虢季子白盤銘文曰“王曰：白父，孔顯又（有）光，王睗（錫）乘馬，是用左（佐）王，睗（錫）用弓，彤矢其央，睗（錫）用戉（鉞），用政䜌（蠻）方”，周王賜予虢季子白弓、矢、鉞用于征伐“蠻方”。

東周銅器銘文共 16 例“蠻”，皆見于春秋時期。

例 1—例 2：

> 㠯（以）虢事䜌（蠻）方。……㠯（以）康奠（奠）𠇷（協）朕（朕）或（國），盜（盜—鑠）百䜌（蠻），（秦公鐘，15565，春秋早期）

例 3—例 4：

> 㠯（以）虢事䜌（蠻）方。……㠯（以）康奠（奠）𠇷（協）朕

① 裘錫圭：《戰國璽印文字考釋三篇》，《古文字研究》第十輯，中華書局，1983 年，第 88 頁。

② 阮元校刻：《十三經注疏》，中華書局，1980 年，第 1338 頁。

③ 阮元校刻：《十三經注疏》，中華書局，1980 年，第 2706 頁。

④ 阮元校刻：《十三經注疏》，中華書局，1980 年，第 153 頁。

（朕）或（國），盗（盗—鑠）百綜（蠻），昇（俱）即其服（服）。（秦公鐘，15567—15568，春秋早期）

例5—例10：

吕（以）虩事綜（蠻）方。……吕（以）康奠（奠）龏（協）朕（朕）或（國），盗（盗—鑠）百綜（蠻），昇（俱）即其服（服）。（秦公鎛，15824—15826，春秋早期）

例11：

梁白（伯）乍（作）宫行元用。印（抑）叡（威）方綜（蠻），（梁伯戈，17186，春秋早期）

例12：

侊（通）嗣（司）綜（蠻）戎，用躾不廷方。（戎生鐘，15240，春秋早期）

例13：

左右武王，叡（叡、教）畏（畏、威）百綜（蠻），廣閥（闢）三（四）方，（晉公盞，06274，春秋中期）

例14：

左右武王，叡（叡—教）畏（畏—威）百綜（蠻），廣閥（闢）三（四）方，至于不廷，莫[不]秉敬（敬）。（晉公盤，20952，春秋中期）

例15：

保爨（又）乎（厥）淼（秦），虩(赫)事綜（蠻）夏，（秦公簋，05370，春秋中期）

例16：

保爨（乂）乎（厥）淼（秦），虩事綜（蠻）夏。（秦公鎛，15827，春秋晚期）

例1—例10銘文記載秦文公、静公、憲公的事迹，"虩"，或讀爲赫，意爲顯赫、光耀[1]，或釋爲恐懼、謹慎[2]。考銘文上下或曰"嚴（嚴）龏（恭）寅天命，保爨（又）乎（厥）淼（秦）"，或曰"不象（惰）于上，卲（昭）合（答）皇天"，皆有謹慎恭敬之義，此處釋爲"謹慎"更爲合理。"事"，張天恩、謝明

---

① 馬承源："虩讀爲赫，赫義爲明爲顯"，《商周青銅器銘文選》第四卷，文物出版社，1990年，第60頁。

② 李零：《説文》：'虩，《易》："履虎尾，虩虩恐懼"'，是恐懼的意思，《春秋秦器試探——新出秦公鐘、鎛銘與過去著録秦公鐘、簋銘的對讀》，《考古》1979年第6期，第515–521頁。孫常叙："虩，與'愬'同音，有戒懼敬慎之意"，《秦公及王姬鐘、鎛銘文考釋》，《吉林師範大學學報（哲學社會科學版）》1978年第4期，第14–23頁。王輝："虩在此爲小心謹慎之義"，《秦銅器銘文編年集釋》，三秦出版社，1990年，第14–15頁。

文、陳劍等皆讀爲"嗣（司）"，訓治理①，其説可從。"弖（以）虩事綛（蠻）方"指秦國對蠻方的管理。下文"盜（盜）百綛（蠻），舁（俱）即其服（服）"之"百蠻"言蠻族之衆，《國語·周語》"邦内甸服"，韋昭注："服，服其職業也。"②此句言諸蠻族都各司其職守，與上文秦國管理蠻方相呼應。例 15 和例 16"號（赫）事綛（蠻）夏"，文例與"弖（以）虩事綛（蠻）方"基本近似，秦國地處西土，銘文之"蠻"應指與秦同居住在西土的秦國周邊民族。

例 11 梁伯戈爲傳世器，出土時地不詳。銘文"方綛（蠻）"即"蠻方"。典籍所記之梁國有三處：其一爲嬴姓梁國，在今陝西韓城縣。《左傳·桓公九年》"秋，虢仲、芮伯、梁伯、荀侯、賈伯伐曲沃"，杜預注："梁在夏陽也。"③《讀史方輿紀要》記載韓城縣曰："古韓城，古少梁，秦夏陽，或西韓州、禎州。五十里，州東北二百二十里。"④其二爲河南梁縣西南之梁國。《左傳·哀公四年》："夏，楚人既克夷虎，……爲一昔之期，襲梁及霍。"杜預注："梁，河南梁縣西南故城也。"⑤其三爲河北之梁國。《地理風俗傳》："扶柳西北五十里有梁城，故漢西梁縣。西梁古城，在今冀之南宫堂陽鎮。"侯紹莊認爲戈銘"梁"爲今陝西韓城縣之梁國⑥，吴鎮烽亦持此觀點，他認爲嬴姓之梁國地處秦晉之間，與秦國關係密切。此戈的形制和銘文字體都與春秋早期的秦子戈較接近。⑦按：其説甚確，秦子戈銘曰"鎵（秦）子乍（作）造（造），公族元用"，與梁伯戈銘文文例相似，其中"元""作"等字寫法亦近似。如"作"：▨（梁伯戈，17186）、▨（秦子戈，17208）、▨（秦子戈，17211）；"元"：▨（梁伯戈，17186）、▨（秦子戈，17208）、▨（秦子戈，17211）。梁伯作此戈的用途是防禦蠻方，蠻方的活動地域必在梁國之附近，爲陝西附近之部族。

承上文所述例 12 戎生鐘銘文之"蠻"所居之地在晉國周邊，爲西方之部族。

例 13 銘文"鄜公"即唐公虞⑧，《左傳·僖公十五年》"且吾聞唐叔之封

---

① 張天恩：《對"秦公鐘考釋"中有關問題的一些看法》，《四川大學學報》1980 年第 4 期，第 93—100 頁。謝明文：《金文札記二則》，《古漢語研究》2010 年第 3 期，第 22—24 頁。陳劍之觀點附于此文第 23 頁。

② 徐元誥：《國語集解》，中華書局，2002 年，第 6 頁。

③ 阮元校刻：《十三經注疏》，中華書局，1980 年，第 1754 頁。

④ 顧祖禹：《讀史方輿紀要》，中華書局，2005 年，第 5674 頁。

⑤ 阮元校刻：《十三經注疏》，中華書局，1980 年，第 2158 頁。

⑥ 侯紹莊："鬼方"討論述評》，《貴州文史叢刊》1984 年第 4 期，第 12—17 頁。

⑦ 吴鎮烽：《先秦梁國考》，《文博》2008 年第 5 期，第 3—6 頁。

⑧ 郭沫若："鄜公爲晉之祖，而'左右武王'，自即唐叔虞也"，《兩周金文辭大系圖録考釋》（三），科學出版社，1957 年，第 231 頁。于省吾："▨起讀爲湯，湯唐古通"，《雙劍誃吉金文選》上三，中華書局，2009 年，第 29 頁。馬承源等："鄜公，即唐公。鄜，易聲。《説文》唐從庚聲，文獻唐、陽常通用。《春秋·昭公十二年》：'齊高偃帥師納北燕伯于陽'，《左傳·昭公十二年》則作：'齊高偃帥師納北燕伯款于唐。'，鄜公即唐叔虞"，《商周青銅器銘文選》，文物出版社，1986 年，第 887 頁。

也"，杜預注："唐叔，晉始封之君，武王之子。"① "左右武王，毅（教）畏（畏）百緣（蠻）"，義爲唐叔輔助武王，治理諸蠻部族。晉國周邊分布着不少戎蠻部族，晉國君主常代替周王管理這些部族，處理部族之間、部族與諸侯國之間的矛盾。如上文討論的戎生鐘銘文"用建于茲（茲）外土，通嗣蠻戎"，智篙鐘銘文"晉（晉）人救戎於楚兢（境）"。《左傳·昭公十三年》："晉侯不見公，使叔向來辭曰：'諸侯將以甲戌盟，寡君知不得事君矣，請君無勤。'子服惠伯對曰：'君信蠻夷之訴，以絕兄弟之國，弃周公之後，亦唯君。寡君聞命矣。'"②《國語·晉語》："今我任晉國之政，不毀晉恥，又以違蠻、夷重之，雖有後患，非吾所知也。"③皆爲例證。晉公盤銘之"百蠻"指晉國周邊的"蠻族"。

考東周銅器銘文之"蠻"，主要活動範圍在西土秦、梁等國周邊，或晉國周邊，不是南方部族。

結　語

我們將東周銅器銘文戰爭對象名詞分析的結果與典籍和西周銅器銘文相比較，發現西周銅器夷的種類很多，除常見的"西門夷""秦夷""京夷"之外，還有"綦夷""弁身夷""東反夷""反夷""東夷""淮夷""南淮夷""南夷""凤夷"等；東周銅器銘文記載"夷"的種類大大減少，只有"夷""淮夷"兩個。東周銅器銘文中的"夷""淮夷"指東方之國或部族，與文獻記載合。戎，舊多以爲"西方之部族"，西周銅器銘文"戎"有"獫狁""西北一帶部族""東方的部族""東南部之淮夷""北方之戎"等不同含義，東周銅器銘文有"河南境內的戎""河南洛陽附近的秦戎、洛之戎""晉國周邊的蠻戎"三類，與典籍和西周銅器銘文都有差別。"蠻"，典籍中多指南方部族，東周銅器銘文中指"秦國周邊的蠻"，多居于西土。

---

① 阮元校刻：《十三經注疏》，中華書局，1980年，第1808頁。
② 阮元校刻：《十三經注疏》，中華書局，1980年，第2072頁。
③ 阮元校刻：《十三經注疏》，中華書局，1980年，第394頁。

附錄　引用書目簡稱對照表

《合集》	中國社會科學院歷史研究所. 甲骨文合集. 北京：中華書局，1978—1982.
《屯》	中國社會科學院考古研究所. 小屯南地甲骨. 北京：中華書局，1980.
《新收》	鐘柏生，陳昭容，黃銘崇，袁國華. 新收殷周青銅器銘文暨器影匯編. 臺北：藝文印書館，2006.
《集成》	中國社會科學院考古研究所. 殷周金文集成（修訂版）. 北京：中華書局，2007.
《銘圖》	吳鎮烽. 商周青銅器銘文暨圖像集成. 上海：上海古籍出版社，2012.
《銘圖續》	吳鎮烽. 商周青銅器銘文暨圖像集成續編. 上海：上海古籍出版社，2016.
《銘圖三》	吳鎮烽. 商周青銅器銘文暨圖像集成三編. 上海：上海古籍出版社，2020.
《璽匯》	羅福頤. 故宮博物院. 古璽匯編. 北京：文物出版社，1981.
《古幣》	張頷. 古幣文編. 北京：中華書局，1986.
《陶匯》	高明. 古陶文匯編. 北京：中華書局，1990.
《曾侯》	湖北省博物館. 曾侯乙墓. 北京：文物出版社，1989.
《睡虎地》	睡虎地秦墓竹簡整理小組. 睡虎地秦墓竹簡. 北京：文物出版社，1990.
《包山》	湖北省荊沙鐵路考古隊. 包山楚簡. 北京：文物出版社，1991.
《望山》	湖北省文物考古研究所，北京大學中文系. 望山楚簡. 北京：中華書局，1995.
《郭店》	荊門市博物館. 郭店楚墓竹簡. 北京：文物出版社，1998.
《九店》	湖北省文物考古研究所，北京大學中文系. 九店楚簡. 北京：中華書局，2000.
《上博八》	馬承源主編. 上海博物館藏戰國楚竹書八. 上海：上海古籍出版社，2011.
《銘文選》	馬承源主編. 商周青銅器銘文選. 北京：文物出版社，1986—1990.
《楚帛書》	曾憲通. 長沙楚帛書文字編. 廣州：中山大學出版社，2019.
《秦封》	周曉陸，路東之. 秦封泥集. 西安：三秦出版社，2000.

參考文獻

[1]　安徽省文物考古研究所，蚌埠市博物館．安徽蚌埠雙墩一號春秋墓發掘簡報．文物．2010(3)．

[2]　安徽省文物工作隊．安徽舒城九里墩春秋墓．考古學報．1982(2)．

[3]　[日]白川静．金文通釋．神户：白鶴美術館．1971．

[4]　白光琦．子犯編鐘的年份問題．文物季刊．1997(2)．

[5]　白於藍．釋中山王響方壺中的"屬"字//古文字研究(第二十五輯)．北京：中華書局．2004．

[6]　白於藍．讀中山三器銘文瑣記//古文字研究(第二十七輯)．北京：中華書局．2008．

[7]　白於藍．釋屬羌鐘銘文中的"乂"字//古文字研究(第二十九輯)．北京：中華書局．2012．

[8]　步連生．中山王墓出土遺物考釋三則．故宫博物院院刊．1979(2)．

[9]　曹錦炎．鳥蟲書通考．上海：上海書畫出版社．1999．

[10]　晁福林．春秋戰國的社會變遷．北京：商務印書館．2011．

[11]　陳秉新，李立芳．出土夷族史料輯考．合肥：安徽大學出版社．2005．

[12]　陳秉新．讀徐器銘文札記．東南文化．1995(1)．

[13]　陳秉新．舒城鼓座銘文初探．江漢考古．1984(2)．

[14]　陳秉新．壽縣楚器銘文考釋拾零//楚文化研究論集（第一集）．武漢：荆楚書社．1987．

[15]　陳夢家．中國銅器概述．海外中國銅器圖録．北京：國立北平圖書館．1946．

[16]　陳夢家．西周年代考·六國紀年．北京：中華書局．2005．

[17]　陳夢家．陳騂壺考釋．責善半月刊第二卷 23 期．1942．

[18]　陳夢家．西周銅器斷代（五）．考古學報．1956(3)．

[19]　陳夢家．叔尸鐘鎛考//燕京學報(新 4 期)．北京：北京大學出版社．1998．

[20]　陳群．中國兵制簡史．北京：軍事科學出版社．1989．

[21]　陳恩林．先秦軍事制度研究．長春：吉林文史出版社．1991．

[22]　陳邦懷．屬羌鐘跋//嗣樸齋金文跋．香港：香港中文大學中國文化研究所吳多泰中國語文研究中心．1993(9)．

[23]　陳長安．中山王墓好鎏壺銘中的"𩵋"字小議．中原文物．1985(3)．

[24]　陳光田，徐永軍．淺論中山王鼎壺銘文中的修辭格式．渤海大學學報(哲學社會科學版)．2005(5)．

[25]　陳公柔．《曾伯黍簠》銘中的"金道錫行"及相關問題//中國考古學論叢——中國社會科學院考古研究所建所 40 年紀念．北京：科學出版社，1993．

[26]　陳劍．説慎//簡帛研究 2001．桂林：廣西師範大學出版社．2001．

[27] 陳建. 春秋時期兩種軍賦性質的檢討. 中國史研究. 1996(4).

[28] 陳絜. 中子化盤銘文別釋. 東南文化. 2008(5).

[29] 陳立柱. 鐘離國史稽考. 武漢科技大學學報（社會科學版）. 2011(3).

[30] 陳連慶.《䳩羌鐘》銘"征秦遛齊"新解. 吉林師範大學學報. 1979(3).

[31] 陳連慶. 晉姜鼎銘新釋//古文字研究(第十三輯). 北京：中華書局. 1986.

[32] 陳雙新. 兩周青銅樂器銘辭研究. 石家莊：河北大學出版社. 2003.

[33] 陳雙新. 子犯鐘銘考釋. 安徽教育學院學報. 2000(1).

[34] 陳雙新. 子犯鐘銘研究述略. 故宮文物月刊第 220 期. 2001(7).

[35] 陳平. 秦子戈、矛考. 考古與文物. 1986(2).

[36] 陳平. 試論春秋型秦兵的年代及有關問題. 考古與文物. 1986(5).

[37] 陳平. 秦子戈、矛考補議. 考古與文物. 1990(1).

[38] 陳平. 燕亳與薊城的再探討. 北京文博. 1997(2).

[39] 陳永正. 釋"汋". 學術研究. 1984(1).

[40] 陳偉. 曾侯膜編鐘"汭土"試説. 江漢考古. 2015(1).

[41] 陳直. 秦兵甲之符考. 西北大學學報(哲學社會科學版). 1979(1).

[42] 陳尊祥. 杜虎符真僞考辨. 文博. 1985(6).

[43] 陳昭容. 秦公器與秦子器——兼論甘肅禮縣大堡子山秦墓的墓主//中國古代青銅器國際研討會論文集. 香港：香港中文大學文物館出版社. 2010.

[44] 陳高志. 西周金文所見軍禮探微. 臺北：臺灣大學博士學位論文. 2002.

[45] 陳美蘭. 兩周金文複詞研究. 臺北：臺灣師範大學博士學位論文. 2003.

[46] 陳林. 秦兵器銘文編年集釋. 上海：復旦大學碩士學位論文. 2012.

[47] 蔡成鼎. 對"令簋"和"禽簋"中伐楚問題的探討. 江漢考古. 1986(1).

[48] 蔡哲茂. 平山三器銘文集釋(上). 書目季刊. 1986(3).

[49] 蔡哲茂. 平山三器銘文集釋(下). 書目季刊. 1987(4).

[50] 蔡哲茂. 再論子犯編鐘. 故宮文物月刊第 150 期. 1995(9).

[51] 蔡哲茂. 子犯編鐘"克奠（定）王立（位）"補釋. 故宮文物月刊第 159 期. 1996(6).

[52] 曹錦炎. 北山銅器新考. 東南文化. 1988(6).

[53] 曹錦炎. 吳越青銅器銘文述編//古文字研究(第十七輯). 北京：中華書局，1989.

[54] 曹錦炎. 盱眙南窯銅壺新出銘文考釋. 東南文化. 1990(Z1).

[55] 曹錦炎. 舒城九里墩鼓座銘文補釋//中國文字(新十七輯). 1993.

[56] 曹錦炎. 越王得居戈考釋//古文字研究(第二十五輯). 北京：中華書局. 2004.

[57] 曹錦炎. 吳王壽夢之子劍銘文考釋. 文物. 2005(2).

[58] 曹錦炎. 配兒鈎鑃銘文跋//吳越歷史與考古論叢. 北京：文物出版社. 2007.

[59] 曹錦炎. 曾侯殘鐘銘文考釋. 江漢考古. 2014(4).

[60] 曹淑琴，殷瑋璋. 壽縣朱家集銅器群研究//考古學文化論集. 北京：文物出版社. 1987.

[61] 程鵬萬. 安徽壽縣朱家集出土青銅器銘文集釋. 哈爾濱：黑龍江人民出版社. 2009.

[62] 常征. 釋“六師”, 兼述西周王朝武裝部隊. 河北大學學報(哲學社會科學版). 1981(2).

[63] 褚良才. 中國古代軍語研究導論. 杭州：浙江教育出版社. 1998.

[64] 諶于藍. 金文同義詞研究. 廣州：華南師範大學碩士學位論文. 2002.

[65] 董楚平. 吳越文化新探. 杭州：浙江人民出版社. 1988.

[66] 董楚平. 吳越徐舒金文集釋. 杭州：浙江古籍出版社. 1992.

[67] 董珊. 戰國題銘與工官制度. 北京：北京大學博士學位論文. 2002.

[68] 董珊. 珍秦齋藏秦伯喪戈、矛考釋. 故宮博物院院刊. 2006(6).

[69] 董珊. 讀吳王壽夢之子劍銘的補充意見和推測. 復旦大學出土文獻與古字研究中心網站. http://www.fdgwz.org.cn/Web/Show/319.2008(1).

[70] 董珊, 陳劍. 郾王職壺銘文研究//北京大學中國古文獻研究中心集刊(第三輯). 北京：北京大學出版社. 2002(1).

[71] 董珊. 越王差徐戈考. 故宮博物院院刊. 2008(4).

[72] 董珊. 新出吳王余祭劍銘考釋. [2009-05-10]. 復旦大學出土文獻與古文字研究中心網站. http://www.fdgwz.org.cn/Web/Show/784.2009(5).

[73] 董珊. 救秦戎銅器群的解釋. 江漢考古. 2012(3).

[74] 董珊. 隨州文峰塔 M1 出土三種曾侯與編鐘銘文考釋. 復旦大學出土文獻與古文字研究中心網站. http://www.fdgwz.org.cn/Web/Show/2339.2014(10).

[75] 鄧飛. 兩周金文軍事動詞研究. 重慶：西南師範大學碩士學位論文. 2003.

[76] 鄧飛. 西周金文軍事動詞的來源和時代淺析. 西華師範大學學報. 2005(2).

[77] 鄧飛. 兩周軍事銘文中的同義動詞. 西南大學學報(社會科學版). 2013(1).

[78] 丁山. 馘夷考.“中央研究院”歷史語言研究所集刊(第三卷). 北京：商務印書館. 1932(4).

[79] 丁山. 陳騂壺銘跋. 責善半月刊第二卷 6 期.1941(6).

[80] 段連勤. 關于平山三器的作器年代及中山王礨的在位年代問題. 西北大學學報(哲學社會科學版). 1980(3).

[81] 杜迺松. 中山王墓出土銅器銘文今譯. 文獻. 1980(4).

[82] 杜迺松. 春秋吳國具銘青銅器匯釋和相關問題//吳文化研究論文集. 廣州：中山大學出版社. 1988.

[83] 杜迺松. 金文“句鑼”“左守”討論. 故宮博物院院刊. 2003(3).

[84] 段開正. 論春秋戰爭禮儀和軍事文化——以《左傳》爲中心. 青島：青島大學碩士學位論文. 2005.

[85] 段玉裁. 説文解字注. 上海：上海古籍出版社. 1988.

[86] 刁陽. 論春秋戰國時期的軍事賞賜. 長春：吉林大學碩士學位論文. 2006.

[87] 戴應新. 秦杜虎符的真偽及其有關問題. 考古. 1983(11).

[88] 凡國棟. 曾侯與編鐘銘文柬釋. 江漢考古. 2014(4).

[89] 方濬益. 綴遺齋彝器款識考釋. 北京：商務印書館. 1935//劉慶柱、段志洪、馮時主編. 金文文獻集成(第十四冊). 北京：綫裝書局. 2006.

[90] 方建軍．論東周秦漢銅鉦．中國音樂學．1993(1).

[91] 方建軍．子犯編鐘音列組合新説．西安音樂學院學報．2011(1).

[92] 方述鑫．《史密簋》銘文中的齊師、族徒、遂人——兼論西周時代鄉遂制度與兵制的關係．四川大學學報(哲學社會科學版)．1998(1).

[93] 馮時．春秋子犯編鐘紀年研究——晉重耳歸國考．文物季刊．1997(4).

[94] 馮時．上古宇宙觀的考古學研究——安徽蚌埠雙墩春秋鐘離君柏墓解讀．"中央研究院"歷史語言研究所集刊第82本第3分．2011.

[95] 馮卓慧，胡留元．西周軍法判例——《師旅鼎》述評．人文雜志．1986(5).

[96] 馮勝君．戰國燕系古文字資料綜述．長春：吉林大學碩士學位論文．1997.

[97] 馮秀環．試論戰國中山國的軍事制度．石家莊：河北師範大學碩士學位論文．2004.

[98] 古文字詁林編纂委員會．古文字詁林．上海：上海教育出版社．1999—2004.

[99] 郭永秉．談古文字中的"要"字和從"要"之字//古文字研究(第二十八輯)．北京：中華書局．2010.

[100] 郭沫若．金文叢考．北京：北京人民出版社．1954.

[101] 郭沫若．殷周青銅器銘文研究．北京：科學出版社．1961.

[102] 郭沫若．兩周金文辭大系圖録考釋．上海：上海書店．1999.

[103] 郭沫若．吳王壽夢之戈//奴隸制時代．北京：人民出版社．1954.

[104] 郭沫若．壽縣所出楚器之年代//金文叢考．北京：人民出版社．1954.

[105] 郭沫若．屬兮鐘銘考釋//金文叢考．北京：人民出版社．1954.

[106] 郭沫若．信陽墓的年代與國別．文物參考資料．1958(1).

[107] 郭沫若．關于鄂君啓節的研究．文物參考資料．1958(4).

[108] 郭沫若．雜説林鐘、句鑃、鉦、鐸//殷周青銅器銘文研究．北京：科學出版社．1961.

[109] 郭力宜．楚國水軍初探．求索．1985(6).

[110] 顧頡剛．奄和蒲姑的南遷——周公東征史事考證四之四//文史(第三十一輯)．北京：中華書局．1988.

[111] 顧德融，朱順龍．春秋史．上海：上海人民出版社．2019.

[112] 顧孟武．有關淮夷的幾個問題．中國史研究．1986(3).

[113] 顧鐵符．信陽一號楚墓的地望與人物．故宮博物院院刊．1979(2).

[114] 谷霽光．有關軍事的若干古文字釋例(一)．南昌大學學報(人文社會科學版)．1988(3).

[115] 谷霽光．有關軍事的若干古文字釋例(二)．南昌大學學報(人文社會科學版)．1989(2).

[116] 高志喜．兩周銅鉦研究．考古學報．2006(3).

[117] 高本漢．屬羌鐘之年代．考古．1936(1).

[118] 郭秋娟．戰國軍事駐防研究．蘇州：蘇州大學碩士學位論文．2009.

[119] 何琳儀．戰國古文字典．北京：中華書局．1998.

[120] 何琳儀．戰國文字通論．北京：中華書局．1989.

[121] 何琳儀．中山王器考釋拾遺．史學集刊．1984(3).

[122] 何琳儀．皖出二兵跋．文物研究．1988(3)．

[123] 何琳儀．九里墩鼓座銘文新釋//出土文獻研究(第三輯)．北京：中華書局．1998．

[124] 何琳儀．戰國兵器銘文選釋．考古與文物．1999(5)．

[125] 何樹環．談"子犯編鐘"銘文中的"西之六師"．故宮文物月刊第218期．2001(5)．

[126] 何樹環．西周對外經略研究．臺北：臺灣政治大學博士學位論文．2000．

[127] 何清谷．試談趙滅中山的幾個問題．人文雜志．1981(2)．

[128] 黃盛璋．中山國銘刻在古文字、語言上若干研究//古文字研究(第七輯)．北京：中華書局．1982．

[129] 黃盛璋．盱眙新出銅器、金器及相關問題考辨．文物．1984(10)．

[130] 黃盛璋．關于戰國中山國墓葬遺物若干問題辨正．文物．1979(5)．

[131] 黃盛璋．再論平山中山國墓若干問題．考古．1980(5)．

[132] 黃盛璋．淮夷新考//文物研究編輯部．文物研究(第五輯)，合肥：黃山書社．1989．

[133] 黃盛璋．秦兵器分國、斷代與有關制度研究//古文字研究(第二十一輯)．北京：中華書局．2001．

[134] 黃錫全、劉森淼．救秦戎鐘銘文新解．江漢考古．1992(1)．

[135] 黃錫全．新出晉"搏伐楚荊"編鐘銘文述考//長江文化論集(第一輯)．武漢：湖北教育出版社．1995．

[136] 黃錫全．子犯編鐘補議．中國文物報．1996(6)．

[137] 黃錫全．介紹新見秦政嗣白喪戈矛．社會科學戰綫．2005(3)．

[138] 黃錫全．燕破齊史料的重要發現——燕王職壺銘文的再研究//古文字研究(第二十四輯)．北京：中華書局．2002．

[139] 黃鳳春．破解"曾國"和"隨國"之謎．大衆考古．2014(7)．

[140] 黃鳳春．新見楚器銘文中的"競之定"及相關問題．江漢考古．2008(2)．

[141] 黃然偉．殷周青銅器賞賜銘文研究．香港：龍門書店．1978．

[142] 黃德寬．古文字譜系疏證．北京：商務印書館．2007．

[143] 胡順利．關于秦國杜虎符的鑄造年代．文物．1983(8)．

[144] 胡新生．西周時期三類不同性質的射禮及其演變．文史哲．2003(1)．

[145] 胡長春．金文考釋四則．學術界．2005(6)．

[146] 胡光煒．壽縣所出楚王鼎考釋．國風第四卷第三期．1934．

[147] 胡娟，李亞光．先秦時期的虎符．蘭臺世界．2013(12)．

[148] 郝本性．試論楚國器銘中所見的府和鑄造組織//楚文化研究會編．楚文化研究論集（第一期）．武漢：荊楚書社．1987．

[149] 洪家義．古文字雜記·説吴王光劍銘之"以𢦏勇人"//文物研究(第一輯)．合肥：安徽文物考古研究所．1985．

[150] 洪家義．金文選注繹．南京：江蘇教育出版社．1988．

[151] 侯紹莊．"鬼方"討論述評．貴州文史叢刊．1984(4)．

[152] 湖北省文物考古研究所，隨州市博物館．隨州文峰塔 M1（曾侯與墓）、M2 發掘簡報．江漢考古．2014(4)．

[153] 湖北省博物館．當陽季家湖楚城遺址．文物，1980(10)．

[154] 洪莉．殷周金文名物詞研究．上海：華東師範大學碩士學位論文，2007．

[155] 黑光．西安市郊發現秦國杜虎符．文物．1979(9)．

[156] 季旭昇．說文新證．福州：福建人民出版社．2010．

[157] 蔣光煦撰，梁穎校點．東湖叢記．沈陽：遼寧教育出版社．2001．

[158] 江林昌．新出子犯編鐘銘文史料價值初探．文獻．1997(3)．

[159] 江蘇省丹徒考古隊．江蘇丹徒北山頂春秋墓發掘報告．東南文化．1988(Z1)．

[160] 江漢考古編輯部．隨州文峰塔曾侯與墓專家座談會紀要．江漢考古．2014(4)．

[161] 景紅艷．西周賞賜制度研究．西安：陝西師範大學博士學位論文．2006．

[162] 姜亞林．《詩經》戰爭詩研究．北京：首都師範大學博士學位論文．2007．

[163] 金美京．西周金文軍禮初步研究．北京：北京大學博士學位論文．2009．

[164] 寇占民．金文釋詞二則．中國文字研究．2008(2)．

[165] 寇占民．西周金文動詞研究．北京：首都師範大學博士學位論文．2009．

[166] 闞緒杭，周群，錢仁發，唐更生．春秋鐘離國墓的發掘收獲．東南文化．2009(1)．

[167] 李學勤．東周與秦代文明．上海：上海人民出版社．2007．

[168] 李學勤．近年考古發現與中國早期奴隸制社會．新建設．1958(8)．

[169] 李學勤．戰國題銘概述(下)．文物．1959(9)．

[170] 李學勤．平山墓葬群與中山國的文化．文物．1979(1)．

[171] 李學勤，李零．平山三器與中山國史的若干問題．考古學報．1979(2)．

[172] 李學勤．從新出青銅器看長江下游文化的發展．文物．1980(8)．

[173] 李學勤．試論山東新出青銅器的意義．文物．1983(12)．

[174] 李學勤．論博山刀．中國錢幣．1986(3)．

[175] 李學勤．論西周金文的六師、八師．華夏考古．1987(2)．

[176] 李學勤，祝敏申．盱眙壺銘與齊破燕年代．文物春秋．1989(Z1)．

[177] 李學勤．兮甲盤與駒父盨——論西周末年周朝與淮夷的關係//新出青銅器研究．北京：文物出版社．1990．

[178] 李學勤．古越閣所藏青銅兵器選粹．文物．1993(4)．

[179] 李學勤，艾蘭．最新出現的秦公壺．中國文物報．1994(10)．

[180] 李學勤．補論子犯編鐘．中國文物報．1995(5)．

[181] 李學勤．子犯編鐘續談．中國文物報．1996(1)．

[182] 李學勤．戎生編鐘試釋//保利藏金——保利藝術博物館精品選．廣州：嶺南美術出版社．1999．

[183] 李學勤．"秦子"新釋．文博．2003(5)．

[184] 李學勤．論葛陵楚簡的年代．文物．2004(7)．

[185] 李學勤．論"景之定"及有關史事．文物．2008(2)．

[186] 李學勤．新整理清華簡六種概述．文物．2012(8)．

[187] 李學勤．曾侯（月與）（與）編鐘銘文前半釋讀．江漢考古．2014(4)．

[188] 李宗焜．甲骨文字編．北京：中華書局，2012．

[189] 李家浩．著名中年語言學家自選集·李家浩卷．合肥：安徽教育出版社，2002．

[190] 李家浩．楚王酓璋戈與楚滅越的年代//文史(第二十四輯)．北京：中華書局．1985．

[191] 李家浩．盱眙銅壺芻議//古文字研究(第十二輯)．北京：中華書局．1985．

[192] 李家浩．攻敔王光劍銘文考釋．文物．1990(2)．

[193] 李家浩．庚壺銘文及其年代//古文字研究(第十九輯)．北京：中華書局．1992．

[194] 李家浩．越王州句復合劍銘文及其所反映的歷史．北京大學學報（哲學社會科學版）．1998(2)．

[195] 李家浩．釋上博戰國竹簡《緇衣》中的"茲臣"合文——兼釋兆版圖"巡"和屬羌鐘的"富"等字//康樂集．廣州：中山大學出版社．2006．

[196] 李家浩．攻敔王姑義䥍劍銘文及其所反映的歷史//古文字與古代史(第一輯)．"中央研究院"歷史語言研究所．2007．

[197] 李家浩．讀金文札記兩則//古文字研究(第二十八輯)．北京：中華書局．2010．

[198] 李朝遠．從新出青銅鐘再議"堵"與"肆"．中國文物報．1996(4)．

[199] 李春桃．庚壺銘文拾遺//中國文字研究(第十九輯)．上海：上海書店出版社．2014．

[200] 李道明．"六師""八師"新探．四川師範大學學報(社會科學版)．1992(5)．

[201] 李瑾．關于《競鐘》年代的鑒定．江漢考古．1980(2)．

[202] 李瑾．徐楚關係與徐王義楚元子劍．江漢考古．1986(3)．

[203] 李凱．晉侯蘇編鐘所見的西周巡狩行爲．文物春秋．2009(5)．

[204] 李零．楚景平王與古多字謚——重讀"秦王卑命"鐘銘文．傳統文化與現代化．1996(6)．

[205] 李零．楚國銅器銘文編年匯釋//古文字研究(第十三輯)．北京：中華書局．1986．

[206] 李零．論東周時期的楚國典型銅器群//古文字研究(第十九輯)．北京：中華書局．1992．

[207] 李天虹．曾侯膡（與）編鐘銘文補説．江漢考古．2014(4)．

[208] 李義海．江西出土重要青銅器及其銘文的文化價值．鄭州師範教育．2013(3)．

[209] 李元．論春秋時期的車戰．求是學刊．1986(4)．

[210] 李發．商代武丁時期甲骨軍事刻辭的整理與研究．重慶：西南大學博士學位論文．2011．

[211] 李剛．唐蘭的青銅器及銘文研究．長春：吉林大學博士學位論文．2010．

[212] 李嚴冬．《周禮》軍制專題研究．長春：吉林大學博士學位論文．2010．

[213] 李瑶．戰國燕、齊、中山通假字考察．長春：吉林大學碩士學位論文．2011．

[214] 劉展．中國古代軍制史．北京：軍事科學出版社．1992．

[215] 王先謙．釋名疏證補．北京：中華書局．2008．

[216] 劉心源．奇觚室吉金文述．清光緒二十八年自寫刻本//劉慶柱，段志洪，馮時主編．金文文獻集成(第十三冊)．北京：綫裝書局．2006．

[217] 劉節．壽縣所出楚器考釋//古史考存．北京：人民出版社．1958．

[218] 劉節. 麟氏編鐘考. 國立北平圖書館館刊第五卷第六號. 1931.

[219] 劉釗. 戰國中山王墓出土古文字資料考釋//古文字考釋叢稿. 長沙：岳麓書社. 2005.

[220] 劉體智. 善齋吉金錄. 廬江劉氏. 1934.

[221] 劉彬徽. 楚系青銅器研究. 武漢：湖北教育出版社. 1995.

[222] 劉彬徽. 湖北出土兩周金文國別年代考述//古文字研究(第十三輯). 北京：中華書局. 1986.

[223] 劉翔, 劉蜀永. 麟羌鐘銘——我國目前最早和唯一記載長城歷史的金文. 考古與文物. 1982(2).

[224] 劉翔. 周夷王經營南淮夷及其與鄂之關係. 江漢考古. 1983(3).

[225] 劉平生. 安徽南陵縣發現吳王光劍. 文物. 1982(5).

[226] 劉雨. 關于安徽南陵吳王光劍銘釋文. 文物. 1982(8).

[227] 劉雨. 西周金文中的軍事//胡厚宣先生紀念文集. 北京：科學出版社. 1998.

[228] 劉信芳, 闞緒杭, 周群. 安徽鳳陽縣卞莊一號墓出土鎛鐘銘文初探. 考古與文物. 2009(3).

[229] 劉廳. 中山王譻鼎銘文"咎"考釋. 文教資料. 2013(32).

[230] 劉洪濤. 叔弓鐘及鎛銘文"剢"字考釋. [2010−05−29]. 復旦大學出土文獻與古文字研究中心網. http://www.gwz.fudan.edu.cn/Web/Show/1164.

[231] 林沄. 商代兵制管窺. 吉林大學社會科學學報. 1990(1).

[232] 林沄. "燕亳"和"燕亳邦"小議. 史學集刊. 1994(2).

[233] 林宏明. 戰國中山國文字研究. 臺北：臺灣古籍出版社, 1992.

[234] 林美娟. 西周冊命金文研究. 臺北：臺灣中正大學博士學位論文. 2011.

[235] 林嘉鈴. 《近出殷周金文集錄》所收鐘器銘文研究. 臺南：臺南大學碩士學位論文. 2006.

[236] 林清源. 兩周青銅句兵銘文彙考. 臺中：東海大學中文研究所碩士學位論文. 1987.

[237] 陸宗達, 王寧. 訓詁方法論. 北京：中華書局. 2018.

[238] 陸宗達. 訓詁簡論. 北京：北京出版社. 2016.

[239] 軍事科學院. 中國軍事通史. 北京：軍事科學出版社. 1998.

[240] 羅振玉. 三代吉金文存. 北京：中華書局. 1983.

[241] 羅振玉. 貞松堂集古遺文. 北京：北京圖書館出版社. 2003.

[242] 羅福頤. 商周秦漢青銅器辨偽錄. 香港：香港中文大學中國文化研究所. 1981.

[243] 羅福頤. 中山王墓鼎壺銘文小考. 故宮博物院院刊. 1979(2).

[244] 羅衛東. 《子範編鐘》補釋. 古漢語研究. 2000(2).

[245] 羅蓓蕾. 《左傳》軍事詞語研究. 桂林：廣西師範大學碩士學位論文. 2004.

[246] 呂大臨. 考古圖//劉慶柱, 段志洪, 馮時. 金文文獻集成(第一冊). 北京：綫裝書局. 2006.

[247] 樂游. 配兒鈎鑃銘文新考. 中國國家博物館館刊. 2014(5).

[248] 梁華榮. 從《叔尸鐘》看銘文人稱代詞使用的混亂. 學習與探索. 2005(2).

[249] 路國權. 甲骨文、金文新釋兩則. 考古與文物. 2014(2).

[250] 盧連成．斥地與昭王十九年南征．考古與文物．1984(6)．

[251] 呂建昌．金文所見有關西周軍事的若干問題．軍事歷史研究．2001(1)．

[252] 呂樹芝．秦國杜縣虎符．歷史教學．1981(6)．

[253] 凌宇．金文所見西周賜物制度及用幣制度初探．武漢：武漢大學碩士學位論文．2004．

[254] 馬承源．商周青銅器銘文選．北京：文物出版社．1986–1990．

[255] 馬承源．戎生鐘銘文的探討∥保利藏金——保利藝術博物館精品選．廣州：嶺南美術出版社．1999．

[256] 蒙文通．周秦少數民族研究．北京：龍門聯合書局．1958．

[257] 馬非百．關于秦國杜虎符之鑄造年代．史學月刊．1981(1)．

[258] 馬道闊．安徽盧江發現吳王光劍．文物．1986(2)．

[259] 馬國偉．"句鑃"考．中國音樂學．2014(4)．

[260] 馬楠．《尚書》、金文互證三則．中國國家博物館館刊．2014(11)．

[261] 孟蓬生．金文考釋二則．古漢語研究．2000(4)．

[262] 孟蓬生．越王差徐戈銘文"就"字補釋．[2008-12-09]．復旦大學古文字研究中心網站．http://www.fdgwz.org.cn/Web/Show/564．

[263] 孟蓬生．越王差徐戈銘文補釋．中國文字研究，2009(1)．

[264] 孟文鏞．越國的軍事制度．紹興文理學院學報(哲學社會科學版)．1996(4)．

[265] 南衡山．金文所見西周中期周與東南諸夷的戰爭之研究．上海：華東師範大學碩士學位論文．2013年．

[266] 歐波．金文所見淮夷資料整理與研究．合肥：安徽大學博士學位論文．2015．

[267] 彭裕商．也談子犯編鐘的五月初吉丁未．中國文物報．1996(2)．

[268] 裴明相．楚文化在河南的發展歷程∥河南省考古學會編．楚文化研究論文集．鄭州：中州書畫社．1983．

[269] 裘錫圭．裘錫圭學術文集(第三卷)．金文及其他古文字卷．上海：復旦大學出版社．2012．

[270] 裘錫圭．談談隨縣曾侯乙墓的文字資料．文物．1979(7)．

[271] 裘錫圭．也談子犯編鐘．故宮文物月刊第149期．1995(8)．

[272] 裘錫圭．關于子犯編鐘的排次及其它問題．中國文物報．1995(10)．

[273] 裘錫圭．戎生編鐘銘文考釋∥保利藏金——保利藝術博物館精品選．廣州：嶺南美術出版社．1999．

[274] 屈萬里．曾伯霥簠考釋．"中央研究院"歷史語言研究所集刊第三十三本．1962∥劉慶柱，段志洪，馮時主編．金文文獻集成(第二十九冊)．北京：綫裝書局．2006．

[275] 容庚，張維持．殷周青銅器通論．北京：文物出版社．1984．

[276] 容庚．商周彝器通考．上海：上海人民出版社．2008．

[277] 容庚．鳥書三考．燕京學報．1938(23)．

[278] 容庚．鳥書考．中山大學學報(哲學社會科學版)．1964(1)．

[279] 饒宗頤．說"竟重""重夜君"與"重皇"．文物．1981(5)．

[280] 阮元校刻. 十三經注疏. 北京：中華書局，1980.

[281] 阮元. 積古齋鐘鼎彝器款識. 清嘉慶九年自刻本//劉慶柱，段志洪，馮時主編. 金文文獻集成(第十八冊). 北京：綫裝書局. 2006.

[282] 任慧峰. 先秦軍禮研究. 武漢：武漢大學博士學位論文. 2010.

[283] 孫詒讓. 古籀拾遺. 上海：掃葉山房. 1918.

[284] 商承祚. 十二家吉金圖録. 中國文化研究所. 1935.

[285] 商承祚. 鄂君啓節考//文物精華(第二集). 北京：文物出版社. 1963.

[286] 商承祚. "姑發冑反"即吳王"諸樊"別議. 中山大學學報(社會科學版). 1963(3).

[287] 商承祚. 《姑發冑反劍》補説. 中山大學學報(社會科學版). 1964(1).

[288] 商承祚. 中山王𡩜壺、鼎銘文芻議//古文字研究(第七輯). 北京：中華書局. 1982.

[289] 商承祚. 中山王𡩜方壺圓鼎及𡥉蚉圓壺三器銘文考釋會同篇前言. 文物春秋. 1992(2).

[290] 商艷濤. 戰國中山器銘"㠯"字辨. 文物春秋，2009(2).

[291] 商艷濤. 西周金文中的族軍. 考古與文物. 2009(3).

[292] 商艷濤. 金文中的"征"與"伐". 殷都學刊. 2013(1).

[293] 商艷濤. "王若曰"所領起的銘文性質補説——兼説先秦時期的誓師活動//古文字研究(第三十輯). 北京：中華書局. 2014.

[294] 商志覃，唐鈺明. 江蘇丹徒背山頂春秋墓出土鐘鼎銘文釋證. 文物. 1989(4).

[295] 孫剛，李瑶. 讀金文札記三則//古文字研究(第三十輯). 北京：中華書局. 2014.

[296] 孫貫文. 陳璋壺補考//考古學研究(一). 北京：文物出版社. 1992.

[297] 孫海波. 齊弓鎛考釋. 師大月刊第一卷第 22 期. 文學院專號. 1935.

[298] 孫華. 晉公戈年代小議. 文物季刊. 1997(2).

[299] 孫華. 中山王𡩜墓銅器四題. 文物春秋. 2003(1).

[300] 孫合肥. 舒城九里墩鼓座銘文校注//古籍研究(總第五十九卷). 合肥：安徽大學出版社. 2013.

[301] 孫稚雛. 中山王𡩜鼎、壺的年代史實及其意義//古文字研究(第一輯). 北京：中華書局. 1979.

[302] 孫稚雛. 䣄䍩鐘銘文匯釋//古文字研究(第十九輯). 北京：中華書局. 1992.

[303] 沙孟海. 配兒鈎鑃考釋. 考古. 1983(4).

[304] 紹興市文管會. 紹興發現兩件鈎鑃. 考古. 1983(4).

[305] 單育辰. 談戰國文字中的"鳧"//簡帛(第三輯). 上海：上海古籍出版社. 2008.

[306] 尚志儒. 試論平山三器的鑄造年代及中山王𡩜的在位時間. 河北學刊. 1985(6).

[307] 尚友萍. "燕亳"與"燕亳邦"考辨. 文物春秋. 2014(5).

[308] 石曉. 吳王光劍銘補正. 文物. 1989(7).

[309] 宋華强. 澳門崇源新見楚青銅器芻議//中文學術前沿(第三輯). 杭州：浙江大學出版社. 2011.

[310] 湯餘惠. 九年將軍張戈銘文補正. 史學集刊. 1987(4).

[311] 湯餘惠. 戰國銘文選. 長春：吉林大學出版社. 1993.

[312] 湯餘惠. 讀金文瑣記（八篇）//出土文獻研究(第三輯). 北京：中華書局. 1998.

[313] 湯餘惠主編. 戰國文字編. 福州：福建人民出版社. 2001.

[314] 唐蘭. 中國文字學. 上海：上海古籍出版社. 2005.

[315] 唐蘭. 䚄羌鐘考釋//唐蘭先生金文論集. 北京：紫禁城出版社. 1995.

[316] 唐蘭. 壽縣所出銅器考略//唐蘭先生金文論集. 北京：紫禁城出版社. 1995.

[317] 唐蘭. 智君子鑒考//唐蘭先生金文論集. 北京：紫禁城出版社. 1995.

[318] 唐蘭. 論周昭王時代的青銅器銘刻//古文字研究(第二輯). 北京：中華書局. 1981.

[319] 田煒. 西周金文字詞關係研究. 上海：上海古籍出版社. 2016.

[320] 田旭東. 先秦軍禮考//秦俑博物館開館三十周年國際學術研討會暨秦俑學第七屆年會論文集. 西安：三秦出版社. 2010.

[321] 田成方. 東周時期楚國宗族研究. 武漢：武漢大學博士學位論文. 2011.

[322] 譚其驤. 鄂君啓節銘文釋地//中華文史論叢(第二輯). 北京：中華書局. 1962.

[323] 譚生力. 楚文字形近、同形現象源流考. 長春：吉林大學博士學位論文. 2014.

[324] 童書業. 晉公盞銘"□宅京師"解//童書業歷史地理論集. 北京：中華書局. 2004.

[325] 王國維. 觀堂集林. 上海：上海書店出版社. 1992.

[326] 王杰. 西清續鑒甲編. 涵芬樓. 1910.

[327] 王俅. 嘯堂集古錄. 北京：中華書局, 1985.

[328] 王念孫. 廣雅疏證. 上海：上海古籍出版社. 2018.

[329] 王寧. 訓詁學原理. 北京：中國國際廣播出版社. 1996.

[330] 王先謙. 鮮虞中山國事表疆域圖說. 上海：上海古籍出版社, 1993.

[331] 王獻唐. 山東古國考. 青島：青島出版社. 2007.

[332] 王輝. 秦銅器銘文編年集釋. 西安：三秦出版社. 1990.

[333] 王輝、程學華. 秦文字集證. 北京：商務印書館. 2023.

[334] 王輝. 秦出土文獻編年. 臺北：新文豐出版社. 1989.

[335] 王輝. 關于秦子戈、矛的幾個問題. 考古與文物. 1986(6).

[336] 王輝. 讀《秦子戈矛考補議》書後. 考古與文物. 1990(1).

[337] 王輝. 徐銅器銘文零釋. 東南文化. 1995(1).

[338] 王輝. 秦兵三戈考//陝西歷史博物館館刊(第四輯). 西安：西北大學出版社. 1997.

[339] 王輝, 蕭春源. 新見銅器銘文考跋二則. 考古與文物. 2003(2).

[340] 王輝. 也說崇源新獲楚青銅器群的時代. 收藏. 2007(11).

[341] 王輝. 秦兵器及虎符選介. 收藏. 2010(6).

[342] 王暉. 從西周金文看西周宗廟"圖室"與早期軍事地圖及方國疆域圖. 陝西師範大學學報(哲學社會科學版). 2012(1).

[343] 王紅亮．清華簡《系年》中的屬羌鐘相關史實發覆．古代文明．2013(7)．

[344] 王少清．舒城九里墩戰國墓金文初探//文物研究(第三輯)．合肥：黃山書社．1988．

[345] 王恩田．跋楚國兵器王子反戈．江漢考古．1989(4)．

[346] 王恩田．曾侯與編鐘釋讀訂補．[2015-01-17]．復旦大學出土文獻與古文字研究中心網站．http://www.fdgwz.org.cn/Web/Show/2424．

[347] 王恩田．曾侯與編鐘與周初南公和曾侯世系——清華簡《良臣》"南宮夭"辨誤．[2015-02-11]．復旦大學出土文獻與古文字研究中心網站．http://www.fdgwz.org.cn/Web/Show/2447．

[348] 王貽梁．"師氏""虎臣"考．考古與文物．1989(3)．

[349] 王衛平．壽夢以前的吳國史探討．蘇州大學學報．1991(2)．

[350] 王晶．師旂鼎銘文集釋及西周軍法審判程序窺探．嘉應學院學報．2011(7)．

[351] 王世民．戎生編鐘//保利藏金——保利藝術博物館精品選．廣州：嶺南美術出版社．1999．

[352] 王子超．說"楚京"《屬羌鐘》銘文疑義補釋//河南省文物考古學會編．河南文物考古論集．鄭州：河南人民出版社．1996．

[353] 王子初．戎生編鐘的音樂學研究//保利藏金——保利藝術博物館精品選．廣州：嶺南美術出版社．1999．

[354] 王人聰．關于壽縣楚器銘文中的"但"字的解釋．考古．1972(6)．

[355] 王翁如．秦代新郪虎符是怎樣發現的．歷史教學．1993(12)．

[356] 王澤文．春秋時期的紀年銅器銘文與《左傳》的對照研究．北京：中國社會科學院研究生院博士學位論文．2002．

[357] 吳榮光．筠清館金文//劉慶柱，段志洪，馮時主編．金文文獻集成(第十二冊)．北京：綫裝書局．2006．

[358] 吳式芬．攈古録金文．1913年西泠印社翻刻光緒二十一年吳氏家刻本//劉慶柱，段志洪，馮時主編．金文文獻集成(第十一冊)．北京：綫裝書局．2006．

[359] 吳闓生．屬羌編鐘//吉金文録．北京：中華書局．1963．

[360] 吳其昌．屬羌鐘補考．國立北平圖書館刊第五卷第6號．1931．

[361] 吳鎮烽．秦兵新發現//容庚先生百年誕辰紀念文集．廣州：廣東人民出版社．1998．

[362] 吳鎮烽．競之定銅器群考．江漢考古．2008(1)．

[363] 吳鎮烽．先秦梁國考．文博．2008(5)．

[364] 吳鎮烽，朱艷玲．二十九年弩機考．考古與文物．2013(1)．

[365] 吳聿明．北山頂四器銘釋考存疑．東南文化．1990(Z1)．

[366] 吳蒙．盱眙南窖銅壺小議．文物．1982(11)．

[367] 吳毅強．晉姜鼎補論．中國歷史文物．2009(6)．

[368] 吳振武．釋"受"并論盱眙南窖銅壺和重金方壺的國別//古文字研究(第十四輯)．北京：中華書局．1986．

[369] 吳振武．釋平山戰國中山王墓器物銘文中的"䢼"和"私庫"．史學集刊．1982(3)．

[370] 吳振武．談珍秦齋藏越國長銘青銅戈//古文字研究(第二十七輯)．北京：中華書局．2008．

[371] 温廷敬. 䚡羌鐘銘釋//國立中山大學研究院文科研究所歷史學部. 中山大學史學專刊. 1935(1).

[373] 伍仕謙. 王子午鼎、王孫誥鐘銘文考釋//古文字研究(第九輯). 北京：中華書局. 1984.

[373] 文士丹. 春秋時期的軍制演變. 江西社會科學. 1990(5).

[374] 武家璧. 子犯鐘銘考釋. 中原文物. 1998(2).

[375] 武振玉. 殷周金文中的征戰類動詞. 北方論叢. 2009(4).

[376] 吳紅松. 西周金文賞賜物品及其相關問題研究. 合肥：安徽大學博士學位論文. 2006.

[377] 文術發. 商周祭祀銘文研究. 廣州：中山大學博士學位論文. 1999.

[378] 許慎. 說文解字. 長沙：岳麓書社. 2006.

[379] 薛尚功. 歷代鐘鼎彝器款識法帖//劉慶柱，段志洪，馮時主編. 金文文獻集成(第九冊). 北京：綫裝書局. 2006.

[380] 徐同柏. 從古堂款識學. 蒙學堂報館. 1906.

[381] 徐中舒. 䚡氏編鐘圖釋. 國立北平圖書館館刊第六卷第 4 期. 1932.

[382] 徐中舒. 禹鼎的年代及其相關問題. 考古學報. 1959(3).

[383] 徐中舒，伍士謙. 中山三器釋文及宮堂圖説明. 中國史研究. 1979(4).

[384] 徐中舒. 䚡氏編鐘考釋//徐中舒歷史論文選輯. 北京：中華書局. 1998.

[385] 徐中舒. 蒲姑、徐奄、淮夷、群舒考. 四川大學學報(哲學社會科學版). 1998(3).

[386] 徐俊. 春秋時期的楚軍建制. 華中師院學報(哲學社會科學版). 1982(3).

[387] 徐勇，黃樸民. 試論春秋軍事制度的基本特點. 天津社會科學. 1992(4).

[388] 徐勇. 春秋時期齊國的軍事制度初探. 管子學刊. 1998(3).

[389] 徐海斌. "中山侯鉞"器名小考. 南方文物. 2008(1).

[390] 徐海斌. 中山王器銘文補釋三則. 文物春秋. 2008(5).

[391] 徐海斌，陳愛和. 中山王方壺銘文"願從士大夫"的釋讀及相關問題. 井岡山學院學報. 2009(2).

[392] 徐海斌. 讀中山王𢆶鼎銘文札記. 文物春秋. 2014(5).

[393] 徐少華. 舒城九里墩春秋墓的年代與族屬析論. 東南文化. 2010(1).

[394] 徐少華. 童麗公諸器與古鐘離國歷史和文化//古文字研究(第二十八輯). 北京：中華書局. 2010.

[395] 徐少華. 論隨州文峰塔一號墓的年代及其學術價值. 江漢考古. 2014(4).

[396] 徐孟東. 句鑃發微——對一種先秦樂器歷史踪迹的尋覓與思考. 中國音樂學. 1994(2).

[397] 徐艷. 《春秋左氏傳》軍事義名詞語義場研究. 西安：西北大學碩士學位論文. 2010.

[398] 謝明文. 金文札記二則. 古漢語研究. 2010(3).

[399] 熊梅. 西周都邑的衛戍分區：立足于銘文"還"的試探. 中國歷史地理論叢. 2014(1).

[400] 許可. 試説隨州文峰塔曾侯與墓編鐘銘文中從"匕"之字. 出土文獻. 2015(1).

[401] 夏麥陵. 叔夷鐘銘與齊侯滅萊. 管子學刊. 1993(2).

[402] 楊寬. 陳騂壺考釋. 中央日報·文物周刊. 1947(1-40).

[403] 楊寬．"大蒐禮"新探．學術月刊．1963(3)．

[404] 楊寬．論西周金文中"六師""八師"和鄉遂制度的關係．考古．1964(8)．

[405] 楊寬．再論西周金文中"六師"和"八師"的性質．考古．1965(10)．

[406] 楊寬．戰國史．上海：上海人民出版社．2016．

[407] 楊樹達．積微居金文說．北京：中華書局．1997．

[408] 楊樹達．矞羌鐘跋//積微居金文說．北京：中華書局．1997．

[409] 楊樹達．曾伯霥簠跋//積微居金文說．北京：中華書局．1997．

[410] 楊善群．西周銘文中的"師"與"師氏"．考古與文物．1990(2)．

[411] 楊英杰．先秦戰車制度考述．社會科學戰綫．1983(2)．

[412] 楊英杰．論車戰的興衰．遼寧師院學報．1983(5)．

[413] 楊英杰．春秋晉國軍制探討．晉陽學刊．1983(6)．

[414] 楊亞長．青銅器銘文所見西周時期的對外戰爭．文博．1993(6)．

[415] 楊偉微．新出子犯編鐘銘文史料價值初探．文物鑒定與鑒賞．2011(8)．

[416] 楊權喜．當陽季家湖楚城遺址．文物．1980(10)．

[417] 楊曉霞．矞羌鐘銘文考釋．現代語文(語言研究版)．2014(6)．

[418] 楊一波．淺析曾侯與鐘銘"營宅汭土"之地理原因．齊魯學刊．2018(4)．

[419] 楊德權．西周春秋與戰國軍事戰爭比較研究．西安：陝西師範大學碩士學位論文．2012．

[420] 于省吾主編．甲骨文字詁林．北京：中華書局．1997．

[421] 于省吾．雙劍誃吉金文選．北京：中華書局．2009．

[422] 于省吾．甲骨文字釋林．北京：中華書局．1979．

[423] 于省吾．"鄂君啓節"考釋．考古．1963(8)．

[424] 于省吾．略論西周金文中的"六師"和"八師"及其屯田制．考古．1964(3)．

[425] 于省吾．關於《論西周金文中"六師""八師"和鄉遂制度的關係》一文的意見．考古．1965(3)．

[426] 于省吾．矞羌鐘銘//雙劍誃吉金文選．北京：中華書局．2009．

[427] 于省吾．釋盾//古文字研究(第三輯)．北京：中華書局．1980．

[428] 于凱．西周金文中的"自"和西周的軍事功能區．史學集刊．2004(3)．

[429] 于豪亮．中山三器銘文考釋．考古學報．1979(2)．

[430] 于鴻志．吳國早期重器冉鉦考．東南文化，1988(2)．

[431] 于成龍．若云戰國楚人事，且將勾兵說惠王──跋楚王酓璋戈．紫禁城．2012(9)．

[432] 俞偉超．先秦兩漢考古學論集．北京：文物出版社．1985．

[433] 俞偉超，李家浩．論"兵闌太歲"戈//出土文獻研究．北京：文物出版社．1985．

[434] 殷志强．南窖莊銅壺．東南文化，1985(00)．

[435] 殷滌非，羅長銘．壽縣出土的鄂君啓金節．文物參考資料．1958(4)．

[436] 殷滌非．九里墩墓的青銅鼓座//古文字研究(第十四輯)．北京：中華書局．1986．

[437] 殷滌非．關於壽縣楚器．考古通訊．1955(2)．

[438] 姚遷．江蘇盱眙南窖莊楚漢文物窖藏．文物．1982(11)．

[439] 姚磊．先秦戎族研究．蘭州：蘭州大學碩士學位論文．2014．

[440] 閻鑄．春秋時代的軍事制度(上)．社會科學戰綫．1980(2)．

[441] 閆艷．釋古代軍旅樂器“鉦”．安徽理工大學學報(社會科學版)．2013(3)．

[442] 袁俊杰．再論柞伯簋與大射禮．華夏考古．2011(2)．

[443] 袁俊杰．兩周射禮研究．鄭州：河南大學博士學位論文．2010．

[444] 葉正渤．晉公戈銘文歷朔研究．殷都學刊．2013(1)．

[445] 鄢國盛．西周淮夷綜考．天津：南開大學碩士學位論文．2009．

[446] 余淼淼．晉系金文整理與研究．上海：華東師範大學博士學位論文．2013．

[447] 顏敏玉．戰國前期楚系兵器銘文集釋箋證．上海：華東師範大學碩士學位論文．2014．

[448] 宗福邦編．故訓匯纂．北京：商務印書館．2003．

[449] 周法高主編．金文詁林．香港：香港中文大學出版社．1974．

[450] 趙誠．《荊歷鐘》新解．江漢考古．1998(2)．

[451] 趙誠．《中山壺》《中山鼎》銘文試釋//古文字研究(第一輯)．北京：中華書局．1979．

[452] 趙世綱．晉公戈的年代小議．華夏考古．1996(2)．

[453] 趙世綱．楚人在河南的活動遺迹//楚文化研究論文集．鄭州：中州書畫社．1983．

[454] 趙平安．《䣄羌鐘》銘及其長城考//金文釋讀與文明探索．上海：上海古籍出版社．2011．

[455] 趙平安．山東秦國考//華學(第七輯)，廣州：中山大學出版社．2004．

[456] 趙曉龍．子犯編鐘銘文“西之六師”試解．西南交通大學學報(社會科學版)．2009(1)．

[457] 趙岩．幾組上古漢語軍事同義詞研究．長春：東北師範大學碩士學位論文．2006．

[458] 趙萍．春秋戰國賞賜制度研究．長春：吉林大學博士學位論文．2011．

[459] 趙潔．近出東周兵器銘文匯考．天津：天津師範大學碩士學位論文．2014．

[460] 朱德熙，裘錫圭．平山中山王墓銅器銘文的初步研究．文物．1979(1)．

[461] 朱德熙．智篙屈桼解．方言．1979(4)．

[462] 朱德熙．壽縣出土楚器銘文研究．歷史研究．1954(1)．

[463] 朱德熙，裘錫圭．戰國文字研究(六種)．考古學報．1972(1)．

[464] 朱德熙．中山王器的祀字．文物．1987(11)．

[465] 朱德熙．關于䣄羌鐘銘文的斷句問題//朱德熙文集(第五卷)．北京：商務印書館．1999．

[466] 朱德熙．古文字考釋三篇//出土文獻與古文字研究(第五輯)．上海：上海古籍出版社．2013．

[467] 朱鳳瀚．柞伯鼎與周公南征．文物．2006(5)．

[468] 朱捷元．秦國杜虎符小議．西北大學學報(哲學社會科學版)．1983(1)．

[469] 朱啓新．關于子犯編鐘的討論．中國文物報．1995(12)．

[470] 朱啓新．子犯編鐘討論資料續補．中國文物報．1996(1)．

[471] 朱曉雪．戰國“陳得”“陳璋”考．遼寧省博物館館刊．2008(00)．

[472] 朱曉雪．陳璋壺及郾王職壺綜合研究．長春：吉林大學碩士學位論文．2007．

[473] 朱翠翠．秦漢符信制度研究．上海：上海師範大學碩士學位論文．2009．

[474] 朱歧祥. 中山國古史彝銘考. 臺北：臺灣大學碩士學位論文. 1983.

[475] 張世超等編. 金文形義通解. 京都：中文出版社. 1996.

[476] 張守中. 中山王𰯼器文字編. 北京：人民美術出版社. 2011.

[477] 張崇禮. 釋金文中的"或"字. [2012-05-05]. 復旦大學出土文獻與古文字研究中心網站. http://www.gwz.fudan.edu.cn/Web/Show/1858.

[478] 張光遠. 春秋晚期齊莊公時庚壺考. 故宮季刊第十六卷第3期. 1982.

[479] 張光遠. 故宮新藏春秋晉文稱霸"子犯和鐘"初釋. 故宮文物月刊第145期. 1995(4).

[480] 張光遠. 春秋晉國子犯和鐘的排次. 中國文物報. 1995(8).

[481] 張光遠. 子犯和鐘的排次及補釋. 故宮文物月刊第150期. 1995(9).

[482] 張光遠. 春秋晉國子犯和鐘淺説. 故宮文物月刊第158期. 1996(5).

[483] 張光遠. 春秋中期晉國子犯和鐘的新證、測音與校釋. 故宮文物月刊第206期. 2000(5).

[484] 張光裕. 新見楚式青銅器器銘試釋. 文物 2008(1).

[485] 張卉, 吳毅強. 戎生編鐘銘文補論. 考古與文物. 2011(3).

[486] 張劍. 從洛陽考古發現談東周王室與諸侯國之關係. 黃河科技大學學報. 2011(2).

[487] 張克忠. 中山王墓青銅器銘文簡釋——附論墓主人問題. 故宮博物院院刊. 1979(1).

[488] 張克復. 我國古代的軍事符契檔案——新郪虎符及其它. 檔案. 1990(6).

[489] 張懋鎔. 西周南淮夷稱名與軍事考. 人文雜志. 1990(4).

[490] 張敏, 周曉陸. 南陵出土的攻敔王光劍再考. 文物研究. 1988(3).

[491] 張守中. 河北省平山縣戰國時期中山國墓葬發掘簡報. 文物 1979(1).

[492] 張素鳳. 中山王錯方壺和鼎銘文字用研究. 勵耘學刊(語言卷). 2005(2).

[493] 張聞玉. 子犯和鐘"五月初吉丁未"解. 中國文物報. 1996(1).

[494] 張聞玉. 再談子犯和鐘歷日. 中國文物報. 1996(6).

[495] 張維華. 齊長城考. 禹貢第七卷第1、2、3合期. 1937//劉慶柱, 段志洪, 馮時主編. 金文文獻集成(第二十九冊). 北京：綫裝書局. 2006.

[496] 張震澤. 燕王職戈考釋. 考古. 1973(4).

[497] 張政烺. 中山王𰯼壺及鼎銘考釋//古文字研究(第一輯). 北京：中華書局. 1979.

[498] 張政烺. "平陵陳得立事歲"陶考證//張政烺文史論集. 北京：中華書局. 2004.

[499] 張政烺. 中山國胤嗣好盜壺釋文//古文字研究(第一輯). 北京：中華書局. 1979.

[500] 張政烺. 庚壺釋文//出土文獻研究(第一輯). 北京：文物出版社. 1985.

[501] 張政烺. 說庚壺的"大"字//甲骨金文與商周史研究. 北京：中華書局. 2012.

[502] 張志鵬. 舒城九里墩墓年代與國別考. 東南文化. 2012(2).

[503] 張志鵬. "鐘離氏"族姓考. 考古與文物. 2012(2).

[504] 張振謙. 齊銘羣誤考辨四則. 中山大學學報(社會科學版). 2014(1).

[505] 張振謙. 郾王職壺"器日"解——兼說樂毅破齊日期. 河北大學學報(哲學社會科學版). 2015(5).

[506] 張珊珊. 春秋時期晉國的軍事制度. 長春：吉林大學碩士學位論文. 2009.

[507] 張秋霞.《左傳》征戰類動詞研究. 長春：吉林大學碩士學位論文. 2009.

[508] 張秀華. 西周金文六種禮制研究. 長春：吉林大學博士學位論文. 2010.

[509] 張君蕊.《春秋左傳》禮制研究. 鄭州：鄭州大學博士學位論文. 2014.

[510] 翟勝利. 西周金文與獻俘禮. 文物春秋. 2010(6).

[511] 周鳳五. 子犯編鐘銘文“諸楚荆”的釋讀問題. 故宮文物月刊第 183 期. 1998(6).

[512] 周海華，魏宜輝. 讀銅器銘文札記(四則). 東南文化. 2000(5).

[513] 周書燦. 晉侯蘇編鐘的作戰地點與行軍路綫. 中國歷史地理論叢. 1998(4).

[514] 周曉陸，張敏.《攻吳王光劍》跋. 東南文化, 1987(3).

[515] 周曉陸，張敏. 北山四器銘考. 東南文化, 1988(z1).

[516] 周曉陸. 盱眙所出重金絡鎬·陳璋圓壺讀考. 考古. 1988(3).

[517] 周亞. 春秋時期吳王室有銘青銅劍概述. 上海博物館集刊. 2012.

[518] 周亞. 郾王職壺銘初釋. 上海博物館集刊. 2000.

[519] 周素煥. 東周燕系文字疏證. 福州：福建師範大學碩士學位論文. 2015.

[520] 周波. 戰國時代各系文字間的用字差异現象研究. 上海：復旦大學博士學位論文. 2008.

[521] 鄒芙都. 新見“楚王酓悆”考釋. 考古與文物, 2009(2).

[522] 鄒芙都. 楚國銅器銘文札記七則. 雲南民族大學學報(哲學社會科學版). 2005(2).

[523] 鄒芙都. 楚系銘文綜合研究. 成都：四川大學博士學位論文. 2004.

[524] 左言東. 西周官制概述. 人文雜志. 1981(3).

[525] 曾維華. 秦國杜虎符鑄造年代考. 學術月刊. 1998(5).

[526] 祝敏申. 讀中山國銅器銘文札記//古文字研究(第二十七輯), 北京：中華書局. 2008.

[527] 鐘鳳年. 試談平山三銅器. 文物. 1981(12).

[528] 莊惠茹. 兩周金文軍事動詞研究. 臺南：臺灣成功大學博士學位論文. 2010.